Gottfried Sumser

**Nach dem Erwachen
ist immer noch Montag**

GOTTFRIED SUMSER

Nach dem Erwachen ist immer noch Montag

EIN SPIRITUELLER LEITFADEN INS GLÜCK

 tredition®

© 2022 Gottfried Sumser

ISBN Softcover: 978-3-347-66658-0
ISBN Hardcover: 978-3-347-66680-1
ISBN E-Book: 978-3-347-66681-8

Druck und Distribution im Auftrag des Autors:
tredition GmbH, Halenreie 40–44, 22359 Hamburg, Germany

Lektorat: Nadine Hummerich
Umschlaggestaltung, Satz und Layout: Timo Schlichenmaier, typowerkstatt.com

meiner Tochter

Inhalt

Wahre Vergebung 204

Ich denke und glaube zu wissen 308

Gedanken / Denken / Verstand 313

Freude 377

Gebet 379

Glück 382

Nach dem Erwachen
ist immer noch Montag

Ein spiritueller Leitfaden ins Glück.

Das Wort Erwachen löste in mir immer wieder befremdliche Assoziationen aus. War ich bisher der Ansicht, dass sich durch das Erwachen alles verändert und ich nur noch Licht und Engelschöre höre, weiß ich heute, dass sich nichts zu verändern braucht, sondern nur meine Sicht auf die Dinge. Sobald wir damit beginnen, die Welt als ein Mittel zu sehen, das uns in die Befreiung führt, beginnt ein faszinierender Prozess in uns wirksam zu werden, der die Gewissheit in sich trägt, dass alle Dinge einen glücklichen Ausgang finden.

Danke

Voller Liebe und Freude widme ich dieses Buch meiner wunderbaren Tochter, die mich am Boden der Tatsachen hielt und mir keine Chance ließ, vor der Verantwortung meiner gemachten Welt zu fliehen.

Des Weiteren widme ich dieses Buch meinen Familienmitgliedern, meinen Eltern und Geschwistern, die meine ungewöhnlichen Interessen stets tolerierten. Ich danke meiner Lebensgefährtin Silke, die, seit sie mich kennt, meinen Weg unterstützt und in tiefer Hingabe begleitet und fördert. Ebenso danke ich Christina Possegger, Nadine Hummerich und Timo Schlichenmaier, die dem Buch eine Struktur verliehen und einen großen Beitrag für dessen Veröffentlichung geleistet haben.

Dieses Buch widme ich auch all den mutigen Lesern und Zuhörern meiner Podcasts und allen, denen ich begegnen durfte. Mein Dank gilt ebenso Jesus, meinem Lehrer und allen aufgestiegenen Meistern für ihre Liebe, Inspiration und Unterweisungen. Seit meinem ersten Atemzug bin ich durch deren wundervolle Sanftheit inspiriert.

Seit einigen Jahren schreibe ich Blogs und Artikel auf verschiedenen Kanälen und meiner Webseite über die Erforschungen des Geistes. Ich konnte kaum ahnen, dass diese Notizen eines Tages Verwendung für ein Buch wie dieses finden. Möge dieses Buch das Herz und den Verstand von vielen Lesern öffnen.

Einführung

Der positive Einfluss von *„Ein Kurs in Wundern"* auf mich, der 1985 in mein Leben kam, ist fast unermesslich. Ich sehnte mich danach, die ruhige, sichere Verbindung zu „einer höheren Macht" zu spüren. Durch die universellen Lehren des *Kurses* wurde diese Verbindung untrennbar gefestigt.

Meine Absicht ist es, dich auf eine Reise mitzunehmen, wobei ich nicht nur eine Erklärung, sondern auch hilfreiche Werkzeuge anbiete, die dich im Umgang mit deinem Leben bereichern.

Mein Dasein hat sich durch den *Kurs* allmählich verändert. Nach und nach, Tag für Tag, bin ich ruhiger geworden und bin in meinem Vertrauen gewachsen, dass es eine freundlichere, sanftere Art zu leben gibt. Ich bin nun in der Lage, die vielen Begegnungen, die ich jeden Tag habe, zu schätzen, weil ich weiß, dass jede Einzelne von ihnen aufgrund meines Drehbuch, zustande gekommen ist. Und das Beste ist, dass ich mithilfe des *„Kurses in Wundern"* in der Lage bin, mich von allen Begegnungen genährt zu fühlen, weil der „Ewige Geist" sie für mich in Vergebungslektionen übersetzt. Dich zu unterstützen, deine Erfahrungen zu übersetzen, ist die Absicht dieses Buches. Dir zu helfen, größeren Frieden zu genießen, ist mein einziger Herzenswunsch.

Es gibt nicht den einen „perfekten" Weg, dieses Buch zu lesen und zu nutzen.

Du möchtest vielleicht immer wieder eine Seite öffnen und dich inspirieren lassen. Einige werden es sofort von vorne bis hinten lesen wollen. Viele werden das Buch in kleineren Etappen studieren, damit sie praktisch üben können, die Ideen in die täglichen Begegnungen zu integrieren. Was auch immer für dich Sinn ergibt, es geht darum, dass du die Korrektur in deiner Sichtweise und damit in deinem Verhalten vornimmst, was dir von Augenblick zu Augenblick mehr Frieden garantiert.

Warum ist das überhaupt wichtig? Aus meiner Perspektive fällt mir nur ein Grund ein: Größeren Frieden in uns selbst zu kultivieren, wird den vielen Menschen zugutekommen, die vor und nach uns auf diesem Planeten inkarnieren. Jeder von uns, der sich dazu entschließt, seinen Zeitgenossen, seinen Freunden, seinen Nachbarn, den Fremden unter uns und sogar den wenigen, die wir vielleicht als Feinde betrachten, mit Liebe und Akzeptanz zu begegnen, beeinflusst die Welt auf eine Weise, die uns alle glücklich macht.

Die Frage ist: Fühlst du dich der Aufgabe gewachsen? Bist du bereit, als Licht-Bringer zu wirken? Wenn die Antwort ja lautet, öffne die erste Seite und beginne. Zweifle nie daran, dass eine kleine Gruppe von inspirierten, engagierten Menschen einen Bewusstseinswandel herbeiführen kann. In der Tat ist es das Einzige, was überhaupt möglich ist.

Einleitung

Früher oder später gelangt die Menschheit zu folgender Frage: Ist es möglich, dass uns das Leben und Gott etwas geben, das wir noch nicht verstehen und durch das sich alles verändern würde, wenn wir es endlich verstünden?

Was wäre, wenn wir uns eingestehen würden, dass wir Gott und das Leben überhaupt nicht verstehen, obwohl wir täglich Hinweise dafür bekommen, ein neues Verständnis zu etablieren. Für mich ergibt das Weltgeschehen überhaupt keinen Sinn, solange wir so weitermachen wie bisher. Wir sind aufgefordert vollkommen neu über unser Dasein zu denken und dieses neue Denken zu repräsentieren. Denn es nützt uns nichts viel Wissen anzuhäufen, ohne dieses Wissen in die Tat umzusetzen.

Mein *Kurs*-lehren

Mein Ansatz ist nur eine Möglichkeit, die tiefen Lehren des *Kurses* zu erforschen. Er basiert auf meiner Interpretation und Erfahrung seiner Prinzipien. Ich hoffe es wird dir helfen zu lernen, direkt auf deinen Inneren Führer zu hören, der der Teil deines Geistes ist, der dir bei deiner Heilung hilft. Ich verwende immer wieder unterschiedliche Begriffe, um auf das EINE hinzudeuten:

Das Ewige, Innerer Lehrer, Innerer Führer, Heiliger Geist und Höherer Geist, Hohes Selbst sind gängige Bezeichnungen für den Teil deines Geistes, der deine ewige Realität ist.

Was ist der *Kurs in Wundern?*

Ein Kurs in Wundern ist eine Geistesschulung, die es uns ermöglicht das volle Potenzial unserer Intelligenz zu nutzen, indem wir all unsere Konzentration so gebündelt wie möglich auf den Geist ausrichten. Es bedeutet sich selbst zu vertrauen und genau das ist der Zweck dieses Prozesses. Es geht ausschließlich darum, das nächste Hindernis auf unserem Weg aufzuspüren und auszuleuchten.

Jeder denkt er würde denken, doch wenn jemand wirklich zu denken beginnt wird er rasch feststellen, dass er es zuvor nie getan hat. Indem man das Leben durch den göttlichen Versorgungsplan erfährt, erlangt man die Fähigkeit eine intellektuelle Wildheit zu entfesseln, zu der wir normalerweise nicht in der Lage sind und von der wir nichts ahnen.

Verschiedene Informationen zum *Kurs in Wundern*

Begriffserklärungen zum *Kurs*

Was ist Vergebung?

Vergebung bedeutet, sich selbst als das nicht betroffene Selbst zu erkennen. Deshalb: „Nichts ist passiert, was du gedacht hast, dass dir angetan wurde".

Was ist Erlösung?

Erlösung ist Heilung, indem sie die Welt der Träume nicht unterstützt ... sie lässt Illusionen los. Indem Illusionen nicht unterstützt werden, können sie nur leise zu Staub werden.

Was ist die Welt?

Die Welt ist eine „falsche Wahrnehmung". Doch „jeder Wahrnehmung" kann ein neuer Zweck gegeben werden.

Was ist Sünde?

Sünde ist Mangel an Liebe. Der Mangel an Liebe ist die Heimat aller Illusionen, die für Dinge stehen, die sich aus unwahren Gedanken ergeben.

Was ist der Körper?

„Der Körper ist ein Zaun", der uns von allem anderen zu trennen scheint. Es lässt die Dualität real erscheinen und es scheint, als ob wir die Dualität direkt erfahren. Der Zweck kann jedoch geändert werden.

Was ist Christus?

Christus ist Bewusstsein. Es ist der Schöpfungsprozess und das unberührte Zeugnis der Schöpfung. Es ist was wir sind. Es ist unser Höheres Selbst.

Was ist der Heilige Geist?

Der Heilige Geist ist ein jüdisch-christlicher Begriff für spirituelle Intuition, der aus unserem Selbst als Bewusstsein hervorgeht. Sein einziger Zweck ist es, uns zu helfen zum Bewusstsein zu erwachen. Sobald dieses Ziel erreicht ist, ist sein Zweck erfüllt. (Gott unternimmt dann den letzten Schritt, um uns jenseits des Bewusstseins zu erwecken.)

Was ist die reale Welt?

Die reale Welt ist die Welt, wie sie aus der Perspektive des Bewusstseins gesehen wird. Es ist eine Welt, die von vergebenden Augen gesegnet ist und durch wahre Wahrnehmung gesehen wird. Die reale Welt ist immer noch ein Traum, aber es ist ein Traum, der die Wahrheit widerspiegelt. Es bereitet uns auf das nächste und letzte Erwachen vor.

Was ist das zweite Kommen?

Es ist das erste Erwachen, das Erwachen zu unserem Selbst als Bewusstsein. Von diesem Erwachen aus sehen wir mit wahrer Wahrnehmung und erleben die reale Welt.

Was ist das Jüngste Gericht?

Es ist das zweite und letzte Erwachen, das jenseits des Bewusstseins in das Nirvana erwacht. Mit diesem Schritt wird das Bewusstsein selbst als unwahr angesehen.

Was ist Schöpfung?

„Schöpfung" ist ein Begriff, den *Ein Kurs in Wundern* für die ewige Realität verwendet. Es ist nach dem Tod unseres Selbstbewusstseins als Geistesbewusstsein bekannt. Es ist unser wahres Selbst jenseits jeglichen Selbstgefühls. Es ist unsere tatsächliche Existenz.

Was ist das Ego?

Es ist das Selbstgefühl, das „Ich-lein", das egozentrische Selbst, manchmal das niedere Selbst genannt. Wenn Menschen den Begriff „Ego" verwenden, beziehen sie sich normalerweise auf das niedere Selbst. Das Höhere Selbst oder die „Ich-bin-Gegenwart" ist jedoch auch Teil des Ich-Selbstgefühls. Das niedere Selbst ist Trennungsbewusstsein und das Höhere Selbst ist Einheitsbewusstsein. Sowohl das untere als auch das Höhere Selbst werden transzendiert, wenn das endgültige Erwachen stattfindet.

Was ist ein Wunder?

Wunder sind Wahrnehmungsverschiebungen, die einen vom niederen zum Höheren Selbst bewegen. Einige Menschen bezeichnen diese Verschiebungen als Erwachen, obwohl jede Verschiebung eine Teilmenge der gesamten Erweckungserfahrung ist. Das Erwachen zum Bewusstsein (dem Höheren Selbst) kann allmählich oder plötzlich erfolgen und variiert stark zwischen den Individuen.

Was bin ich?

Die Antwort auf diese Frage kann als direkte Erfahrung bezeichnet werden, wenn das Selbstgefühl vollständig verschwindet.

Friede sei mit Dir, dem heiligen Sohn Gottes. Lass die ganze Welt durch uns mit Frieden gesegnet sein.

Verstehen oder sich verbinden?

Es scheint viele Jahre zu dauern bis man den *Kurs in Wundern* versteht. Aber ist es das Ziel, den *Kurs in Wundern* zu verstehen oder sich mit Gott zu verbinden? Du kannst dich jederzeit mit der Schöpfung verbinden ohne den *Kurs* zu verstehen. Wir können einfach die Ruhe unter all dem Lärm finden und uns dort ausruhen, während die ganze Aufregung vorbeizieht. Unser Verstand muss nicht absolut ruhig sein, um Frieden zu erfahren.

Eine Technik, die ich benutze, ist eine Hörhaltung einzunehmen und die Stille in der ganzen Szenerie, die mich gerade umgibt, herauszufinden. Es ist ähnlich wie der Versuch ein einzelnes Instrument auszuwählen, während man Musik hört oder eine einzelne Stimme, während man ein Lied hört oder eine einzelne Stimme in einem überfüllten Raum. Diese Stille ist „näher als das Atmen". Sie übermittelt mir die Wahrheit, welche mich von meinen illusionären Konflikten befreit.

Es gibt viele Techniken da draußen. Aber es ist wichtig sich jeden Tag mit Gott zu verbinden. Du wirst wissen, dass du die Verbindung hergestellt hast, wenn du fühlst, dass du plötzlich tief durchatmen und dich entspannen kannst und eine freudige Grundstimmung in dir trägst.

Die Sprache des *Kurses*

Die Sprache des *Kurses in Wundern* hatte mich lange Zeit irritiert. Ich wollte keinen Vater anbeten und an dem Glauben festhalten, dass ich der Sohn bin. In dieser Welt sind Vater und Sohn deutlich unterschiedliche Menschen, aber im *Kurs* soll ich Vater und Sohn als Einheit sehen. Ein Vater ist außerhalb seines Sohnes, aber ich soll den Vater im Inneren des Sohnes sehen.

Dieser Aspekt der Sprache des *Kurses* ließ die Botschaft des *Kurses* von meiner eigenen Erfahrung entfernt erscheinen.

- Schließlich lernte ich, die „Vater/Sohn"-Sprache auf eine andere Weise zu betrachten:
  Vater = ganzheitlich, Sohn = Teil des Ganzen.
- Gott ist ganz und Christus ist ein Teil von Gott.
- Die getrennten „Söhne Gottes" sind die getrennten „Teile Gottes".

Einige mögen dies zu unpersönlich finden. Einige ziehen es vor, Vater/Sohn als Elternteil/Kind zu lesen. Einige ändern das Geschlecht auf das Weibliche: Mutter/Tochter.

Ich finde das Unpersönliche praktikabel, um Klarheit zu schaffen, denn das Persönliche beinhaltet immer das Ego und ich versuche das Ego und den Geist zu sortieren.

Meine Erfahrung der Liebe Gottes ist dann nicht das undefinierte Unscharfe, sondern das Reine, Beständige und Freudige des Geistes.

Persönliche Veränderungen durch das *Kurs*-Studium

Es gibt mehrere Veränderungen, die wir durch ein Studium des universellen Lehrplans durchlaufen. Das kann folgendermaßen aussehen:

> Freunde, die wegfallen, weil du nicht mehr an den gleichen Dingen interessiert bist.

> Ein Gefühl der Isolation, weil man mit den Menschen, die einem am nächsten stehen, nicht teilen kann, was man erfährt und durchmacht.

> Bisherige Ziele verändern sich und erscheinen nicht mehr als wünschenswert, z.B. Karriere/Jobwechsel, Beziehungen.

> Umzüge in andere Wohnungen oder ein radikaler Ortswechsel.

> Ein Gefühl der Ziellosigkeit

> Wut und Depressionen wegen dieser Veränderungen

Das Gefühl der Isolation, von dem viele berichten, wird im Laufe der Zeit durch ein Gefühl der Verbundenheit mit dem „Ewigen" ersetzt, das jede menschliche Erfahrung von Verbindung oder Gemeinschaft übertrifft. Du gehst nach innen, weg von der Welt hin zur Ganzheit und Vervollständigung, d.h. etwas, das keine menschliche Beziehung bieten kann.

Das neue Ziel kann Unannehmlichkeiten in deinen Beziehungen verursachen, weil es denen, die noch nicht offen für das Hören der Wahrheit sind, nicht angemessen erklärt werden kann. Manchmal musst du Rechtfertigungen für deine Lebensentscheidungen finden, wenn andere noch nicht bereit sind zu hören: „Ich folge der Führung des Heiligen Geistes". Diejenigen, die dir nahestehen, mögen Angst vor Veränderungen in dir und deinem Leben haben, dennoch können sie mit der Zeit erkennen, dass du glücklicher und friedlicher bist als zuvor.

Es hilft das Ziel im Auge zu behalten. Wenn du zu sehr in Gefühle von Depressionen oder Widerstand verstrickt bist, nimm dir Zeit zu meditieren: über den Frieden, die Freude und Liebe, die du erlebst. Wisse, dass es ein Prozess ist und dass du ihn bereits in Gang gesetzt hast und du brauchst jetzt „nichts zu tun", sondern lass den Heiligen Geist in dir und durch dich wirken.

Die meisten Menschen halten deshalb nicht Ausschau nach der Wahrheit, weil sie Angst vor Veränderung haben.

Ermächtigungsimpuls: Akzepticre die Veränderung, sie ist ein Geschenk, das uns weitaus mehr anbietet als es im ersten Augenblick scheint.

Verschiedene Lehren

Große Lehrer wie *Buddha Shakyamuni* und *Jesus von Nazareth* haben uns gezeigt, dass es möglich ist, das Leiden zu überwinden und dass wir in Harmonie mit dem Leben sein können. Offenbar waren bisher wenige Menschen dahinter gekommen, wie diese Lehren tatsächlich praktisch funktionieren – denn die Bereitschaft zu hören, zu lernen und zu tun war reduziert. Das hat sich allerdings im Laufe der Jahrhunderte verändert: Wir, das heißt du und ich, sind nun bereit und deshalb konnte der *Kurs in Wundern* uns erreichen.

Herausforderungen meistern mit Hilfe des *Kurses*

Ich werde oft gefragt, wie ich mit Herausforderungen umgehe. Ich praktiziere die Lektionen – dies ist meine erste Handlung: Durchatmen, innehalten, anhalten.

> Was will ich wirklich sehen?
> Wie möchte ich mich hierin entscheiden?

> Warum habe ich das so gewählt, wie es mir erscheint?
> Kann ich hierin eine neue Wahl treffen?
> Wie kann es jetzt noch schöner werden?

Diese Fragen haben die Qualität mich in ein anderes Bewusstsein zu führen.

Ich bin dadurch in tiefem Vertrauen, dass es eine höhere Quelle gibt, die mich darin unterstützt Probleme, welcher Couleur auch immer, durch einen neuen Perspektivwechsel zu lösen.

Ich übe täglich und bereite mich auf den Tag vor. Dem Ego gebe ich dadurch immer weniger Gelegenheiten vom Körper Besitz zu ergreifen. Dieser Geisteswandel ist es, der mir die Welt des Himmels eröffnet.

Fühlst du dich vom *Kurs* bedroht oder geliebt?

Als ich die ersten Jahre mit dem *Kurs in Wundern* verbrachte, dachte ich, dass die Sprache des Buchs oft distanziert, sogar kalt und hart war. Es gab schöne Passagen, die ich entdeckte, aber sie wurden durch diesen strengen Ton überschattet. Es war als hätte der *Kurs* eine gespaltene Persönlichkeit! Aber weil ich spürte, dass die Wahrheit im *Kurs* enthalten war, fühlte ich unablässig den Drang weiter zu studieren.

Da ich inzwischen Vertrauen in die Stimme des *Kurses* entwickelt habe, hat sich die Tonlage des *Kurses* geändert. Es ist einfach Liebe. Sie ist nicht erhaben und distanziert, sondern direkt und sachlich. Es ist alles wunderschön. Es stellte sich heraus, dass ich derjenige mit der gespaltenen Persönlichkeit war. Ich projizierte die ganze Zeit meine eigene Stimmung auf den *Kurs* (wie auf die Welt)!

Manchmal wird es dir passieren, dass du dich von den Aussagen angegriffen fühlst. Vielleicht sagst du dann Dinge wie: „Der *Kurs* klingt hier wütend" oder „Warum spricht er zu mir herab?

Das weiß ich bereits!" Ich kann dir sagen, dass du die Dinge hineinliest.

Immer wenn wir uns angegriffen fühlen, fühlen wir uns von unseren eigenen Überzeugungen bedroht. Vertraue, die Tonalität des *Kurses* kommt von dir. Du kannst deinen eigenen Fortschritt verfolgen, indem du dich von der Botschaft des *Kurses* angegriffen oder geliebt fühlst.

Vertraue und du wirst die Erfahrung der Sicherheit machen können, die jenseits des Ego-Denksystems existiert. Lebe die spirituelle Wahrheit und teile sie mit jedem, damit jeder in den Zustand der Sicherheit gelangt.

ERMÄCHTIGUNGSIMPULS:
Du kannst der Führung durch den *Kurs* vollkommen vertrauen.
Es ist ein Plan dahinter, den wir erst durch die Praxis erkennen.

Wunderprinzipien im *Kurs*

Schon in der ersten Lektion des *Kurses* in Wundern lernen wir, dass „nichts was ich in diesem Raum sehe, irgendeine Bedeutung hat". Und dennoch geben wir allem, was wir wahrnehmen, alle Bedeutung, die es für uns hat. Dies soll Sicherheit vermitteln, die ständig gefährdet ist, denn wir täuschen uns hierdurch selbst und verstehen in Wirklichkeit nicht, was wir sehen und fühlen und sind infolgedessen bedroht.

Drei Wunderprinzipien:
1. Das Universum ist freundlich, alle Dinge geschehen für mich, nicht gegen mich.
2. Ich bin ein in paradiesischer Unschuld geborenes Kind dieses Universums.
3. Du bist es auch.

Wenn das Universum mir immer freundlich gesinnt ist und alle Dinge für mich geschehen, können die Gründe, warum ich mich über irgendetwas aufrege, gerne auf den Prüfstand gestellt werden.

Die Phasen des Lernens mit dem *Kurs*

Diejenigen, die den *Kurs in Wundern* lernen, machen unterschiedliche Phasen des Lernens durch, wobei man an der inneren Ausrichtung die Qualität des Friedens erkennen kann.

So wie ich es sehe, gibt es drei verschiedene Arten von *Kurs*studenten und einige Durchlaufen alle drei Stadien:

„Mal sehen"

Diese Leute kommen mit fest etablierten Überzeugungen zum *Kurs*, die von traditionell religiös bis zum fantasielosen „New Age" reichen können. Sie studieren den *Kurs* nicht gründlich. Vielmehr nehmen sie das heraus, was das bestätigt, was sie bereits wissen und ignorieren das, was im Widerspruch zu dem steht, was sie bereits glauben. Auch populäre Speaker und Therapeuten sind in diesem Bereich zu finden.

„Praktisch"

Diese Studenten nutzen den *Kurs*, um ihr Leben in der Welt zu verbessern. Sie neigen dazu, das Arbeitsbuch zu genießen und haben es schwer mit dem Text. Sie lieben die Wirkung, die die Ausübung des *Kurses* auf ihre Beziehungen hat. Sie sind nicht so sehr auf der Suche nach der Wahrheit, sondern vielmehr auf der Suche nach einem besseren Traum.

„Erwachen"

Diese Schüler lieben den ganzen *Kurs* und sind hungrig danach. Sie wollen die Wahrheit, weil es die Wahrheit ist. Sie sehen den

Kurs als den Weg, der sie dorthin führt. „Etwas" drängt sie immer tiefer in den *Kurs*. Sie neigen dazu, die widersprüchlichsten Schüler zu sein, gleichzeitig unbequem und engagiert. Sie haben viel tiefere Erfahrungen als die Gelegenheitsstudenten oder Praktikanten, deshalb erleben sie einen Grad an innerem Frieden, den die anderen nicht haben.

Welche Art von Schüler bist du jetzt?

ERINNERUNG:
Der *Kurs in Wundern* ist ein Selbststudium, welches durch verschiedene Phasen des Lernens hindurchführt.

Die Werkzeuge des *Kurses*

Was den *Kurs* von anderen Wegen zur Erlösung unterscheidet, sind seine beiden Werkzeuge, um Zeit zu sparen: Der Heilige Augenblick und die Heilige Beziehung.

Wir sind dazu befähigt, diese im täglichen Leben anzuwenden. Wir sind jedoch nicht verpflichtet unser Leben aufzugeben und mit Mönchen im Berg zu leben oder gegen unseren Wunsch den wahrgenommenen Freuden des Körpers/Egos zu entsagen. Stattdessen werden wir durch die Verwendung des Heiligen Augenblicks und der Heiligen Beziehung schneller die gleichen Ziele erreichen, wie diejenigen, die ihr Leben lang gegen die Trennung kämpfen.

Der reine Geist ist von der Form unberührt, was uns die Möglichkeit gibt, die Heiligkeit bzw. Ganzheit in allem zu erkennen.

Durch die Verwendung der Werkzeuge, die der *Kurs* bietet, kommt die Loslösung vom Körper und Ego von selbst. Es ist nicht etwas, das man erkämpfen muss, um es zu erreichen. Wenn wir Einssein erleben, wird die Wertlosigkeit dessen offensichtlich und wir verlieren ganz natürlich das Interesse an ihnen.

Wenn wir uns dem Suchen nach den Freuden der Welt hingeben, müssen wir uns nicht schuldig fühlen. Noch müssen wir damit im Konflikt sein und so tun, als hätten sie keinen Wert für uns, wenn sie diesen eindeutig noch haben.

Benutze stattdessen die Werkzeuge, die dir der *Kurs* anbietet, um dein Selbst so zu erleben, wie du bist. Von dort aus ist es einfach das aufzugeben, was man nicht ist.

Entweder der *Kurs* kommt bei dir an oder nicht. Entweder funktioniert das Umsetzen der Lektionen in die Praxis für dich oder nicht. Der *Kurs* selbst, die Bücher, die Theologie sind nichts. Die Erfahrung, zu der sie dich führen, ist alles.

Der *Kurs* wird zu einem Idol, wenn man das Gefühl hat, dass man ihn verteidigen muss. Dazu gehört sowohl die Verteidigung seiner Theologie als auch die Verteidigung seiner Ursprünge.

Der Wert des *Kurses* liegt jenseits der Worte und seiner Form. Wenn andere mit dir darüber streiten wollen, kannst du sicher sein, dass die Botschaft des *Kurses* in keiner Weise beeinträchtigt wird. Es ist überall, weil es in dir ist. Es gibt nichts zu diskutieren, denn das, was nicht geschädigt werden kann, muss nicht verteidigt werden.

Der *Kurs* ist ein Idol, wenn es einem mehr darum geht, ihn zu verstehen und zu akzeptieren als ihn zu praktizieren. Das Verständnis kommt mit der Praxis. Auf dem Verstehen oder Akzeptieren zu bestehen, ist eine Ablenkung davon, es zu praktizieren. Kurz gesagt, der *Kurs* ist ein Idol, wenn man ihn für etwas anderes benutzt als zur Rückkehr zur Erfahrung seines Selbst in Gott.

Welchen Zweck verfolgst du mit der *Kurs*lehre?

Egal was der spirituelle Weg ist, es muss darum gehen, das Ego zu transzendieren.

Was spirituelle Schulen und Wege betrifft, so ist der *Kurs* einer von vielen. Er beantwortet keine Fragen wie: „Soll ich dies tun oder soll ich das tun? Soll ich heute Abend die TV-Show sehen oder Essen gehen?"

Der *Kurs* fragt: „Was ist dein Zweck, um die TV-Show zu sehen? Ist es eine Ablenkung, um deine Sorgen und Probleme zu vergessen?"

Worin liegt dein Zweck, den *Kurs* oder diesen Text zu lesen?

Du weißt, dass viele Menschen den *Kurs* lesen und einfach nur ihre Augen über die Worte bewegen und sagen: „Ah, das funktioniert nicht" und die Lehre wird beurteilt. Aber was der *Kurs* macht, ist zu fragen: „Was ist dein Ziel?" Das ist das Entscheidende und nicht die Form.

Was ist dein Ziel? Wer hat dem wird gegeben.

Was ist dein Zweck? Möchtest du erfahren, was dir der *Kurs* mitteilt oder noch länger zweifeln?

Das Problem ist das Denken. Das Verhalten kommt automatisch vom eigenen Denken, also ist der einzige Ort, an dem du signifikante substanzielle Veränderungen haben kannst, die Änderung der Art und Weise wie du denkst.

Es gibt nur zwei Denksysteme in deinem Kopf: das des Egos und das des Heiligen Geistes. Im Grunde hilft dir der *Kurs*, um zwischen den beiden Denksystemen zu unterscheiden.

ERMÄCHTIGUNGSIMPULS:
Triff heute erneut eine Wahl für das Himmelreich Gottes.

Alltagsübergänge zur Erinnerung an sich selbst nutzen

Es ist gut und schön zu sagen, dass deine Identität in Gott ist und deine Aufgabe aus dieser Quelle kommt, aber das wird dir nichts bedeuten können, wenn du dich nicht daran erinnerst. Die Lektionen des *Kurses* fordern uns dazu heraus, uns den ganzen Tag über an sie zu erinnern. Dieses Vorhaben ist nicht immer ganz einfach.

Du wirst vielleicht auch feststellen, dass der Heilige Geist einen speziellen Lehrplan für dich hat, der über die formalen Lektionen des *Kurses* hinausgeht, was an sich schon herausfordernd sein kann. Dies allerdings ist individuell auf dich abgestimmt und hat deine Zustimmung schon längst erhalten.

Mache es dir zur Gewohnheit während eines Übergangs den Hl. Augenblick, das heißt die Tageslektion, einzuladen. So kannst du dich darin üben dich über den ganzen Tag an die Lektionen zu erinnern.

Ein Übergang ist, wenn du etwas anderes tust, als du vorher getan hast. Zum Beispiel wenn du zur Arbeit gehst, ein Meeting beginnst oder es verlässt, wenn du nach Hause kommst oder dir einen Kaffee machst, etc.

Wenn dies zu einer mentalen Gewohnheit wird, wirst du dein spirituelles Wachstum konsistenter aufbauen und mehr und mehr Erfahrungen sammeln, die dich von dieser Welt erheben.

ERINNERUNG:
Deine mentalen Gewohnheiten bestimmen was du erfährst und jede Gewohnheit lässt sich verändern.

Ein *Kurs* über Liebe und Heilung

Ein Kurs in Wundern ist ein *Kurs* über Liebe und Heilung. Er lehrt uns, dass unser Herz Heilung erfährt, indem wir den Frieden Gottes annehmen. Die Hingabe an das ewig Göttliche ist die Voraussetzung, sich spirituell in noch ungewohnte Höhen auszudehnen.

Es ist ein *Kurs* in spiritueller Psychotherapie. Aber anstatt uns lediglich über spirituelle Psychologie zu unterrichten, verwandelt das Material tatsächlich den Geist unserer Psyche – unser Herz und unsere Seele. Es verändert unseren Geist, unser Denken und unser Sein. Es tut dies auf energetische Weise, gewöhnlich ohne, dass wir uns dessen bewusst sind.

Dennoch stellt das Buch selbst fest, dass dieses Material nicht das einzige Mittel für eine solche Transformation ist.

Deshalb heißt es auch „Ein" *Kurs in Wundern* und nicht „Der" *Kurs in Wundern*. Das bedeutet, dass die Hauptkonzepte des *Kurses* sicherlich auch anderswo zu finden sind, auch wenn die Form und der Stil der Lehren sehr unterschiedlich sein können.

Der *Kurs* soll uns helfen, die leichtere Seite des Lebens zu sehen und die falschen Wahrnehmungen von Angst und Trennung – den Traum – nicht mit der Realität zu verwechseln.

Das Ego und seine Deutungen aus *Kurssicht*

Der *Kurs in Wundern* lädt uns dazu ein, dass wir nichts wissen und unseren Deutungen nicht glauben können. In den Lektionen des *Kurses* werden wir sogar aufgefordert, Aussagen zu rezitieren, wie zum Beispiel: „Nichts was ich sehe, bedeutet etwas" oder „Ich weiß nicht, wozu etwas dient" oder „Ich kenne meine eigenen Interessen nicht".

Für den Durchschnittsmenschen ist das so, als würde er sagen: „Ich bin ein Idiot", „Ich weiß nichts" oder „Meine Welt ist beschissen, weil ich nie die richtigen Entscheidungen treffe".

Diese negativen Deutungen des „Nicht-Wissens" resultieren daraus, dass unser aufgeblasenes Ego (= „Ich-lein") solche Aussagen als Bedrohung unserer auf dem Ego basierenden Gedanken wahrnimmt. Unser Ego fühlt sich nur deshalb bedroht, weil solche Aussagen dazu neigen, seine Existenz zu untergraben. Der Grund, weshalb wir gebeten werden solche Aussagen zu machen liegt darin, dass wir unsere Deutungen und Fehleinschätzungen von uns selbst und unserer Vergangenheit vollständig hinterfragen und aufgeben müssen, um ein neues Selbst und ein neues Leben für unsere Zukunft wiederaufzubauen.

Wir wissen nicht einmal was gut oder schlecht ist, da wir all das aus unserem begrenzten Verstand interpretieren und somit das Große und Ganze verpassen.

Sobald wir unser Ego erniedrigen bzw. loslassen, indem wir seine Einflüsterungen nicht mehr beachten, kann unsere Seele erhoben werden und nur dann können wir unsere Göttlichkeit wirklich erkennen.

Die Wahrheit wird alle Irrtümer in unserem Geist berichtigen können, sobald die Wahrheit genügend Aufmerksamkeit erhält.

Die Lektionen im *Kurs*

Indem wir die Lektionen des *Kurses* in Wundern so anwenden, wie sie empfohlen werden, wird die Liebe Licht in unseren Geist und unser Gehirn bringen. Dieses Licht wird tatsächlich zelluläre Erinnerungen und alte Neuronen der Vergangenheit wegbrennen und das Gehirn selbst neu programmieren.

Nicht nur, dass jede Lektion für sich genommen kraftvoll ist, die 365 Lektionen sind auch in einer sehr intelligenten und effektiven Reihenfolge angeordnet. Im Allgemeinen konzentrieren sich die Themen des ersten Teils der Lektionen auf Affirmationen, die uns helfen, das auf dem Ego basierende Denksystem abzuschalten, indem wir uns eingestehen, dass das Leben nicht das ist, was wir denken und dass nichts, was wir wissen, denken oder sehen, real ist.

Dann verlagert sich das Thema der Lektionen darauf unseren Geist wieder mit positiven Affirmationen zu füllen, die im Wesentlichen darauf abzielen, die natürliche Ordnung wiederherzustellen.

Die Lektionen des *Kurses* sind energetische Aussagen, die unsere Lichtbegleiter zur Unterstützung aufrufen.

ERMÄCHTIGUNGSIMPULS:
Sprich heute mit tiefer Gewissheit: „Die Stille von Gottes Frieden ist mein" und das Universum wird sich durch alle Dimensionen hindurch diesem Ziel gemäß bewegen.

Den Tag mit den Lektionen des *Kurses* beginnen

Wenn wir den Tag mit den Lektionen des *Kurses* in Wundern beginnen und den Inhalt im Auge behalten, wird dies unser Bewusstsein verändern. Auf diese Weise verändern wir jeden Tag und unser Leben!

Die Worte sollten mit Aufrichtigkeit und Überzeugung gelesen, gesagt und wiederholt werden, gefolgt von einigen Minuten der Stille, in denen wir die inneren Wirkungen unserer Lektionen empfangen und aufnehmen.

Nach einer solchen inneren Ausrichtung ist es nicht ungewöhnlich, die friedvolle Gegenwart Gottes zu spüren oder Klarheit und Führung in persönlichen Angelegenheiten zu erhalten. Obwohl diese Lektionen manchmal ungewöhnlich sind und in ihrer Totalität noch nicht verstanden werden, ist der Inhalt als Ganzes unglaublich kraftvoll und vollständig – jeder Satz oder jede Zeile ist entscheidend für das Ziel und die Wirkung. Wer sich beständig auf diese universelle Lehre einlässt, findet den Frieden, der ewig währt.

„Nichts Dauerhaftes liegt in Träumen, und der Heilige Geist, der mit Licht von Gott selbst erstrahlt, spricht nur für das was ewig währt." EKIW

„Sei nur für Gott und sein Königreich wachsam." EKIW

„Vergesst diese Welt, vergesst diesen Kurs und kommt mit völlig leeren Händen zu eurem Gott." EKIW

Dies spiegelt die letztendliche Lehre wider, dass man den Geist von den Inhalten leeren muss und das alte Wissen nicht mehr in den *Kurs* hineinbringen will.

Jeder Fetzen Furcht und jeder Gedanke an Zeit und Raum, einschließlich der Gedanken über das Buch „*Ein Kurs in Wundern*" sind in dem oben genannten Zitat enthalten. Dieses letztendliche Loslassen der Gedanken über die Welt ist wahre Meisterschaft.

Das Loslassen der Vergangenheit führt zur Erfahrung der ewigen Gegenwart. Mit diesem Schritt brauchen wir uns nicht zu beschäftigen, er stellt sich durch die konsequente Anwendung automatisch ein.

Es ist sehr hilfreich die Arbeit mit dem *Kurs* ernsthaft fortzusetzen. Der Rest wird sicherlich folgen. Wir sind mit der Absicht, vollständige Vergebung zu lernen, verbunden. Und Gottes Plan wird für uns gelingen!

Kenneth Wapnick über den *Kurs*

„Als ich im Kurs zu lesen begann, wurde mir immer deutlicher, dass dies die perfekte Integration von Spiritualität und Psychologie war."

„Wir verbringen in der Tat sehr viel Zeit damit, den Leuten erkennen zu helfen, was der Kurs nicht ist: er ist nicht biblisch; weder Judaismus noch Christentum, Christliche Wissenschaft; New Age, Joel Goldsmith, oder Edgar Cayce. Der häufigste Fehler, den die Leute machen, ist, ihren früheren spirituellen oder religiösen Weg auf den Kurs draufzusetzen. Das ist ein nachvollziehbarer Fehler, aber solange man ihn macht, wird man nicht begreifen, was der Kurs aussagt. Ich denke, dass das auch mit Jesus so geschehen ist. Das Neue Testament wurde aus der Sicht des Alten Testaments geschrieben, daher wurde Jesus zu einer Erfüllung der Prophezeiungen des Alten Testaments. Ich denke, der wirkliche Jesus ist in all dem abhandengekommen." Kenneth Wapnick

Das Ziel des *Kurses*

„Die Schmerztoleranz mag hoch sein, aber sie ist nicht grenzenlos. Irgendwann beginnt jeder zu erkennen, wie schwach auch immer, dass es einen besseren Weg geben muss". EKIW

Das Ziel von *„Ein Kurs in Wundern"* ist nicht, dir zu helfen Reichtum zu erlangen oder die äußeren Umstände in deinem Leben zu verändern. Es ist ein Leitfaden, um die Überzeugungen über dich selbst und alles andere radikal zu ändern, damit du dich dadurch unabhängig von den Geschehnissen in deiner Welt friedlich fühlst. Daraufhin wird sich die äußere Welt verändern wie du bald erfahren wirst!

Dies ist ein unvergleichlicher „Verlernprozess", der dich von einem vorherrschenden Zustand der Angst, Einsamkeit und dem Gefühl der Unwürdigkeit, unter dem die meisten Menschen leiden, heilt. Der *Kurs* führt dich schrittweise dazu ein schönes Leben zu führen, das auf Liebe, Großzügigkeit und Überfluss beruht.

Am Anfang erkennen nur wenige von uns die Bedeutung dieses Verlernens. Ich erkannte sie sicherlich auch nicht in meiner Anfangszeit. Ich las, las und las noch einige Male, um das Geheimnis des Erfolgs zu finden. Ich wollte verstehen, anstatt zu praktizieren. Ich wusste nicht, dass mein Leben auf den Kopf gestellt werden würde, anstatt „verbessert" zu werden, wie ich gehofft und vermutet hatte!

Das ist eine sehr gute Sache, auch wenn dies anfangs nicht gewürdigt wird, da unser Leben durch das „Erhalten" unseres Selbstbildes (Ego) geleitet wird und immer zu einem Ort des Unglücks führt.

Wir brauchen nicht mehr zu leiden oder Schmerzen zu erfahren. Lasst uns stattdessen unsere Wahrnehmung verändern, die uns vollkommen heilt.

Verwirrung durch den *Kurs*

Neben einigen wenigen Schlüsselwörtern, die oft falsch interpretiert werden, gibt es auch einige Themen, die vielen Lesern und Studenten des *Kurses* Kummer und Verwirrung bereitet haben. Wenn du den *Kurs* mit dem Ego lernen willst, das heißt durch deine eigenen Gedanken, ist Verwirrung vorprogrammiert. Das Ego bemüht sich in höchstem Masse, dass du dich schuldig fühlst oder dir einredest, dass dies nicht zu schaffen ist oder du es eh nicht verstehst. In Wirklichkeit rührt das Hauptproblem daher, dass bestimmte Lehren des *Kurses* zu wörtlich oder zu ernst genommen werden.

Obwohl Jesus beispielsweise klar lehrt, dass alles im materiellen Universum, einschließlich unseres Körpers und unserer Krankheiten eine Illusion ist, ermutigt er uns dennoch diese Illusion zu respektieren, indem wir uns um unsere alltäglichen Bedürfnisse kümmern.

Tatsächlich erklärt er, dass wir leicht mehr Schaden als Nutzen anrichten können, wenn wir uns dazu zwingen so zu handeln, als ob wir nicht an diese Illusion glauben, was bedeuten würde, dass wir die Lehre zu ernst nehmen. Das mag wie ein Widerspruch klingen, aber in Wirklichkeit ist es die Art und Weise wie Jesus unseren Verstand beruhigt, indem er sagt:

„In Wirklichkeit ist es so, aber da ihr für die Realität nicht wach seid, lasst uns die Dinge auf einer Ebene behandeln, die ihr verstehen und schätzen könnt."

Durch die Anwendung der Lektionen reifen die Gewissheit Gottes und seine Wahrheit sanft heran. Lebe dein Leben frei, echt und mutig. Verlasse den Mainstream und die Ammenmärchen über dich.

„*Diese Welt ist eine Illusion, aber ein geträumter Kopf, der gegen einen geträumten Felsen stößt, bringt geträumten Schmerz.*" Paramahansa Yogananda

Neuprogrammierung des Gehirns durch den *Kurs*

Der *Kurs in Wundern* ist anders. Die enthaltenen Lektionen sind keine bloßen Affirmationen wie man sie überall findet, sie sind vielmehr darauf ausgerichtet, unseren „mind" zusammen mit unseren unbewussten Glaubensmustern neu zu programmieren.

Natürlich wird dadurch auch eine entsprechende Neuprogrammierung auf das Gehirn heruntergeladen, da der menschliche Körper, einschließlich seines Nervensystems, alle Veränderungen in unserem Bewusstsein widerspiegelt.

Sobald wir uns für den Heiligen Geist und die Liebe (anstelle des Egos) als Führer entschieden haben, beginnt der Prozess der Neuprogrammierung damit, dass sowohl der Geist als auch das Gehirn von früheren (auf dem Ego basierenden) Überzeugungen, Programmen und Mustern befreit werden. Dann beginnt der Heilige Geist unser System neu auszurichten, unseren Geist und unser Gehirn neu zu programmieren, woraufhin diese Bereiche neu verdrahtet werden, was dazu führt, dass wir mit unseren Sinnesorganen neu wahrnehmen und sich unsere Interpretation des Wahrgenommenen ändert.

Aus diesem Grund basieren viele Lektionen des *Kurses* speziell darauf, wie wir „sehen" oder wie wir den sensorischen Input wahrnehmen bzw. interpretieren. Auch hier haben wir immer die Wahl zwischen einem von zwei inneren Übersetzern: dem Ego (der Denkstörung) oder dem Heiligen Geist.

Die Entscheidung alle Dinge durch eine höhere Sichtweise zu sehen und zu erfahren, d. h. durch die Augen des Heiligen Geistes zu sehen, wird zum Bezugspunkt für die positiven Veränderungen in unserem Verstand und somit die Grundlage für ein glückliches Leben.

Wir haben also immer die Wahl, wie wir uns erfahren wollen. Dadurch, dass wir das „LICHT" in unseren Geist und unser Gehirn bringen, wird dieses „LICHT" tatsächlich zelluläre Erinnerungen und alte Neuronen der Vergangenheit hinwegschmelzen und das Gehirn selbst neu programmieren können.

Wenn wir während des Studiums des *Kurses in Wundern* auf Abschnitte stoßen, die für uns besonders schwer zu akzeptieren sind, kann es hilfreich sein, das folgende zu lesen:

„Deine Aufgabe ist es NICHT, nach Liebe zu suchen, sondern einfach, alle Schranken in dir selbst zu suchen und zu finden, die du gegen sie erbaut hast. Es ist nicht nötig, nach dem zu suchen, was wahr ist, aber es ist nötig, nach dem zu suchen, was falsch ist." Ein Kurs in Wundern

Einige Menschen versuchen ihre Erfahrungen und ihr Gelerntes auf den *Kurs* zu übertragen – oder besser gesagt den *Kurs* so anzupassen, wie sie es bereits glauben zu wissen. Dies begrenzt die transformative Kraft des *Kurses*, denn sie glauben auch zu wissen, was der *Kurs* und die Welt bedeuten.

Das, was du in der Welt erlebst, ist nicht die Wahrheit, sondern eine oberflächliche Ebene, die du wahr gemacht hast, indem du deine Geschichten immer wieder hypnotisch nachahmst. Weil es in deiner Welt um Bedeutung geht, glaubst du deinen Überzeugungen, die auf der Grundlage von Angst aufgebaut sind.

Der *Kurs in Wundern* hebt deinen Geist aus Zeit, Raum und Form heraus. Er ist in der Lage dich mit der Quelle allen Lebens zu verbinden. Es ist kein Verlust die Welt der Angst aufzugeben und stattdessen allumfassenden Frieden zu erfahren, sondern ein Gewinn.

ERMÄCHTIGUNGSIMPULS:
Sei bereit zu hören, habe den Willen zu lernen und entwickle die Fähigkeit zu tun.

Die Freuden in der Welt und der *Kurs*

Du bist nicht dazu verpflichtet dein Leben aufzugeben und mit Mönchen in den Bergen zu leben oder gegen deinen Wunsch um die wahrgenommenen Freuden des Körpers zu kämpfen. Stattdessen wirst du durch die Verwendung der Lektionen schneller die gleichen Ziele erreichen wie diejenigen, die ihr Leben lang gegen die Trennung kämpfen.

Durch die Verwendung der Werkzeuge, die der *Kurs* bietet, kommt wie von selbst die Loslösung vom „Ich-lein" und vom alles durchdringenden Gefühl ein Opfer der Umstände zu sein. Es ist nicht etwas, das man beschleunigen oder durch besondere Leistungen erzwingen kann. Wenn du Einssein erlebst, wird die Wertlosigkeit von Körper/Ego und der Welt offensichtlich und du verlierst ganz natürlich das Interesse an ihnen.

Wenn du dich dem Suchen nach den Freuden der Welt hingibst, musst du dich nicht schuldig fühlen. Noch musst du so tun, als hätten sie keinen Wert für dich, wenn sie es eindeutig noch tun. Benutze stattdessen die Werkzeuge, um dein Selbst so zu erleben, wie du bist. Von dort aus ist es einfach, das aufzugeben, was man nicht ist.

Die Lektionen des *Kurses* in Wundern sind so kraftvoll, dass Jesus uns dazu einlädt, seine Anweisungen genau zu befolgen und unsere Übungen nicht zu übertreiben. Diese umfassen in der Regel eine bestimmte Anzahl von Rezitationen und Übungsphasen. Er erklärt, dass es uns unnötige Unannehmlichkeiten bereiten kann, wenn wir den Unterricht mehr als empfohlen durchführen – nicht nur für unser Ego, sondern auch für unser Nervensystem.

Die Arbeit des *Kurses* ist keine Affirmations- oder Energiearbeit, es ist mehrdimensionale „Licht-Arbeit". Jesus weiß dies und deutet darauf hin.

Die Lektionen des Arbeitsbuches sind so kraftvoll, dass wir anfangen könnten merkwürdige Dinge wie Farbe oder Licht um Menschen und Gegenstände herum zu bemerken. Sofern wir die Lektionen mit einem vernünftigen Maß und Engagement geübt haben. Wir können ein Übermaß an Glücksgefühlen erfahren oder uns im gleichen Augenblick beklommen fühlen. Das ist ein Läuterungsprozess, dem wir nicht allzu viel Beachtung schenken sollten, sondern geduldig die Lektionen weiterhin anwenden.

Selbst mit dem fest verwurzeltsten Ego findet der Prozess unserer spirituellen Entwicklung auf irgendeiner Ebene statt und der Tag wird kommen, an dem das Licht für uns alle gleichermaßen dämmert.

ERMÄCHTIGUNGSIMPULS:
Fühle, was gefühlt werden muss und fühle dabei auch deinen Widerstand, beobachte ihn und wachse daran. Also, fühle ihn. Den Widerstand fühlen? Einfach so?

Die kleine Bereitschaft

Die spirituelle Praxis, die mir aus meinen ängstlichen Zuständen geholfen hat, heißt *„Ein Kurs in Wundern"*. Der *Kurs* ist ein System, das unsere fixierten, ängstlichen Wahrnehmungen löst, damit wir den Frieden, der bereits in uns ist, wiederentdecken können. Vielleicht fällt es dir anfangs schwer diesem neuen Denksystem zu folgen, aber mache dir darüber keine Sorgen.

Wenn der *Kurs* dein Weg zur Heilung ist, wird er allmählich einen Sinn ergeben und es genügt die Bereitschaft, verstehen zu wollen. Du musst nicht an ihn glauben, aber wenn du seine Konzepte testest, werden die Ergebnisse für sich selbst sprechen.

Der *Kurs* fordert unseren Geisteswandel und dieser geschieht nicht allein durch Worte. Jede Situation muss für dich eine Gelegenheit darstellen andere darüber zu unterrichten, was du bist und was sie für dich sind. Nicht mehr als das, aber auch niemals weniger.

„Nichts Wirkliches kann bedroht werden, nichts Unwirkliches existiert. Hierin liegt der Frieden Gottes." EKIW

Ganz gleich wie tiefgründig die oben genannte Wahrheit ist, es sind nur Worte und sie werden nicht vollständig verstanden, wenn wir sie nicht anwenden.

Wenn wir uns wirklich dem konsequenten Studium und der Anwendung der Prinzipien des *Kurses* verpflichten, sollten wir in der Lage sein unseren Fortschritt zu bezeugen, indem wir immer mehr Frieden erfahren.

> Wir werden liebevoller, vergebender und verantwortungsbewusster.
> Wir werden wertlose Worte und Meinungen, die uns trennen, beiseitelassen und stattdessen sinnvolle Worte und Taten der Liebe annehmen, die „Verbindung" mit anderen schaffen.
> Wir werden dort segnen, wo Konflikt ist.
> Wir werden vergeben, dort wo wir angegriffen werden.

Frieden wird unsere Lebensweise sein und wir werden zu Mitschöpfern Gottes werden – sogar während wir auf der Erde sind. Während wir unseren wertenden Intellekt ablegen und unser liebendes Herz ausdehnen, werden wir zu Werkzeugen Gottes heranreifen.

Hilfe durch den *Kurs*

Der *Kurs in Wundern* wird uns helfen, die leichtere Seite des Lebens zu erfahren und die falschen Wahrnehmungen von Angst und Trennung – den Traum – nicht mit der Realität zu verwechseln. Der *Kurs* stellt sogar fest, dass die scheinbare Trennung von Gott das Ergebnis davon war, dass die Kinder Gottes vergessen haben über die „winzige, verrückte Idee" der Trennung zu lachen.

Im *Kurs* wird darauf hingewiesen, dass die Auswirkungen seiner Lektionen starke Effekte haben werden: wundersame Veränderungen in unserer Wahrnehmung, die Heilung unserer spirituellen Psychose, das Verschwinden des Universums (wie wir es kennen) und schließlich unsere Rückkehr nach Hause in unsere Heiligkeit.

In der Antike akzeptierte man, dass es tausende Leben dauern kann, bis man zur Erleuchtung gelangt und dann auch nur, wenn man sich für viele dieser Leben engagiert. Dann kam Buddha und erkannte, dass die Erleuchtung in einem einzigen Leben erreicht werden kann. Und jetzt teilt Jesus in *„Ein Kurs in Wundern"* mit, wie wir innerhalb eines Jahres einen unermesslichen Wandel erreichen können.

Unterm Strich gilt: Je klarer und kraftvoller das Lehrmaterial, desto größer wird die Wirkung sein und je eher werden wir zu den erwünschten Ergebnissen gelangen.

Die Rolle des Heiligen Geist

Nachdem der *Kurs* geschrieben war und sich auf die Veröffentlichung vorbereitete, saßen alle Beteiligten zusammen und beteten wann immer eine Entscheidung getroffen werden musste. Das war natürlich schwerfällig und unrealistisch.

Schließlich sprach Ken Wapnick und sagte, dass dies nicht das ist, was der *Kurs* ihnen beigebracht hatte. Der Ewige Geist ist immer gegenwärtig und wenn wir in Verbindung bleiben, können wir der Führung sicher sein, wenn wir sie brauchen.

Für mich selbst ist es nicht so wichtig, ob ich einen Hinweis vom Heiligen Geist bekomme, wenn ich eine bestimmte Frage stelle. Die Antwort kommt irgendwann, wenn ich nicht einmal mehr über das Problem nachdenke.

Ich begriff auch, dass ich nicht in der Lage war herauszufinden, was der Hl. Geist war und was nicht, wenn ich versucht war, den Heiligen Geist dazu zu bringen die Dinge in den Griff zu bekommen. Was ich inzwischen gelernt habe, ist, dass der Heilige Geist eine „falsche" Entscheidung, die ich ohne Führung getroffen habe, später korrigieren wird. Die kann entweder direkt geschehen, indem ich klar vernehme etwas anderes zu tun. Oder indirekt, indem ich beobachte, dass die Situation von mir abfällt, damit eine andere Entscheidung getroffen werden kann.

Wenn wir uns regelmäßig mit unserem Heiligen Geist – dem Licht – verbinden, werden wir feststellen, dass wir die ganze Zeit geführt sind.

Das Training durch den *Kurs*

Eine theoretische Grundlage, wie sie der Text des *Kurses* bietet, ist als Rahmen notwendig, um die Übungen im Arbeitsbuch sinnvoll zu gestalten. Aber es sind die Übungen, die das Ziel des *Kurses* ermöglichen.

Ein untrainierter Geist kann nichts erreichen. Es ist der Zweck dieses *Kurses*, den Verstand zu trainieren, um in den Vorgaben zu denken, die der Text vorgibt.

Viele Schüler des *Kurses* zögern noch die Lektionen des *Kurses* zu machen. Sie befürchten, dass der Unterricht zu viel Zeit in ihrem geschäftigen Leben in Anspruch nimmt. In Wahrheit ist es sehr einfach diese im Alltag zu integrieren.

Zu Beginn nehmen die Lektionen im Arbeitsbuch überhaupt keine Zeit in Anspruch, dann nimmt die Zeit, die sie dauern, schrittweise zu. Es geht darum, das Bewusstsein zu verändern und das erfahren wir eben nur durch die Praxis.

Der *Kurs* sagt uns: *„In einigen Fällen kann es für den Schüler hilfreich sein, zuerst das Handbuch zu lesen. Andere werden mit der Arbeitsmappe beginnen. Wieder andere müssen vielleicht auf der abstrakteren Ebene des Textes beginnen.“* EKIW

Es gibt einen Unterschied zwischen dem Gefühl, dass es noch nicht ganz an der Zeit ist mit der Arbeitsmappe zu starten, und dem Widerstand gegen die Arbeitsmappe.

Ich kann beobachten, dass diejenigen Widerstand leisten, die sich auf irgendeiner Ebene bewusst sind, dass das Arbeitsbuch ihren Geist in eine andere Richtung schulen wird, und genau hiergegen leisten sie Widerstand. Wenn wir jedoch den *Kurs* nicht studieren, um ein Lehrer Gottes zu werden, wofür studieren wir ihn dann?

EINS - sein

Der *Kurs* sagt uns, dass wir unsere Brüder als uns selbst sehen sollen. Man merkt ironischerweise, dass es so etwas wie „Bruder" nicht gibt. Die Wahrnehmung des „Anderen" fällt im Erkennen des Einsseins weg.

Ein Großteil der Sprache des *Kurses* ist verwirrend, weil er von „Vielen" spricht, die „Eins" sind. Wenn es nur „Einen" gibt, wie kann es dann „Viele" geben? Aber wir haben die Wahrnehmung geschaffen und wir erkennen eine Welt von vielen und der Heilige Geist muss damit arbeiten:

„Der Heilige Geist nimmt, wie immer das, was du gemacht hast, und übersetzt es in ein neues Lernen." EKIW

Wir machten die Wahrnehmung, um eine Welt der Trennung zu sehen, also nutzt der Heilige Geist das, was wir gemacht haben, um uns Einssein zu lehren. Du hast keinen „Bruder". Du hast nur dein Selbst. Du bist nicht isoliert, sondern im Geiste mit allem verbunden.

Es gibt keine private Welt und keine privaten Gedanken. Wir teilen alles, wie wir es sehen, mit allen und stärken somit das Kollektiv in der Trennung – oder wir sind hier, um zu befreien. Das ist unsere einzige Wahl.

Die Rolle des Egos

Beziehungen und das Ego

Das Ego sieht immer sich selbst. Es gibt wirklich nur ein Ego. Nur in der Wahl getrennt zu sein, scheint es viele Egoelemente zu geben, die in Körpern eingeschlossen sind. Das ist nie die Wahrheit, aber wenn du dich für die Trennung entscheidest, dann konzentrierst du dich darauf. Indem man jedoch das Erscheinen vieler Körper übersieht und sich daran erinnert, dass man Gott nie verlassen hat, sondern dass Gott in seinem Geist ist und daher in allem was man sieht, werden Beziehungen zu einem Mittel, um sich an das Einssein zu erinnern.

„Der Heilige Geist lehrt, dass du immer dir selbst begegnest, und die Begegnung ist heilig, weil du es bist." EKIW

Du bist immer nur in einer Beziehung zu dir selbst. Alle Beziehungen sind also gleich. Wenn du eine Beziehung dem Heiligen Geist übergibst, entscheidest du dich dafür deine eigene Heiligkeit zu sehen. Du nimmst die Kraft zurück, die du der Illusion gegeben hast und erinnerst dich so daran, dass du ein Teil Gottes bist. Deshalb ist es so lange unmöglich, sich daran zu erinnern, dass du „Eins mit Gott" bist, bis du dich daran erinnerst, dass du „Eins" bist, mit allem was du siehst. Eins-Sein ist eine Wahl, ohne die du keinen Schritt weiterkommst.

Wer sich für die Trennung entscheidet, konzentriert sich nur darauf, obwohl es täglich zu neuen Konflikten führt.

Eine neue Art von Denken ist notwendig, wenn die Menschheit weiterleben will.

Viele Menschen, die sich mit dem Universellen *Kurs* beschäftigen, haben das Gefühl, dass es schlimmer wird. Das hängt zum einen damit zusammen, dass dort wo Licht hinfällt, die Schatten sichtbar werden und zum anderen daran, dass sich das Ego dieser Reise anschließen will.

Wenn das Ego aber bemerkt, dass dies nicht funktioniert, wird es wütend und reagiert mit einem hohen Maß an Selbstangriffen. Du hörst dann Stimmen, wie z.B.: „Du bist zu blöd", „kannst es eh nicht", „lass es besser", „früher hast du dich besser gefühlt" usw. Genau jetzt sind wir aufgefordert uns an Gott zu wenden, das Licht in uns leuchten zu lassen und dem Zauber ein Ende zu bereiten.

ERMÄCHTIGUNGSIMPULS:
Diese Gedanken will ich nicht mehr, stattdessen wähle ich den Frieden Gottes.

Diese Worte haben Kraft und setzen dem Ganzen ein Ende. Es ist in Wahrheit so, dass dich das, was du nicht bist, nicht beeinflussen kann. Außer du willst es so.

„Wir haben einfach die Reise zurück zu GOTT zu tun, DER unser Zuhause ist. Jedes Mal, wenn sich irgendwo auf dem Weg zum Frieden Angst eindrängt, liegt es daran, dass das Ego versucht hat, sich unserer Reise anzuschließen, und das nicht tun kann. Weil es die Niederlage spürt und dadurch verärgert ist, fühlt sich das Ego zurückgewiesen und sinnt auf Vergeltung. Du bist gegen seine Vergeltung gefeit, weil ICH bei dir bin. Auf dieser Reise hast du MICH anstatt des Egos zu deinem Geführten gewählt. Versuche nicht an beiden festzuhalten, sonst wirst du in verschiedene Richtungen zu gehen versuchen und den Weg verlieren." EKIW
Wenn du dem, was du nicht bist, weiterhin glauben schenkst,

weißt du nicht was du wirklich bist. Lass los von dem, was du glaubst zu sein und dein Geist wird sich an seinen natürlichen Platz in Gott erheben. Es sind keine besonderen Kräfte, Kenntnisse oder Fähigkeiten erforderlich. Alles, was du brauchst, bist du. Egal wer du zu sein scheinst. Glaube nicht mehr an das, was Du denkst. Es ist belanglos und sagt absolut nichts über Dich aus.

Leide nicht – LEUCHTE

Das Ego will dich in dem Bedauern um Vergangenes eingesperrt halten. Stattdessen kannst du heute dankbar sein diesen (Denk-) Fehler zu berichtigen.

Wähle einfach dich mit dem Ewigen zu verbinden und du korrigierst alle Irrtümer.

Das, was du jetzt erfährst, ist dein Seelenweg und die Vergangenheit kannst du nicht ändern - du kannst nur für die Gegenwart weise Entscheidungen treffen. Und die weiseste Entscheidung überhaupt, ist mit dem „Ewigen" zu sein. Sich dafür zu entscheiden bringt einen Frieden jenseits aller Vernunft mit sich.

Wer sich für das „Ewige" entscheidet, korrigiert seine (Denk-) Fehler. Wir halten die dunkelsten Überzeugungen des Egos in den tiefen Abgründen unseres Geistes fest. Durch dieses künstliche Selbstgefühl glauben wir zu existieren. An diesem geheimen Ort verurteilen wir die anderen Seelen und machen diese zu jemanden, die uns etwas schulden. Das rechtfertigt dann, dass sie auf irgendeine Weise verurteilt (oder gekreuzigt) werden – geistig, verbal oder auf irgendeine andere Weise.

Das Ego ist tatsächlich entsetzt über die Vorstellung andere für unschuldig zu befinden. Denn ohne Schuld bräuchte es weder einen Gerichtssaal noch einen Richter, wodurch das Ego impotent wird. Kein Diktator ist gerne so machtlos.

Wir sind so voller Argwohn anderen gegenüber, dass wir nicht erkennen wie sehr uns dieses einfältige Denken an die unsichtbaren Ketten des Mangels, der Sorgen oder der Krankheit binden.

Die Absicht, den Weg des Lichtes zu gehen, öffnet die Türe unseres Geistes und lässt die Liebe herein, wo vorher Dunkelheit herrschte.

Solange wir auf das Ego hören und es als unsere Navigation wählen, befinden wir uns auf dem Holzweg. Das ist ein anderer Begriff für Wahnsinn. Wenn wir falsch denken, sind wir ängstlich, deprimiert, wütend und oft gehässig, denn die Probleme der Welt sind nicht zu bewältigen. Wir sind auch dann auf dem falschen Weg, wenn wir glauben, dass wir allein auf der Welt sind und wir uns grundlegend von anderen unterscheiden. Kurz gesagt, wir sind geistesgestört, solange wir noch glauben, dass wir diejenigen sind, die wir gewohnt sind zu sein.

Das Ego hat keine „Verpflichtung" zu irgendetwas und schon gar nicht zum Erwachen zur göttlichen Liebe. Es hat große Angst vor der Liebe, denn die Liebe ist das Verderben des Egos.

Wenn du den Interpretationen des Egos immer weniger Glauben schenkst, wird dir die Leichtigkeit und das sanfte Lachen des Ewigen sehr natürlich und attraktiv erscheinen. Lehne dich zurück, lass das Wertlose an dir abgleiten und dein Leben wird Fahrt aufnehmen. Kreativität, Freude und Lebendigkeit sind dann keine fernen Ziele mehr, sondern unmittelbar verfügbar.

Die Tricks des Egos

Kannst du erkennen, wie trickreich das Ego ist? Einer der Lieblingstricks des Egos ist das Versprechen, dass Wünsche in der Zukunft in Erfüllung gehen werden oder Situationen durch besondere Anstrengungen besser werden. Was gäbe es für einen besseren Weg uns aus der Allgegenwart herauszuhalten. Es will nicht, dass wir uns an das erinnern, was seit Anbeginn der Zeit in uns angelegt ist. Noch ein Trick ist uns durch Bedauern, Gewissensbisse, Vorhaltungen oder Schuldgefühle in der Vergangenheit festzuhalten. Die Idee, du hättest in der Vergangenheit viele Fehler gemacht, ist ein Beispiel davon.

Auf der anderen Seite leben wir in einer Art von unaufhörlich fortbestehendem Mangel. Der Mangel besteht darin, die Wahl zu treffen, in der Welt der verstandesmäßigen Vorstellungen zu sein anstelle in der Welt des ewigen JETZT, welche die Welt Gottes ist.

Wir haben an diese Fehlwahrnehmung geglaubt. Das heißt aber nicht, dass wir sie nicht korrigieren können. Doch der einzige Zeitpunkt, an dem wir ihn korrigieren könnten, ist immer jetzt. Hinter all dem, was du jetzt erfährst, gibt es einen größeren Plan, der dich in das Licht deiner Freiheit führt.

ERMÄCHTIGUNGSIMPULS:
Gib dich dem größeren Plan hin, wenn du Glück und Frieden erfahren willst.

Vielleicht wirst du dir sagen: Ich sollte etwas verändern, um etwas Besseres zu erfahren. Die universelle Lehre sagt, dass deine Wahrnehmung von der physischen Welt nicht real ist – niemals. Die Welt zu verändern bedeutet nichts zu ändern.

Es ist hingegen unerlässlich, deine Überzeugung über die Welt zu ändern und zu sehen, dass die Lösung in dir ist, trotz der Welt, die vor dir zu sein scheint.

Der Weg, um das Ego zu überwinden ist nicht, es zu bekämpfen oder zu versuchen es zu verändern, sondern es loszulassen. Erkenne, wann du durch es denkst und schaue dann in die andere Richtung.

Im *Kurs in Wundern* wird uns unmissverständlich erklärt, wie das Ego funktioniert. Es wird uns nicht deshalb gesagt, damit wir uns schlecht fühlen, sondern klar differenzieren können. Das hat den großen Vorteil, dass wir die Probleme dieser Welt in uns heilen können, indem wir uns dem Licht zuwenden.

ERINNERUNG:
Wer klare Sicht hat weckt seine Potenziale.

Illusionen

Während das Ego seine besonderen Beziehungen anbetet, gibt es eine andere Welt, die voller Schönheit und Leuchtkraft existiert.

Das Ego hat kein Fundament und Illusionen sind nur Irrtum. Wenn dem Irrtum der Glaube einmal entzogen worden ist, kann der Irrtum nicht mehr als real erlebt werden. Das ist die Bedeutung des Erwachens, die Überwindung der Welt.

Dies erlaubt dem Geist den „Ich-Fehler" zum Licht der Wahrheit zu erheben (Illusionen zur Wahrheit zu bringen) und der Schleier des Besonderen wird verschwinden.

Es war ein Irrtum, dass die Trennung zum Ewigen tatsächlich eintreten könnte.

Das Ego zu transzendieren, bedeutet den Glauben an das Unmögliche zu transzendieren. Sobald die speziellen Beziehungen als die Illusionen gesehen werden, die sie sind, sind sie nicht mehr attraktiv. Denn wer würde Illusionen wählen, wenn das Licht der Wahrheit als Liebe erfahren wird und wenn die Liebe nicht mehr gefürchtet wird.

ERMÄCHTIGUNGSIMPULS:
Fühle die Liebe Gottes jetzt in dir und all das, was dich betrübt, wird hinweggeleuchtet.

In der Welt werden Erfindergeist, Einfallsreichtum und besondere Talente als Geschenke Gottes angesehen. Die Idee, dass diese aus dem Ego stammen, ist für viele schwer zu akzeptieren. Selbst nachdem sie akzeptiert haben, dass Gott die Welt, Körper oder Persönlichkeiten nicht erschaffen hat, fällt es ihnen schwer zu akzeptieren, dass das Genie von da Vinci, Einstein oder Mozart einfach Teil des Gebrauchs der „Spezialität" des Egos ist, um zu beweisen, dass die Trennung von Gott real ist.

Genau deshalb ist es auch so wichtig zu lernen und zu verstehen, dass wir in Wahrheit keine Körper sind, egal wie verführerisch sich die Form darstellt.

Wir alle haben Attribute, auf die wir stolz sind und die wir vielleicht einmal für Gottgegeben gehalten haben. Wenn uns dann gesagt wird, dass sie an sich keinen Wert haben, können wir dies als persönlich beleidigend erfahren. Natürlich kann sich nur das Ego beleidigt fühlen, also weißt du, dass du dich, wenn du eingeschnappt bist, mit dem Ego identifizierst!

Einige Fähigkeiten, die wir für außergewöhnlich halten, können vom „Ewigen Geist" in unserem Erwachen eingesetzt werden. Aber welche das sind und wie sie verwendet werden, liegt nicht an dir. Der Heilige Geist nutzt, was der Heilige Geist braucht. Und das ist der einzige Wert, den jede „besondere" Fähigkeit haben kann.

ERINNERUNG:
Der freie Geist ist zu allem fähig und nutzt deine Talente zum Besten für alle.

Das göttliche Auge öffnen

Das Ego hat nicht die Absicht uns erkennen zu lassen, dass wir die Träumer dieser Welt sind.

Der Prozess des Sehens mit unseren Augen ähnelt dem Prozess, wie wir die Welt wahrnehmen. Das auf die Netzhaut des Auges geworfene Bild steht buchstäblich auf dem Kopf. Doch das Ego-Gehirn wandelt oder übersetzt das Bild automatisch in eine Wahrnehmung der Welt, die wir als auf dem Kopf stehend erleben.

Mit anderen Worten: Es gibt etwas in unserem Ich-Hirn, das alles in seiner Macht stehende tut, um uns glauben zu machen, dass wir richtig sehen und dass das, was wir sehen, Realität ist. Tatsächlich besteht der Zweck allen Sehens und Hörens darin, uns genau das zu bestätigen, was wir sehen und hören wollen, gemäß dem Sprichwort: „Wir sehen das, was wir glauben, so sicher wie wir glauben was wir sehen".

Jenseits dieser Welt gibt es eine Welt, die du wirklich willst. Mit deinen zwei Augen, bzw. fünf Sinnen bist du blind, dein göttliches Auge hingegen vermag dich in deiner Wahrheit zu verzücken.

ERMÄCHTIGUNGSIMPULS:
Es gibt keinen Ort, an dem du vor der „Schönheit des Ewigen" sicher bist.

Was könnte Trennung anderes sein als eine Illusion, eine Fehleinschätzung?

Fragen über das „Böse", die „Krankheit" oder die „Schrecken" der Welt sind Pseudofragen, denn sie werden nur in der Annahme gestellt und beantwortet, dass der Irrtum real ist.

Die erste Frage, die je gestellt zu werden schien, wurde vom Ego gestellt: „Wer bin ich?" und jede Frage, die das Ego stellt, bringt weitere Zweifel.

Der ewige Geist ist ohne Frage. Christus steht außer Frage. Folge der Spur der Frage bis zum sogenannten „Fragesteller". Die Unmöglichkeit des „Fragenden" zu sehen, ist die wahre Freiheit, denn unsere Identität in Gott steht außer Frage.

Abwehrmechanismen entlarven

Welche Zustände auch immer in der Existenz eines Menschen herrschen, sie entsprechen immer perfekt den eigenen Erwartungen. Das eigene Gefängnis sind hierbei nur mentale Gewohnheiten, Krankheit, Alter und Tod. Sie sind Beschreibungen der Welt, an die wir uns gewöhnt haben und deren Gültigkeit auf ungeprüften Überlieferungen beruht.

Während wir beginnen, uns nicht mehr mit unserer Bindung an Figuren in der Form zu identifizieren, werden wir wehrloser, denn wir beginnen uns mit dem Geist oder der Seele in jedem Einzelnen zu identifizieren.

Unsicherheit entsteht, wenn der Verstand sich nicht so sicher ist, was er ist. Er hat zwei verschiedene Stimmen, die er in seinem Geist wahrnimmt. Der Verstand wird versuchen alle Arten von Abwehrmechanismen zu nutzen, um diese Unsicherheit zu umgehen oder sie zu überdecken. Er benutzt Dinge wie Verleugnung, Unterdrückung oder Projektion.

Das Ego ist genial, wenn es darum geht, Tricks zu entwickeln, um Unsicherheit und Angst zu minimieren, ohne sie jedoch loszulassen. Das Ego weiß, dass, wenn man jemals all die Angst und Unsicherheit loslassen würde, es aus dem Geschäft wäre und kein Leben mehr haben würde. Verteidigung oder Angriff ist der hoffnungslose Mechanismus, der dazu dient, die Angst zu reduzieren, aber nicht sie zu beseitigen.

Dem Ego ist es egal, ob du es liebst oder hasst, solange du an es glaubst und in deinem fixierten Bewusstsein verharrst.

Verbringe nicht allzu viel Zeit damit, dein Ego oder das anderer zu analysieren. Es gibt einen nützlichen, aber begrenzten Zweck darin, das ist alles.

Es ist wichtig das Ego bei der Arbeit zu identifizieren, aber das Ego liebt die Aufmerksamkeit und diese Analyse kann zu lange dauern. Einige *Kurs*schüler verbringen Jahre damit über ihre Egos nachzudenken und zu sprechen. Sie kennen sich bestens damit aus und lächeln vielleicht darüber. Das spielt für das Ego keine Rolle. Solange du daran glaubst und dich damit identifizierst, ist das Ego glücklich.

Du musst dir nicht um jeden Gedanken und jede Stimmung Sorgen machen. Es spielt keine Rolle was das Ego tut, denn das Ego ist nicht du. Wenn du merkst, dass du zu sehr in die Illusionen des Egos verstrickt bist, sag einfach „Hallo! Wieder ein Egogedöns ..." und dann lass es gut sein.

ERMÄCHTIGUNGSIMPULS:
Wenn du bemerkst, dass dir das Ego den Eindruck vermittelt festzustecken, beginne von dem zu geben, was dich glücklich macht: Frieden, Liebe, Dankbarkeit.

Verantwortung vermeiden

Das Ego ermutigt uns Verantwortung zu vermeiden, indem wir entweder Verleugnung oder Projektion einsetzen. Die Projektion unseres Urteils, unserer Angst und unserer Schuld führt zu einem materiellen Universum, zu der Welt, in der wir leben und zu den einzelnen getrennten Körpern, mit denen wir uns identifizieren. Wir werden Zeuge unserer Gedanken und Überzeugungen durch unsere Beziehungen zu den anderen menschlichen Wesen, die wir jetzt vor uns sehen.

Unsere gesamte menschliche Erfahrung begann mit dem unmöglichen Glauben, dass wir uns entschieden hatten, uns von Gott zu trennen. Mit unserem daraus resultierenden Selbsturteil kann dieser falsche Glaube durch die Entscheidung, uns selbst und anderen zu vergeben, umgekehrt werden. Wir beginnen also mit dieser Umkehrung, indem wir alle unsere Beziehungen in geheilte oder Heilige Beziehungen verwandeln und alle Lebensumstände so respektieren.

Dies wird erreicht, indem wir größtmögliche Toleranz üben und alle Dinge so sein lassen wie sie sind. Dadurch lösen wir unsere Investition in die Welt und all unsere Angst wird verschwinden. Durch diesen Heiligen Augenblick steigt die Kraft der Veränderung in uns auf und wir handeln zum Wohle aller Beteiligten. Auf diese Weise kehren wir wieder zur Liebe, Glückseligkeit und der Einheit Gottes zurück.

Der Versuch zu ändern, was außerhalb von dir selbst liegt, lässt dich mit Schmerz und Schuldgefühlen zurück und wird dich nie zur Ruhe kommen lassen. Wir verhalten uns dann wie kleine Kinder!

Wir können Tausende von Leben nutzen, um das Spiel des Egos zu spielen oder wir können beginnen zu erkennen, worum es sich wirklich dreht. Dies wirklich zu sehen, ist der erste Schritt zur Freiheit. Hier beginnt die ganze Arbeit. Dies ist der Beginn des Erwachens aus dem Traum. Es ist eine Reise nach innen, um die Blockaden im Bewusstsein der Liebe zu lösen. Die Liebe, die wir sind. Wir sind dazu aufgefordert, uns neu zu definieren und durch diese Definition werden wir in unserem Bewusstsein gestärkt, dass uns nichts bedrohen kann und wir frei im Geiste Gottes sind. Diese Freiheit ist es, nach der wir alle streben und nichts anderes wird uns jemals zufriedenstellen. Beginnen wir heute werden wir sehen, dass das morgen ein anderes ist.

„Nichts Wirkliches kann bedroht werden.
Nichts Unwirkliches existiert.
Hierin liegt der Friede GOTTES."
EKIW

Wahre Identität

Das gespaltene Bewusstsein ist die Ursache unserer Konflikte. Es erhält den Anschein von Trennung und einer Welt der Gegensätze aufrecht. Versuche nicht mehr zusammen zu bringen, was nicht versöhnt werden kann, sondern öffne dich in deine wahre Identität, die allumfassend ist.

Unsere wahre Identität ist von dieser Welt losgelöst. Sie wird von dem was passiert nicht berührt, egal ob es dir oder anderen zu geschehen scheint. Du triffst keine Urteile mehr, sodass du auch nicht an Ergebnisse gebunden bist. Es ist ein Leben in der Gegenwart!

Du fühlst dich frei, bist im Frieden und beschwingt und nichts kann dich in irgendeiner Weise herunterziehen.

Du beschäftigst dich nicht mehr mit Illusionen. Was nützen sie ohne das Ego, das nur durch sie existiert? Wenn du das Ego ganz beiseitegelegt hast, ist es nur ein Schritt in den Himmel.

Anziehungskraft von Konflikten und Problemen

Die „Anziehungskraft des Konflikts" ist eine Anziehung auf ein erfundenes Identitätsbild und auf all die Ablenkungen und Abwehrmechanismen, die zu diesem Bild gehören. Das Ego versucht mit der Kraft, die der schlafende Geist (Christus) ihm verleiht, ein Eigenleben zu realisieren. Das Ego kann jedoch kein Hindernis für den Frieden sein, wenn ihm die Grundlage entzogen wird.

ERMÄCHTIGUNGSIMPULS:
Was wäre, wenn alle Dinge, die dich beschäftigen, schon gelöst sind und ein glücklicher Ausgang gewiss ist?

Konflikte und Probleme scheinen nur deshalb attraktiv zu sein, weil wir sie noch wollen, um eine scheinbare Identität aufrecht zu erhalten.

Es scheint immer wieder besondere Freuden und Konflikte zu geben, die mit dem erfundenen Selbstbild einhergehen, so flüchtig sie auch sein mögen. Für den schlafenden Geist sind diese Phänomene attraktiv und daher begehrt. Doch Götzen sind niemals dauerhaft, denn sie sind zeitlich begrenzt. Sie stehen auf und sie fallen, denn sie könnten niemals die ewige Liebe ersetzen.

Deshalb nimm die freudige Lektion an, dass dich nichts bedrohen kann, und ruhe in der Gewissheit, dass alle Dinge einen glücklichen Ausgang nehmen.

Ego vs. Liebe

Liebe erschafft, das Ego macht. Liebe dehnt sich aus, das Ego projiziert.

In der Liebe sind „Sein und Haben" dasselbe. Für das Ego sind „Besitz und Haben" dasselbe, und „was man bekommt ist das, was man hat" – so funktioniert eine Welt des Mangels.

Wie völlig unmöglich ist diese Welt mit all seinen Manifestationen und wie absolut wahr ist die Schöpfung, die sich nur durch die Liebe ausdehnen kann. Sich gegenseitig im Überfluss zu unterstützen und zu heilen ist eine Frage der Identität. Vertrauen ist der Ausweg aus dem falschen Glauben an eine weltliche Identität. Es braucht Vertrauen, um seine Meinung so vollständig zu ändern, dass man die Konzepte von Zeit und Raum für immer vergisst. Und glücklicherweise erfordert es nur die kleine Bereitschaft und keine Zeit.

Wenn man den eigenen Denkprozess ganz fallen lässt, macht man Platz für die Vision Christi, den Willen der Schöpfung. Wenn dies dein Wunsch ist, wird sich die Welt der irrealen Wirkungen als grundlos erweisen und du wirst über die Gedanken lachen, dass irgendein Konflikt eine wirkliche „Quelle" sein könnte oder dass „Du" irgendetwas „brauchst". Die Stille des „Jetzt" ist die Antwort.

Der Heilige Geist wird deine Gedanken und Handlungen sehr genau lenken, wenn du es ihm erlaubst. Gib ihm alle widersprüchlichen Wünsche wie Geld, Politik, Krankheit, Mangel, Zeit, Raum und den Tod, um diese für seinen Zweck zu verwenden und sie werden aus deinem reinen Geist entfernt. Denn du bist reiner Geist und nichts in dieser Welt kann jemals verstanden werden, weil es Illusionen sind.

ERINNERUNG:
Was Du bist, ist ALLES was es gibt!

Vermeidungsstrategie

Wer seinen spirituellen Weg dazu benutzt, um Schmerzen, Sorgen und Angst zu vermeiden, befindet sich auf dem Holzweg. Denn es ist eine negative Motivation, in der du von etwas gedrängt wirst, das du vermeiden möchtest.

Das Ego nutzt diese Strategie als einen Weg des Opferns. Wenn du also bereits von Sorgen oder Ängsten geplagt bist und diese vermeiden willst, wählst du nur eine andere Form, in der du wieder dasselbe erfährst.

Du kannst diesen Kreislauf unterbrechen, wenn du verstehst, dass du nicht aufgefordert wirst Opfer zu bringen, sondern all das aufzugeben. Es ist weitaus einfacher, wenn man sich positive Ziele setzt.

Großzügigkeit ist das wahre Lebenselixier. Nur das Ego gibt sich mit teilweisem Glück, Heilung und Liebe zufrieden. Trennungsgedanken und Selbstvorwürfe sind das Fundament des Egos, das uns sicher in den Abgrund führt. Dies ist die Grundlage, wie wir gewohnt sind, in die Welt zu schauen und des Egos Herrschaft sichern.

Um uns selbst Gott wieder zurückzugeben, brauchen wir nur unsere Angriffsgedanken zu beenden und die Welt so wie sie ist als erlöst anzuerkennen. Da gibt es nichts, was es zu verändern gibt. Alles ist geheilt.

Das Ego nutzt die Welt dazu, uns an es zu binden. Es versucht den Wert der Welt zu beweisen, indem es dauernd Probleme sieht, wo keine sind. Alles, was wir suchen, kann uns an die Welt ketten. Wir sind hier, um der Welt, so wie sie uns begegnet, zu vergeben, damit wir unsere Funktion bzw. Aufgabe erfüllen, die uns von einer höheren Dimension zugedacht ist.

Niemand kann zwei Herren dienen

Die Stimme des Egos und die innere Stimme des Geistes sind so unterschiedlich wie Tag und Nacht. Zwischen diesen beiden Stimmen unterscheiden zu lernen, das Ego abzulegen und sich ganz auf die Stimme Gottes auszurichten ist das Ziel des Lebens, denn Gottes Wille für uns ist vollkommenes Glück. Die Stimme für Gott führt zum Erwachen aus der Traumwelt der Angst in die Wirklichkeit der ewigen Liebe und Einheit.

Was braucht es, um sich an den inneren Führer zu erinnern? Nichts in der Wirklichkeit. Wir müssen nichts tun, um zu sein was wir sind. Im Traum müssen wir allerdings etwas tun und das ist unser Denken - „was Leben ist" - zu verändern. Leben kann nicht sterben und ist deshalb ewig so wie du.

Vertraue nicht auf das Ego und seine Gesetze, die dir sagen, dass du kämpfen musst, um zu überleben. Vertraue deiner inneren Führung, die deine Bestimmung kennt und dich hierin zielgewiss führt.

ERMÄCHTIGUNGSIMPULS:
Lasse den Glauben los, dass du auf einen Körper beschränkt bist und eine Vergangenheit oder eine Zukunft hast. Gib dich stattdessen der inneren „machtvollen Führung" hin und beobachte währenddessen, wie deine Sorgen und Ängste verschwinden.

Jenseits des Opferglaubens

Wenn es so etwas wie ein Opfer gibt, gibt es keine Erlösung. Da deine Heiligkeit jedoch real, allliebend, allwissend und allmächtig ist, ist das Opfergehabe in Wirklichkeit unmöglich. Was könnte „Opferitis-Humana" anderes sein als eine Illusion, ein Schreckgespenst?

Das Opfer kann nicht anerkennen, dass es eine Lösung jenseits des eigenen Denkens gibt. Um erhalten zu bleiben, wird es sich gegen die Wahrheit wehren, um sich weiterhin von Schmerz und Mangel zu nähren. Dies ist ein trauriger Zustand, der erst dann verlassen wird, wenn die Grenzen der eigenen Leidensfähigkeit erreicht sind.

Hinterfrage was du glaubst und was du für wahr hältst. Hinterfrage deine Wahrnehmungen und dein Verlangen, dich in dieser Welt zu verteidigen. Gibt es irgendetwas, das es wert ist daran festzuhalten?

Das Ego hat diese Welt gemacht. Anstatt die scheinbaren Auswirkungen des Irrtums – die Personen, Ereignisse und Umstände der Welt – infrage zu stellen, ist es gut, den zugrunde liegenden Irrtum zu hinterfragen.

Der Hauptgrund, warum wir uns dafür entscheiden, uns von der Wahrheit zu dissoziieren und stattdessen Kampf und Widerstand praktizieren, ist, dass uns das Ego auf diese Weise eine vorübergehende Atempause von unseren eigenen dunklen Emotionen verschafft.

Auch wenn wir später eine Flut von Schuldgefühlen und Scham und Opfergefühle empfinden werden, weil wir unsere negativen Emotionen auf einen Bruder oder eine Schwester projiziert haben, bietet es uns dennoch eine leichte – wenn auch nur vorübergehende – Erlösung von unserem Schmerz. Diese absurde Idee ist Teil des (sehr begrenzten) Plans des Egos, unser Unbehagen so weit zu lindern, dass wir nicht nach einem besseren Weg suchen müssen.

Wir können diesem Dilemma entkommen, indem wir uns zu Wunderwirkenden entwickeln. Das bedeutet unsere ganzen ungeliebten Gedanken dem inneren Guru zu übergeben. Denn sie sind der Hinderungsgrund, warum wir keinen Überfluss erfahren.

Akzeptiere was ist

Alles in diesem Universum hat einen gewissen Rhythmus: Ebbe und Flut, Tag und Nacht, Einatmen und Ausatmen und unendlich viele weitere Dinge. Das bedeutet, dass sich alles in unserem Leben und im Universum immer in einem natürlichen Zyklus bewegt. Du kannst also darauf vertrauen, dass nach einem Tief bzw. nach einer Krise auch immer wieder ein Hoch kommt.

Dem Ego ist es egal, ob du es liebst oder ablehnst, solange du an es glaubst und dich mit ihm beschäftigst. Es ist wichtig das Ego bei der Arbeit zu identifizieren, aber das Ego liebt die Aufmerksamkeit und diese Analyse kann viel zu lange dauern. Einige Menschen verbringen Jahrzehnte damit, über ihr Ego und die Egos anderer nachzudenken und über sie zu sprechen. Sie amüsieren oder ärgern sich vielleicht darüber, aber es spielt für das Ego keine Rolle, solange du an deine Beurteilungen darüber glaubst.

Was wäre, wenn du heute alle Überzeugungen wie Maskenpflicht, Covid-19, Impfungen, Krieg, Finanzen, Beziehungen, Politik oder deine Gesundheit zurücknimmst? Du wirst sehen, du lebst immer noch, aber mit einem Vorteil: nämlich weitaus glücklicher.

Du musst dir nicht um jeden Gedanken und jede Stimmung Sorgen machen. Es spielt keine Rolle was das Ego tut, denn das Ego ist nicht du. Wenn du merkst, dass du zu sehr in die Illusionen des Egos verstrickt warst, sag einfach „Hoppla! Wieder ein Ego, weg damit".

Bemerke, dass deine Gedanken dir eine Welt vorgaukeln, die nichts mit dir als vollkommene Seele zu tun hat. Entwickle stattdessen das Vertrauen in eine höhere Führung, die dich sicher aus dem ganzen Schlamassel herausführen wird.

ERMÄCHTIGUNGSIMPULS:
Akzeptiere, was ist.
Akzeptiere, was ist.
Akzeptiere, was ist.
Komm in Frieden damit. Und dann handle. Was immer du dann tust, ist zum Wohle aller.

Die meisten Menschen hören irgendwann in der Kindheit damit auf, sich geistig zu entwickeln. Sie nehmen vorgefertigte Überzeugungen an – wissenschaftliche, religiöse und mystische Glaubenssysteme – und nehmen die Welt so wahr, als seien es nicht sie selbst, die diese Welt erschaffen haben.

Und das produziert auch alle Probleme, von denen Menschen glauben, sie seien real. Verantwortung für sich selbst zu übernehmen, heißt zu erkennen: „Wer bin ich wirklich?" und vor sich selbst zuzugeben, dass ich mich getäuscht habe. Erst dann kann ich verstehen, was es bedeutet, mit den Gesetzen der Schöpfung in Einklang zu sein.

Tun oder Nicht-Tun

Nichts was du in dieser Welt tust (oder nicht tust) verändert irgendetwas.

Einige lehnen den *Kurs* ab, weil er lehrt, dass diese Welt und das Leben in ihr keine Bedeutung haben. Sie ziehen es vor zu denken, dass Schmerz, Krankheit und Leiden real sind und dass die Trennung von Gott möglich ist. Sie haben die Idee, der Strafe Gottes (die nicht existiert) zu entkommen, indem sie sich als Körper in dieser Welt verstecken. Gleichzeitig demütigen sie sich in einem hohen Maße und hoffen, dass dies die Strafe mildert, die sie von Gott erwarten. Andere sind beleidigt von der Vorstellung, dass sie nichts außer ihren Geisteszustand ändern können.

Wenn du darauf hinweist, dass ihr Leben hier nicht echt ist, werden sie wütend. Sie sind tief mit dem Ego identifiziert und die Vorstellung, dass es nicht wirklich ist, bedroht sie sehr. Aber die Arroganz des Egos ist eine Maske für ihre Angst, dass sie die Trennung von Gott real gemacht haben. Wieder andere glauben alles sei sinnlos, wenn ihr Leben hier nicht real ist, und verstecken sich hinter ihrer Hoffnungslosigkeit. Wie anders wird dein Leben sein, wenn du erkennst, dass nichts, was du in dieser Welt tust (oder nicht tust), von Bedeutung ist?

> Jetzt hast du den wahren Zweck.
> Jetzt ist das Erwachen aus der Illusion das einzig sinnvolle Ziel.
> Jetzt fehlt dir nichts mehr und du brauchst nicht mehr zu versuchen, eine Lücke zu füllen, die nicht da ist.
> Jetzt bist du mit Liebe erfüllt!

Weil Gott alles ist, ist es die Natur des Geistes, sich selbst überall zu sehen. Der *Kurs* bezieht sich auf dieses Sehen als Ausdehnung – den Geist, der überall hinreicht.

Das „Ego-Ichlein" muss diese Tatsache nutzen, um sein eigenes Ding daraus zu machen. Es teilt den Verstand auf, sodass es ein inneres und ein äußeres Wesen gibt. Es sagt dir, dass das, was du draußen siehst, nicht du bist. Es sagt dir, das da draußen hast du nicht gemacht. Die Welt – sie hat dich gemacht.

Der *Kurs* zielt darauf ab, deinen Geist wieder in seine ursprüngliche Ganzheit zu bringen. Deshalb lehrt er dich Projektionen bzw. die Bedeutungen, die du allen Dingen gegeben hast, zurückzunehmen, damit du siehst, dass du deine für dich sichtbare Welt geschaffen hast. Ab diesem Zeitpunkt kannst du deine Ansichten verändern und somit die große Leere, die voller Liebe ist, als dein eigen erkennen.

Die Selbstkonzepte

Wir wurden durch Licht erschaffen und wir können nichts tun, um das zu verändern. Alle unsere Selbstkonzepte sind falsche Überzeugungen, die unser Selbstwertgefühl bestätigen sollen. Unser Ego ist eine Illusion, die auf Angst und Schuld beruht. Es ist uns lediglich gelungen uns selbst zu ängstigen, während der Himmel darauf wartet, dass wir ihn erkennen und annehmen.

Es kann eine sehr unangenehme Erfahrung sein, die unsentimentale Bestandsaufnahme der eigenen Lebenslügen anzuschauen. Wir sehen auf ein Leben, das wir mit unseren eigenen ungenügenden Bildern beklebt haben, die unsere Wirklichkeit ausmachten.

Das heißt vor allem: Wir sehen all die Hilfskonstruktionen, die wir um uns selbst errichtet haben – Halbwahrheiten, Scheinwahrheiten, Lügen und Ausflüchte.

„Gott, der Liebe ist, ist auch das Glück. Ihn zu fürchten, heißt Angst vor der Freude zu haben." EKIW

Was ist das Ego? Das Ego ist fast alles, was wir wissen und für real halten. Es ist:

- „Ich", einschließlich alles Gute und Schlechte an mir
- Meine Gedanken, Überzeugungen und mentalen Bilder
- Mein persönlicher Wille, meine Absichten und Wünsche
- Meine Vorstellungen von Gott, Moral, Realität und Wahrheit
- Alle Emotionen
- Alle Wahrnehmungen
- Die bekannte Welt und das Universum der Objekte
- Meine Beziehungen zu anderen
- Geburt und Tod und fast alles dazwischen

Es scheint, dass ein Leben ohne all dies überhaupt kein Leben ist. Oder bestenfalls ist es das Leben in einer bedeutungslosen Leere. Diese Worte – „überhaupt kein Leben und bedeutungslose Leere" – sind eine perfekte Beschreibung der Vorstellung des Egos, wie es existiert.

In unserem Kern sind wir der Göttliche Christus. Unser Christuslicht ist jedoch umhüllt und verborgen durch den falschen Glauben an Trennung.

Um uns davon abzuhalten, uns unseres Egos bewusst zu werden, hat das Ego Wege geschaffen, seine negativen Gefühle auf andere zu projizieren, was eine karmische Gegenreaktion von anderen hervorruft, die uns dann anzugreifen oder zu verletzen scheinen und so die Trennung aufrechterhalten.

Dann versuchte das Ego sicherzustellen, dass wir in diesem auf dem Ego basierenden Prozess nie zur Vernunft kommen, indem es der Ansicht ist, dass der andere Schuld ist und er ein Opfer hierfür erbringen muss.

Dieser falsche Glaube ist letztlich das, was wir in der Welt erfahren, damit wir wann immer wir verletzt worden sind, sagen können, dass wir unschuldig und nicht verantwortlich sind. Die Wunden, die daraufhin erzeugt wurden, sind durch unseren Glauben daran nun so tief, dass es viel Zeit braucht diese zu heilen. Wir wollen diese Opfer heute nicht mehr anwenden und uns klar machen, dass die Vergangenheit vorbei ist und Zeit nie existiert hat und wir vollkommen geheilt sind. Es gibt hierin nichts zu tun!

ERINNERUNG:
Wichtig ist sich daran zu erinnern, dass das Ego die wirkliche Quelle der wahrgenommenen Bedrohung nicht erkennt. Wenn wir uns mit dem Ego verbinden, können wir die Gesamtsituation nicht so sehen, wie sie ist. Nur unsere Loyalität dem Ego gegenüber gibt ihm irgendeine Macht über uns.

Wo fangen wir an?

Die meisten von uns beginnen mit dem, was unser eigenes Leiden verursacht. Es ist der einfachste Ort, um anzufangen. Wenn wir einen Druck oder Schmerz verspüren, können wir uns in dem Moment unsere eigenen Ideen ansehen und ein Stück Ego finden, das darauf wartet, losgelassen zu werden. Aber irgendwann werden wir lernen, dass wir mehr als unser Leiden loslassen müssen, um das „Ich-lein" zu transzendieren und die ultimative Wahrheit zu erkennen. Wir müssen alles loslassen, was nicht wahr ist – alles und jedes was kommt und geht – um die eine ewige Realität zu verwirklichen, die die einzig wahre Wahrheit ist.

„Jeder Angriff ist ein Selbstangriff. Es kann nichts anderes sein. Aufgrund deiner eigenen Entscheidung, nicht das zu sein, was du bist, ist es ein Angriff auf deine Identifikation. Angriff ist also die Art und Weise, wie deine Identifikation verloren geht, denn wenn du angreifst, musst du vergessen haben, was du bist." EKIW

Jeder Angriff ist derselbe, egal ob du Gott, dich selbst oder einen anderen angreifst. Das liegt daran, dass es nur eine Form des Angriffs gibt, und das ist der Glaube, dass du nicht so bist wie Gott dich geschaffen hat.

Weil du das glaubst, denkst du, dass du Gott angegriffen hast. Dabei nimmst du nicht wahr, dass dies ein Angriff auf dich selbst war. Das wiederum projizierst du durch den Glauben, dass die Welt dich angreift. Und dann steckst du in einer Spirale fest, weil du dich wieder selbst angreifst und ein „Selbst verteidigen und schützen musst", das Gott nicht erschaffen hat, sondern von dem du nur denkst, dass du es bist.

Einige Versionen von Angriffen sind offensichtlich: Körperliche Gewalt und Aggression, Wut, Schreie und negative Gedanken. Andere werden nicht allgemein als Angriffe erkannt: Körper als real sehen, anhaltende Depression, nach Zielen in dieser Welt streben oder besondere Beziehungen zu pflegen.

Kurz gesagt, solange du deine Erfahrung mit der Welt nicht nutzt, um aus der Welt zu erwachen, benutzt du sie, um dich selbst anzugreifen.

ERMÄCHTIGUNGSIMPULS:
Lass heute die Vergebung auf allem ruhen, damit du wieder „sehend" wirst.

Wenn wir unsere Angriffe und Überzeugungen aufgeben, bringen wir das Licht zurück. Befreie deinen Geist von überlieferten Überzeugungen, die gar nichts mit dir zu tun haben. Beginne zu heilen, damit die Welt durch dich Heilung findet. Beginne zu vergeben, damit das Licht Gottes die Schatten hinwegleuchtet, die bisher deinen Geist betrübten. Die Welt der Liebe hat dir noch weitaus mehr zu bieten.

Ein dummer Gedanke

Das Ego ist ein dummer Gedanke, den wir ernst genommen haben. Der Glaube daran spielt eine große Rolle bei der Entstehung von Angstzuständen. Solange wir nicht sehen, wie der Glaube an das Ego tatsächlich Unglücklichsein verursacht, werden wir nicht geneigt sein, ihn loszulassen. Wir können dieses dumme Denksystem aufgeben, indem wir uns mit der einen Wahrheit identifizieren.

Wie bei physischen Computern ist unser Gehirn so verschaltet, dass es uns mit unseren falschen Überzeugungen, egal wie schmerzhaft sie sind, recht gibt. Es folgt Befehlen, so wie der Computer die Aufgabe ausführt, die die Programmierung diktiert.

Der *Kurs in Wundern* zeigt uns wie wir diese angstauslösenden Überzeugungen gegen solche eintauschen können, die uns unterstützen und uns helfen zu erkennen, dass wir lichtvoll, wunderschön und wertvoll sind. Viele unserer Programmierungen und Überzeugungen wurden auf einer Überlebensebene installiert und es scheint für unser Wohlergehen gefährlich zu sein, diese Programme infrage zu stellen.

Die diesem *Kurs* innewohnende Weisheit erkennt dieses Dilemma und dient als ein gütiger, weiser, kraftvoller Meisterlehrer, der dich lehrt und immer an deiner Seite ist, um wesentliche Schritte zu deiner Freiheit zu unternehmen.

„Die Wirklichkeit kann nur in einem ungetrübten Geist dämmern. Sie ist immer da, um akzeptiert zu werden, aber ihre Akzeptanz hängt von deiner Bereitschaft ab, sie haben zu wollen." EKIW

ERMÄCHTIGUNGSIMPULS:
Wann immer wir uns für die Wirklichkeit des Friedens entscheiden, wird unser Bewusstsein aktualisiert, sodass uns die Erinnerung an die Schöpfung transzendieren kann.

Die falsche Stimme

Schalte die Abendnachrichten ein und du wirst sofort den Ego-Wahnsinn in Aktion sehen. Die Welt ist voll davon. In dem verdrehten Themenpark, der dieses irdische Reich darstellt, versuchen uns Traumgestalten von unserer Trennung voneinander zu überzeugen. Dieser Park hat zwei Betreuer, die uns in jedem Augenblick unseres Besuchs zur Seite stehen. Der eine ist das Ego und der andere ist unser innerer Lehrer der Liebe. Wir können beide Stimmen hören, aber das „Ego spricht immer zuerst" und am lautesten und versucht uns von unserem Glück fernzuhalten.

Schuld ist hierbei unvermeidlich, wenn man sich mit dem Ego identifiziert, denn Ego ist der Glaube, dass man Gott erfolgreich angegriffen hat. Ist das absurd? Ja, aber das Ego glaubt daran und das tust du auch, wenn du dich mit dem Ego identifizierst.

Das Ego erlaubt es dir nicht diese Schuld direkt zu erfahren, denn dann würdest du sie untersuchen wollen, um sie loszuwerden und letztlich das Ego finden und loswerden zu wollen. Stattdessen siehst du Schuld in der Welt als eine Möglichkeit, sie in dir selbst loszuwerden. Auch absurd, aber effektiv, um es von deinem Bewusstsein fernzuhalten. Es hilft dir jedoch nicht dem Schmerz zu entkommen.

Weil du deine eigene Verrücktheit nur dann sehen kannst, wenn du Schuld in anderen oder in der Welt siehst, ist es dein eigener Angriff, den du siehst. Und das Ego wird wollen, dass du dich auch deswegen schuldig fühlst! Der einzige Weg aus dem Schlamassel ist, sich nicht mehr mit dem zu identifizieren was du wahrnimmst.

Und das stellt die heilige Verbindung zu deinem einen Geist wieder her, der weiß, dass du Gott nicht angegriffen hast und dir nichts zuschulden kommen ließest. Je mehr du deinen Verstand deinem heilenden Geist überlässt, desto freier wirst du von deinen Projektionen und ihren schmerzhaften Auswirkungen.

Wut aufgeben

Unsere Wut aufzugeben bedeutet „in der Welt" ein Opfer zu bringen. Lies die Zeitung oder schaue dir die Nachrichten an und betrachte die Geschichten der Wut, des Angriffs oder des Urteilens, die bis zum Tod aufrechterhalten werden.

Die Liebe kann keinen Groll hegen und wer Groll hegt, lehnt die Liebe aktiv ab und will Gott nicht erkennen. Im Gegenteil, er glaubt, dass die Liebe so ist wie er über sich selbst denkt.

Die Liebe will, dass du deinen Groll gegen sie und die Welt aufgibst und in deinem Bewusstsein wieder Ganzheit erfährst.

Wie üblich ist das Ego voller Widersprüche. Es schätzt das Urteilen, und die darauffolgende Wut vermittelt uns das Urteilen nicht beiseitezulegen, denn das wäre ein unerträgliches Opfer. So hält es uns in der Welt gefangen, verwirrt darüber, wer wir sind und was wirkliches Leben bedeutet.

ERINNERUNG:
Wenn es für dich anstrengend ist, den *Kurs* zu verstehen oder in der Quelle bewusst zu bleiben, dann deshalb, weil du denkst, dass du aufgefordert wirst, etwas von Wert zu opfern. Wenn du dich auf deinem Weg befindest, versuche dir bewusst zu machen, was du gebeten wirst aufzugeben, und was du stattdessen dafür im Gegenzug erhalten kannst.

Wir haben uns dazu entschieden uns vom Ewigen zu trennen, was zu Gefühlen von Angst, Wut, Scham und Schuld führte. Dann erfanden wir ein auf dem Ego basierendes Programm in unserem Geist, um uns zu verstecken, unsere Spuren zu verwischen und uns somit scheinbar vor unseren angstbasierten Gefühlen zu schützen. Das Ego ermutigte uns Verantwortung zu vermeiden, indem wir entweder Verleugnung oder Projektion einsetzten. Die Projektionen unserer Angst und unserer Schuld führten zu einem materiellen Universum, zu der Welt, in der wir leben und zu den einzelnen getrennten Körpern, mit denen wir uns identifizieren. Wir werden somit Zeuge des Exkurses unserer Gedanken und Überzeugungen durch unsere Beziehungen zu den anderen menschlichen Wesen, die wir jetzt vor uns sehen.

Durch den *Kurs in Wundern* findet eine Umkehr unseres Denkens statt, das uns in die Einheit zu Gott zurückführt. In Gott sind wir heilig und das gilt es heute anzuerkennen, damit unsere lieblosen Gedanken gegenüber der Welt ihr Ende finden.

ERMÄCHTIGUNGSIMPULS:

Wir sind aus einer Substanz, einem Licht und einer Wahrheit, und hier allein:

> **befindet sich die Wirklichkeit.**
> **wird die Wirklichkeit erinnert.**
> **regiert die Liebe als Höchstes.**
> **ist, wo du bist.**

Bin ich eine Person?

Die größte Wahrnehmungsverzerrung ist die Vorstellung, dass du eine Person bist, von der du glaubst, dass du es bist. Wie fühlt es sich an eine Person zu sein? Richtig oder falsch? Das Ego ist ein Glaube in deinem Geist, dass du ein Körper mit einer Persönlichkeit bist. Es ist der Glaube oder die Vorstellung, dass du vom Ewigen getrennt bist. Das Ego stellt unsere Wahrnehmung auf den Kopf, weil es ein Denksystem ist, das Eigenschaften zum Ausdruck bringt, die das Gegenteil von Gott sind.

- Wenn Gott ewiges Leben ist, glaubt das Ego an den Tod.
- Wenn Gott bedingungslose Liebe ist, ist das Ego ein Experte im Urteilen und darin, nur diejenigen zu lieben, die es für würdig erachtet.
- Wenn Gott vollkommene Harmlosigkeit ist, ruft das Ego Schmerz hervor.
- Wenn Gott nur sieht, was wahr ist, sieht das Ego nur was falsch ist.

Was bist du jetzt?

Wir haben viele falsche Wahrnehmungen im Kopf. Diese falschen Wahrnehmungen sind zielgerichtete Blockaden für unseren Seelenfrieden. So paradox es auch erscheinen mag, wir halten an falschen Sichtweisen fest, weil sie uns unglücklich machen. Wir alle sind bis zu einem gewissen Grad süchtig danach anzugreifen und Angst zu haben, um unglücklich zu sein. Normalerweise sind wir uns dieser Sucht nicht bewusst und das ist es, was die Welt grausam oder beängstigend erscheinen lassen kann. Wir denken unsere Probleme oder Feinde sind „da draußen" in der Welt, aber in Wirklichkeit sind sie in unseren eigenen gewohnten, unproduktiven Sichtweisen. Und sie sind ohne außerordentliche Hilfe nur schwer wieder rückgängig zu machen.

ERMÄCHTIGUNGSIMPULS:
„Was bin ich jetzt? Bin ich das Tun, das Denken, das Fühlen oder das Sein?"

Es geht nur darum, immer wieder den eigenen Bewusstseinszustand zu erkennen und zuzugeben, dass wir in bestimmten Bereichen erneut vom Ego dominiert sind. Das ist tatsächlich das Einzige, was wir aktiv tun können. Es ist die wahrhaftige Einschätzung des Ist-Zustandes unseres Bewusstseins.

Die Herrschaft des Egos beruht in erster Linie darauf, die eigene Existenz zu leugnen und zu behaupten, dass „ich völlig in Ordnung bin". Allerdings gibt es da Umstände, die verbesserungswürdig wären. Wenn du beginnst zu sehen, dreht sich diese Wahrnehmung um und du beginnst zu heilen.

Sich als Opfer erfahren

Es scheint einfacher zu sein das Leben als Zuschauer zu verbringen, denn die Gefahr sich zu verletzen und Schmerzen zu erfahren scheint geringer. Wir bemerken hierbei nicht, dass wir auf den billigen Plätzen der Kritik und des Gutmenschen in unserem eigenen Gefängnis sitzen und von dort auf das Unausweichliche warten.

Wenn wir auf das Ego hören und als unsere Richtschnur wählen, befinden wir uns in einem Nebel der Angst. Das ist das beste Rezept um uns als Opfer zu erfahren. Wenn wir falsch denken, sind wir ängstlich, deprimiert, wütend und oft gehässig. Wir sind auch dann falsch gesinnt, wenn wir glauben, dass wir allein auf der Welt sind und uns grundlegend von anderen unterscheiden. Kurz gesagt, wir sind geistesgestört, wenn wir glauben, dass wir der sind, der wir gewohnt sind zu sein. Die Wahrheit hingegen lautet:

ERINNERUNG:
Du bist ein Selbst vereint mit deinem Schöpfer.

Die Welt oder die Traumwelt

Die Welt und das Geld

Viele Menschen haben Probleme mit Geld, weil sie eine besondere Beziehung damit eingegangen sind – meist wird Geld hierbei als ein Übel angesehen.

Es kann Unbehagen mit dem was wir verdienen geben, solange wir uns als selbst verdienend wahrnehmen. Es kann Misstrauen gegenüber dem was andere verdienen geben, wenn es als viel wahrgenommen wird. Wir können auch Misstrauen denjenigen gegenüber entwickeln, die ihr Geld durch die Börse, Bücher, Kurse, Vorträge usw. verdienen.

Aber was ist Geld? Es ist das Öl, welches das Rad des Lebens in der Welt zum Drehen bringt. Haben wir zu wenig, wird das Rad strapaziert und quietscht. Also verbringen wir viel Zeit damit zu versuchen, genügend Geld zu verdienen. Haben wir zu viel und das Rad gleitet, wird Geld ausgeben oder das Horten zu einem Beruf an sich. Mit der richtigen Menge an Öl (was nach eigenem Ermessen geschieht) dreht sich das Rad mühelos.

In dieser Welt ist Geld ein Zahlungsmittel. Das ist eine Tatsache. Aber man muss keine besondere Beziehung zum Geld haben. Du kannst akzeptieren, dass Geld verdient und ausgetauscht werden muss und überlasse all die Urteile darüber deiner inneren Führung.

Du kannst darauf vertrauen, dass deine innere Führung nicht will, dass du deine Zeit damit verbringst, über das Geld nachzudenken, weil du zu wenig oder zu viel davon hast. Und du kannst darauf vertrauen, dass Geld da sein wird, damit du in einer entsprechenden Situation tun kannst, wozu du hier bist, nämlich um zu erwachen.

Die Welt und das Virus

Gemeinsam werden wir alle aus dieser Zeit gestärkt und als neue Menschen hervorgehen.

Vielleicht hat diese schwere Zeit bei aller Härte auch etwas Positives: Sie zwingt uns eine Zwangspause einzulegen. Wir können die unfreiwillig frei gewordene Zeit für uns so gut es geht nutzen. Das Beste aus einer Situation zu machen – das gilt immer, ob mit oder ohne Virus!

Manche behaupten, das Virus ist halb so schlimm, manche behaupten sr wäre sehr gefährlich, manche verneinen gar seine Existenz ... Es ist egal, wer „Recht" hat. Die verschiedenen Verschwörungstheorien sind überhaupt nicht hilfreich, und es wäre besser ehrlich zu sein und zu sagen, wir wissen nicht woher dieses Virus kommt.

Liebe ist immer noch die einzige Wirklichkeit, die es gibt und dennoch ist es gut, sich öfter die Hände zu waschen, sich gut zu ernähren und sich nicht ständig im Gesicht zu berühren, um sich selbst und andere zu schützen. Das bringt jedes Virus auf Dauer zum Erliegen.

Egal zu welchem Lager du dich zählst: Diese zwei Dinge zu vereinen ist dieser Tage wichtig und sie widersprechen sich nicht, sondern ergänzen sich.

Es gilt nicht der Angst zu folgen, sondern dem liebenden, wachen Herzen. Lasst uns genau hinsehen was passiert, wenn sich die Augen und alle anderen Sinne für alles, was sich gerade zeigt,

öffnen. Es ist sehr interessant zu erkennen, wo das eigene „Einge-
machte" sitzt und an welcher Stelle man sich wirklich jenseits von
Theorien befindet. Also ein Geschenk in viraler Verpackung. Wir
können aus der „viralen" Gefahr einen vitalen Neuanfang gestalten: weg von der Angst hin zu dem, was wirklich wichtig ist!

Wie du durch Meditation das Corona Virus überwindest:

ERMÄCHTIGUNGSIMPULS:
Was wäre, wenn es nur ein Traum ist?

Wie ist es möglich sich auf das Corona Virus einzulassen und
nicht von lähmender Angst gefesselt zu sein, sondern Klarheit
und ein Gefühl des ruhigen Wohlbefindens zu erleben? Vielleicht
sogar Ruhe und Freude zu erfahren?

Die bleibende Lektion ist die „Unsicherheit", die radikale Abwesenheit von Kontrolle und Vorhersehbarkeit. Das Virus erinnert uns daran, mit welcher Plötzlichkeit so vieles, was für selbstverständlich gehalten wurde, auf den Kopf gestellt werden kann.
Was übrigens schon immer so der Fall war und immer sein wird.

Jetzt wird diese durchdringende Wahrheit für jeden von uns
lebendig. Wir haben nie die Kontrolle über das Leben gehabt und
konnten und können sie auch nie haben. Frieden und Freude
hängen nicht von Vorhersehbarkeit ab oder dem, wie das Leben
verläuft!

Mögen wir endlich erkennen, dass das, wozu wir geboren wurden, nichts mit den Umständen oder dem Wunsch nach Kontrolle zu tun hat.

Für diejenigen, die es gewohnt sind, die Fragen worum es im
Leben wirklich „geht" zu erforschen, gibt es jetzt die Chance eines
tieferen Erkennens, das unseren kollektiven gegenwärtigen Moment beeinflusst.

Folgende Fragen können uns hierbei unterstützen:

- Warum bin ich hier?
- Was ist real?

- Was ist der tiefe Sinn dieser Erfahrung?
- Wie unterscheidet sich das von dem, worauf der Verstand zugreifen will?

ERINNERUNG:
Essenzielle Fragen werden zu Katalysatoren der Freiheit.

Besondere Dinge in der Welt

Es kommt eine Zeit, in der die Menschen anfangen zu verstehen und zunächst damit beginnen, den Verlust der Dinge in der Welt zu betrauern: Blauer Himmel, Sonnenuntergänge, Eiscreme, Kinderlachen, Welpen, Sex, Einkaufen, Ziele erreichen, gute Bücher, lange Spaziergänge, etc. Aber das sind Ablenkungen von dem, was du wirklich fürchtest verlieren zu können.

Die Dinge, die du in der Welt liebst, sind wirklich nichts für dich. Ich meine das nicht nur im spirituellen Sinne. Das Ego will mit diesen Dingen vor allem nur eines: deine Trennung von Gott.

Die Trennung von Gott ist das einzige Ziel des Egos und alles was es benutzt, ist ein Mittel zu diesem Zweck, sodass deine Bindungen in der Welt nur deine wirkliche Bindung an ein individuelles Selbst darstellen, das von Gott getrennt ist.

ERINNERUNG:
Wenn du erkennst, dass die Welt nur eine Illusion ist, was kannst du dann noch in ihr tun wollen?

Der Widerstand gegen die Idee, dass die Welt nur in deinem Geist stattfindet, ist Widerstand gegen die Idee, dass es nur das Ewige gibt. Wenn es nur das Ewige gibt, wo ist dann das Ego? Das Ego scheint sich in Milliarden Ausführungen wiederzufinden. Aber wenn du verstehst, dass es nur Licht gibt, dann verstehst du, dass es kein Ego geben kann.

Der Verstand kann nicht gegen sich selbst gespalten werden, er kann nicht zwei gegensätzliche Dinge sein. Die Bindung an das Ego und somit an die Trennung von Gott ist der Grund, warum du dich lange Zeit der Vorstellung widersetzen kannst, dass die Welt nur in deinem Geist ist.

Wenn du dich mit etwas in der Welt verbunden fühlst, dann erinnere dich daran, dass es nicht die Sache ist, die du scheinbar willst. Der Wunsch repräsentiert nur deine Bindung an das Ego. Dieses Maß an Ehrlichkeit über dein wahres Ziel ist wichtig, um das Ego zu überwinden, indem du viele Wünsche haben kannst, die unterschiedlich erscheinen, aber wirklich alle gleich sind!

Es ist wichtig zu verstehen, dass jede Illusion eine Trennung von der Ganzheit darstellt, unabhängig von der Form, die sie annimmt. Jeder Wunsch, an dem du haftest, fördert die Bindung zum Ego, das das Glück der Einheit verhindern will.

ERMÄCHTIGUNGSIMPULS:
Worauf ist heute dein Fokus gerichtet? Auf die Leinwand Welt oder auf das Licht, das du bist?

Quantenheilung

Seit Jahrhunderten gehen die Gelehrten und somit die Menschheit davon aus, dass es eine Außenwelt gibt, die beobachtbar und messbar ist und der Beobachter von dieser Erfahrungswelt getrennt ist. Die große Entdeckung der Quantenphysik vor einigen Jahrzehnten war, dass es keine Trennung zwischen der Welt und dem Beobachter gibt, denn es geschieht alles innerhalb unseres Bewusstseins.

Diese Erkenntnis führt unter anderem zur Feststellung, dass Erlösung, Freiheit oder das Glück in dir sein müssen.

Diese Forschungen haben mich schon immer begeistert, denn es deckt sich mit den Erkenntnissen des geheilten Heilers und der Lehre des *Kurses in Wundern*, dass es keine Welt außerhalb des

Verstandes des Betrachters gibt. Alles ist vollständig vereint und vollständig verbunden. Es gibt keine Trennung. Alles ist Energie!

Wenn ich darüber spreche Quantenheilung anzuwenden, in das Quantenfeld zu gehen oder wahre Vergebung zu praktizieren, die dieser wundervolle Zustand der Nichtverurteilung ist, sprechen wir über das gleiche. Mystiker und Heilige und jetzt Quantenphysiker sprechen von der gleichen Erfahrung und so erscheint es mir ganz natürlich diese Begriffe zusammenzufassen: Quantum Shift.

Die Welt als Versteck

In der Welt der Form ist das Ego der Botschafter des Vergessens. Tatsächlich hat es die Welt zu einem Versteck gemacht und die Wahrheit darüber vergessen können wer wir sind. Wir glauben ein Körper zu sein, der bestimmte Handlungen und Entscheidungen durchführt.

Wir denken, dass wir in einer erfundenen Welt tun und lassen können was wir wollen, aber es werden nur sinnlose Entscheidungen getroffen, die zu nichts führen. Die Entscheidungen sollen uns Sicherheit vermitteln, wo doch alle Sicherheit im Ewigen zu finden ist. Es sind Entscheidungen ohne Ursache.

Shakespeare fand diesbezüglich die richtigen Worte: „Viel Lärm um nichts". Falsche Entscheidungen sind es, die unseren Glauben an die Welt stützen.

Wir müssen aufwachen wollen, um zu begreifen, dass es in dieser Welt nichts zu tun gibt, was uns glücklicher machen könnte. Wir müssen begreifen, dass wir ein Selbst sind, „Eins" in der Schöpfung, und dass in diesem Selbst und nur dort die Erlösung auf uns wartet.

ERMÄCHTIGUNGSIMPULS:
Wahre Heilung kann nur aus dem Inneren heraus geschehen.

Die Pläne der Welt

Die Welt ist in dir. Alles was in der Welt zu sein scheint, ist in deinem Geist. Es gibt nichts außerhalb von dir. Die Welt unterhält einen endlosen Glauben an Pläne, um die „Ich"- Idee aufrecht zu erhalten. Wir glauben an Medizin, Geld, Besitztümer, esoterische Wissenschaften, Gurus, Heiler, Amulette, exotische Länder, heilige Stätten, Rituale, Übungen, Make-up, Heiratsvermittler, Heirat, Babys, Schulen, Immobilien, Unternehmen, Technologie, Regierungen und vieles mehr.

Das Thema der Pläne lautet: „Ich habe nicht das was ich brauche, um glücklich zu sein. Diese Person, dieses Werkzeug oder diese Technik werden den Zauberstab schwingen und ich werde das, was mir fehlt, importieren." Dann begeben wir uns auf eine lange fruchtlose Suche nach etwas außerhalb unseres Selbst, um uns das zu geben, was wir nicht besitzen. Pläne sind Projektionen auf ein neutrales Objekt, das wir früher oder später beurteilen, angreifen oder verändern wollen. Wir leiden nur unter der Verschiebung der Göttlichkeit nach außen.

Wenn du deine Berufung als Wunderwirkende/r vertiefst, wirst du feststellen, dass du dazu geführt wirst, dich frei zu verschenken. Das ist Freude pur! Das stärkt dich in deinem Bewusstsein, das du von der Liebe des Ewigen erhalten wirst und Großzügigkeit deiner wahren Natur entspricht. Das ist die Auflösung des Ich-Konzepts der Gegenseitigkeit und des Austauschs, des Verhandelns und des Wettbewerbs. Dies scheint eine ganz andere Art zu leben zu sein – radikal für die Welt – aber es ist tatsächlich natürlich.

ERINNERUNG:
Hinter der physisch sichtbaren Welt liegt die Welt der spirituellen Einheit. Mögen wir heute den Schleier heben, indem wir uns für die Lösung entscheiden. Mögen die alten und grauen Mauern in sich zusammenfallen, weil wir nicht mehr an die Konflikte glauben, sondern den allumfassenden Segen Gottes annehmen.

Betrachte die Welt neu

Die Welt erscheint uns als das, was wir von ihr glauben. Wir sind deren Ursache. Die Welt so wie du sie siehst ist von deinen Überzeugungen abhängig.

Erwachen ist ein Prozess, bei dem man beginnt, sich von den Überzeugungen zu lösen von denen man dachte, dass sie einen identifiziert haben. Mit anderen Worten: jeder, der auf die Welt kommt, hat eine Vorstellung davon, was es bedeutet eine Person – Mann oder Frau – zu sein.

Viele der Argumente zwischen den Geschlechtern kommen durch Aussagen wie: „Männer sind so, Frauen sind so ...". Was der *Kurs* sagt ist, dass du nicht weißt, wer dein Nächster ist. Du hast eine Menge Urteile über ihn, die auf dem basieren, was du glaubst zu sein. Je tiefer du gehst, desto mehr fängst du an, dich als spirituelles Wesen zu identifizieren. Du kommst davon weg, dich mit der Welt zu identifizieren. Zum Beispiel verteidigst du dich nicht mehr, wenn jemand anfängt etwas, woran du früher gebunden warst, negativ zu beurteilen. Du wirst auch den Drang verlieren, eine bestimmte Position zu rechtfertigen oder deine Sichtweise zu verteidigen.

Sei sanftmütig auf dieser Reise nach innen. Nimm die Erfahrungen, die zu dir kommen mit Freude und Wertschätzung an. Lass den Heiligen Geist die Symbole benutzen, um dich an die innere Schönheit und Größe zu erinnern, die weit über die Erscheinungen hinausgeht.

Ohne Urteil sind alle Dinge gleichermaßen akzeptabel und erinnern dich an deine wahre Natur. Die Alternative zum Urteil ist das Verzeihen. Es gibt eine andere Art die Welt zu betrachten und diese neue frische Perspektive ist es wert, dass der Geist trainiert wird, der ihr vorauszugehen scheint. Mit den Selbstkonzepten werden auch die Erwartungen und der Stress mit einbezogen.

Betrachte die Welt neu und sieh die vergebene Welt ohne Vorurteile, Kontrollen und Regeln. Wenn man unbeschwert ist, nimmt man eine unbeschwerte Welt wahr. Achte auf die Synchronizität und die Orchestrierung des Gesamtbildes und beobachte alles mit höchster Loslösung. Es ist eine freudige Leidenschaft alle Dinge mit der Loslösung zu sehen. Deine wahre Größe ist losgelöst von allem!

Es braucht Glauben, um die Aufmerksamkeit für das Bewusstseinstraining zu bewahren und offen für Wunder zu sein. Wunder stabilisieren und reinigen die Wahrnehmung und sind die Mühe und Praxis wirklich wert.

Solange wir in eine von Schmerz und Leid erfüllte Welt schauen, solange schauen wir in unseren Spiegel, unseren Geisteszustand. Es ist der Glaube über uns selbst! Unsere Entschlossenheit, die Dinge anders sehen zu wollen, indem wir uns für ein neues Ziel (= „Gott") definieren, wird zur Auflösung unserer Konzepte führen.

ERMÄCHTIGUNGSIMPULS:
In Wahrheit bist du vollkommen.

Wann immer du denkst, dass du es nicht bist, hörst du auf die Stimme des Egos. Es ist eine Stimme der Verleugnung und was diese Stimme verleugnet ist deine Wahrheit. Du bist perfekt und kannst niemals nicht perfekt sein, weil man nie nicht ganz sein kann, denn das Ewige hat dich erschaffen wie sich selbst.

Der Wert in der Welt

Um den universellen Lehrplan anzunehmen, muss man akzeptieren, dass man nicht gewusst hat, was wichtig ist und wohin der Weg geht. Was du wertschätzt ist das, was du für wichtig hältst und dich verletzen kann. Um einen deutlichen Bewusstseinssprung zu machen, muss man akzeptieren, dass man nicht gewusst hat, was wichtig ist. Ohne es bewusst anzuerkennen, wirst du weiterhin die Trennung von Gott wertschätzen. Alle persönlichen Ziele waren auf dieses Ziel ausgerichtet.

Jetzt musst du dich intern um 180 Grad verschieben. Nach außen hin sieht dein Leben vielleicht nicht allzu anders aus als bei anderen. Wir haben weiterhin unsere Jobs, Freunde, Familie etc., doch das Ziel für alle Beziehungen verändert sich. Nun geht es nicht mehr darum, dass sich das Ego sicher und gut anfühlt, sondern darum das Persönliche und Körperliche zu transzendieren und sich an das Einssein zu erinnern.

Die persönlichen Ziele verschwinden, weil nichts auf dieser Welt Wert hat. Unser Leben erhält eine wahre Bedeutung, welche uns jedoch von nichts auf dieser Welt gegeben werden kann. Wir öffnen uns dem Weg des großen Plans und lassen uns lehren, was wir tun, sagen und sprechen sollen.

ERMÄCHTIGUNGSIMPULS:
Du möchtest glücklich sein? Dann lass deine persönlichen Ziele los.

Denn dein Ziel ist es, aus der Welt zu erwachen, denn sie ist nicht dein Zuhause. Welchen anderen Zweck sollte die Welt sonst haben? Welchen anderen Fehler gibt es noch zu beheben? Eine leichtere Verantwortung kann man sich nicht wünschen.

Der Körper ist hierfür ein wunderbares Transportmittel, wenn folgender Denkfehler vermieden wird: Auch nach Jahren des Studiums des universellen Lehrplans, sprechen einige Studenten immer noch davon die Welt zu verändern. Aber die Welt ist Unvollständigkeit. Sie ist ein Fehler in deinem Geist, sodass die Korrektur dieses Stückwerks auch in deinem Geist stattfinden muss. Der Irrtum besteht darin, im Körper nach Sicherheit und Identität zu suchen.

Wie kann man diesen Fehler rückgängig machen? Da der Fehler darin besteht, dass du deinen Geist von deinem „Selbst" getrennt hast, liegt die Korrektur darin, deinen Geist wieder zu deinem Selbst zurückzuführen. Überlasse deshalb deinen Verstand deinem Heiligen Geist. Wie einfach ist diese einzige Verantwortung, und mit welcher Erleichterung kannst du sie annehmen!

Die Welt erlösen

Die Welt steht auf dem Kopf. Ihre Entwicklung ist gegenläufig zu dem, was wir in Wahrheit wollen. Wir können diesen Prozess umkehren, indem wir unsere Wahrheit, die unvergänglich ist, dazu nutzen, in alle Situationen Liebe einzubringen. Das ist nicht möglich, indem wir darüber nachdenken, sondern indem wir das Anwenden, wozu wir hier sind.

Wir könnten die Welt als einen Ort betrachten, an dem wir eine gewisse geliehene Zeit verbringen, um zu Erwachen. Wenn wir die Welt aus dieser Perspektive sehen, dann befreit uns das von den vielen unterschiedlichen Zielen und es verhindert, dass wir unsere Zeit vergeuden.

Dieser Weg ermöglicht es uns über alle Probleme und Schwierigkeiten hinauszugelangen. Wir sind hier, um Erfüllung und spirituellen Überfluss zu erfahren. Heilung zu erlangen bedeutet das innere Licht zu finden und dadurch die Welt und sich selbst zu erlösen. Es sind die freudigen Lektionen, die uns voranbringen und alle Projektionen hinwegleuchten. Bisher haben wir die Welt dazu benutzt, um unser inneres Licht zu verbergen und somit „Nein" zur Liebe zu sagen. Lasst uns heute entschlossen mit Sanftmut auf die Dinge schauen, damit wir Befreiung von unseren selbst gemachten Illusionen finden.

Wir scheinen ein Gehirn zu haben, das uns angeblich dabei hilft, uns in dieser Welt zurechtzufinden, in der wir zu leben scheinen. Aber unser Gehirn, unsere Augen und unsere Sinneswahrnehmungen spiegeln in der Regel unsere inneren Überzeugungen und Denkprozesse wider – vor allem die unseres Egos.

Diese physischen Sinne sind so konzipiert, dass sie Informationen sammeln, was sie aber nicht vollständig tun können, um die Daten so schnell wie möglich an unser Gehirn zurückgeben. Wir ziehen dann Schlussfolgerungen, um in der Regel – angstbasierte und wertende – Entscheidungen zu treffen.

Wenn wir jedoch wissen, dass die Daten, die wir verarbeiten und die Schlussfolgerungen, die wir daraus ziehen, weder vollständig noch korrekt sind, erzeugt das Angst und Besorgnis und dennoch versuchen wir immer noch diese Daten zu nutzen, um in der Welt zu funktionieren.

ERINNERUNG:
Es gibt einen anderen Weg in der Welt zurechtzukommen.
Dieser kann zu Beginn von deinem Verstand ignoriert
werden oder du reagierst mit Verwirrung darauf. Durch die
konsequente Anwendung wirst du jedoch den unsagbaren
Frieden, der damit einhergeht, in jeder Faser deines „Seins"
auskosten. Es gibt keinen Schuldigen. Sieh alles als erlöst an!

Der Versuch den Himmel widerzuspiegeln

Es gibt vieles in unserer Welt, was die universellen Gesetze und Prinzipien widerspiegeln.

Diese Welt wurde geschaffen, um den Himmel so weit wie möglich nachzubilden, damit wir den Himmel nicht allzu sehr vermissen. Doch selbst bei den besten Versuchen der Welt den Himmel widerzuspiegeln, gibt es nichts Wirkliches an dem, was wir mit unseren physischen Augen sehen oder wie wir das, was wir sehen, interpretieren.

Wenn das, was wir sehen, eine Illusion (Traumwahrheit) ist, wie vernünftig ist es dann Zeit damit zu verbringen, es zu interpretieren oder unsere Entscheidungen auf der Grundlage dessen zu treffen, was wir mit unseren sensorischen Sinnen wahrnehmen? Wenn du wirkliche Freiheit erlangen willst, dann lass die wahre Stimme zu dir sprechen, die alles in die natürliche Ordnung zurückführt.

Was bedeutet es für dich den Himmel zu erinnern? Wir haben eine Illusion gemacht, die uns eine unwirkliche Welt widerspiegelt. Sie wurde aus dem Erschaffen, wovon wir glauben, dass es uns glücklich macht. Wir sind Bildermacher und sind in der Lage, unsere unbewussten Bilder nach außen zu projizieren. Wir glauben auch, dass unser Körper das ist, was wir sind. Die Welt, die wir mit unseren physischen Augen sehen, ist unsere Entscheidung und wir können uns anders entscheiden, um sie zu einem besseren Ort zu machen.

Viele Menschen geben vor zu wissen, aber sie wissen nicht. Sie berufen sich auf ihre begrenzten Bilder. Wir können die Wahrheit jedoch nur durch den inneren Lehrer erfahren und nicht durch Raten, Analysieren und Theoretisieren oder von einer "äußeren" Autorität.

Wir werden ermutigt, nicht in Verzweiflung über die zahlreichen Begrenzungen dieser Welt zu verfallen, wie Krankheit, herausfordernde Beziehungen oder andere schmerzhafte Illusionen. Irgendwann werden wir alle in Frieden leben und immun gegen die Herausforderungen des Lebens sein - jedoch nicht ohne sie. Zumindest nicht, solange wir scheinbar hier sind.

Der schnellste Weg dahin ist die eigenen Denkgesetze, die wir der Welt und unseren Beziehungen auferlegen, zu hinterfragen und nicht mehr anzuwenden. Das ist das Einzige was wirklich zählt!

Die Welt in Massenhypnose

Die ganze Welt ist eine Illusion, gemacht aus unseren Selbstkonzepten. Sie ist genauso wie wir sie haben wollen, um unser Opferdasein zu bestätigen. Die Welt so wie wir sie sehen, ist erträumt und hat nichts mit dem zu tun, was wir in Wahrheit suchen. Gott hat uns als seinen reinen Geist erschaffen. Wir haben rebelliert und versucht unseren eigenen Weg zu gehen, woraus unzählige Dinge hervorgingen. Dieser Vorgang versetzte uns in einen tiefen Schlaf, aus dem wir nun gemeinsam erwachen wollen.

Wir stehen offensichtlich unter einer Massenhypnose, die durch den Einfluss einer höheren Ordnung der Liebe aufwacht.

Wer ist eigentlich der Gestörte?

> Diejenigen, die die Welt infrage stellen, weil sie spüren, dass mit diesem Bild (der Illusionswelt des Egos) etwas nicht stimmt

> oder diejenigen, die an das glauben, was sie sehen und scheinbar funktionell ein Leben darum herum aufbauen?

Die letztere dieser beiden Optionen ist gestört und wahnhaft genug, um zu glauben und zu sagen: „Nur das, was ich mit meinen eigenen Augen sehen kann, ist real."

Wenn wir also beginnen aufzuwachen und erkennen, dass die Welt unter einer Massenhypnose steht, wie lassen wir dann alle anderen davon wissen? Das tun wir nicht! Jedenfalls nicht, indem wir ihnen die Wahrheit entgegenschreien und erwarten, dass sie sich dadurch verändern. Stattdessen geschieht es hauptsächlich dadurch, dass wir ein Beispiel für jemanden sind, der „es kapiert" und eine Immunität gegen all das Drängen und Ziehen dieser Scheinwelt demonstriert.

Der „Innere Lehrer" wird uns hierin begleiten und immer, wenn wir uns auf diesen berufen, wird sich unsere und die Wahrnehmung derjenigen verändern, die lange genug gegen ihre Wahrheit rebelliert haben.

„Es gibt nichts, was nicht getan werden kann, aber sie können nicht im Geiste des Zweifels oder der Angst vollbracht werden. Wenn du dich vor etwas fürchtest, erkennst du seine Macht an, dich zu verletzen." EKIW

Auch wenn einige von uns zu verstehen lernen, dass die Welt, die wir sehen, eigentlich nicht die wirkliche Welt ist, so erscheint sie immer noch real. Es sind unsere verletzenden Gedanken über uns selbst, welche unser geistiges Hologramm immer wieder erfahrbar machen und uns klein halten.

Alles was wir im Äußeren sehen, ist lediglich ein äußeres Bild oder Hologramm eines inneren Zustands. Wenn wir im Inneren heilen (und Wunder erleben), beginnt sich die Art und Weise, wie wir die Welt im Äußeren sehen, zu verändern.

Deshalb liegt es an uns, uns darauf zu konzentrieren, durch Gebet, Vergebung und liebevolle Gedanken „innere Wunder" zu schaffen, damit wir das äußere Wunder einer neuen Welt erleben können, das mit unserem eigenen Alltagsleben beginnt. Es gibt keine Schwierigkeitsgrade an Wundern, sowie es keine Grenzen für Glück, Liebe und Erfüllung gibt.

„Die Liebe antwortet immer, sie ist unfähig, einen Hilferuf abzulehnen oder die Schmerzensschreie nicht zu hören, die aus jedem Teil dieser fremden Welt, die du geschaffen hast, aber nicht willst, zu ihr aufsteigen."
EKIW

Die Dinge, an die du glaubst, die du fühlst und denkst, die du für wertvoll und wichtig hältst, zeigen sich exakt in der Erfahrung deines Lebens wieder. Was mit dir geschieht, wie du alle Dinge erlebst, die Menschen, denen du begegnest, die Gefühle, die in dir hochkommen, dein Erfolg oder Mangel und der Zustand des physischen Körpers ist ein Ausdruck deiner (unerlösten) Gedanken über dich selbst.

Weil sich innere Überzeugungen in der äußeren Welt zeigen, sind die Erfahrungen, die sich im Leben ereignen, ein absolut treuer Gradmesser dafür, was in deinem Kopf vorgeht. Denn wir wollen all das Zeug, das wir denken, nicht fühlen und projizieren es somit in die Welt. Durch unsere Wahrnehmungsstörung geprägt glauben wir tatsächlich, dass diese Welt real und die Wirklichkeit (Gott) eine Illusion ist.

Wenn man nun bedenkt, dass diese Einstellung jeden einzelnen Aspekt des Lebens beeinflusst – vom Ungeheuerlichsten bis zum Kleinsten–- und deine Wahrnehmung bestätigt, kannst du allmählich erkennen, dass du den Konsequenzen dessen, was du denkst und fühlst nicht entkommen kannst, solange es nicht angenommen und verändert wird. Genauso wenig wie der Computer nicht vermeiden kann, dem Diktat des Programms zu folgen, bis die Codierung geändert wird.

Wenn wir nach innen schauen, werden wir zu verstehen lernen, dass all das, was wir über uns und die Welt gedacht haben, nicht wahr sein kann. Wir werden nur noch das Licht der göttlichen Gegenwart erkennen. „Ah, endlich sehen wir!!!"

Das Spiegelspiel

„Die Wahrnehmung ist ein Spiegel, keine Tatsache.
Und das, worauf ich schaue, ist mein Geisteszustand,
der sich außen spiegelt." EKIW

Wenn du vor einem Spiegel stehst und ein grünes Shirt trägst und es dir nicht gefällt und du viel lieber ein blaues Shirt sehen würdest, was tust du dann? Schreist du den Spiegel an, zerschlägst du ihn oder erzählst ihm lang und breit, dass dir das grüne Shirt nicht gefällt, benutzt du Affirmationen, betest du oder bildest deine Visionskraft aus?

Sicherlich nicht. Denn das Bild wird genau so bleiben, völlig unbeeindruckt davon, was du darüber denkst. Und niemand, der bei klarem Verstand ist, würde erwarten, dass es etwas anderes tun sollte. Du weißt, dass das Bild nicht den ersten Schritt macht!

Wenn du dich schließlich entscheidest, dein grünes gegen ein blaues Shirt einzutauschen, dann ist es geschafft. Und beachte bitte, wie unmittelbar es ist! Das blaue Shirt erscheint nicht nach und nach, erst mit einem Ärmel, dann einem Kragen und so weiter. Das neue Bild ist auf einmal da.

Du hast auch das große Vertrauen, dass, wenn du ein blaues Shirt anziehst, kein gelbes erscheinen wird. Du würdest auch nicht erwarten, dass es das widerspiegelt, was du gestern anhattest oder das Bild von jemand anderem.

ERMÄCHTIGUNGSIMPULS:
Was willst du heute in der Welt sehen?

Investierst du deine Kraft in die Traumwelt?

Du hast vielleicht schon bemerkt, dass du in der Welt nicht zurechtkommst.

Ich dachte auch, dass ich ganz gut in der Welt zurechtkommen würde, bis der *Kurs* zu mir kam. Der Flash, dass wir hier gar nicht zurechtkommen können, scheint zwar anfänglich nicht sehr aufbauend, doch werden wir dadurch letztendlich von unseren Illusionen frei. Und so bemerken wir schließlich, dass wir hier gar nicht zurechtkommen brauchen.

Welche Erlösung!

In diesem Zustand verändern wir unser Bewusstsein: Es ist wunderbar hier nicht zurechtkommen zu müssen, nur damit wir den (falschen) Eindruck haben können, dass wir gut drauf sind.

Wir haben dieser Traumwelt unsere Kraft, die wir von Gott erhalten haben, ausgeliehen und vergessen, dass wir dabei allen Menschen und Dingen, denen wir begegnen, eine bestimmte Rolle zugedacht haben, die sie perfekt erfüllen.

Wir fühlen uns missverstanden oder ärgerlich, wenn das Verhalten anderer Menschen nicht dem entspricht, von dem wir glauben, dass es das sollte. Wir glauben sie machen Fehler, doch ist der einzige Fehler unser Denken über ihr Verhalten, das sie in diesem Theaterstück für dich aufführen.

Wenn wir glauben, dass wir glücklicher wären, „wenn nur" diese anderen Menschen sich anders verhalten würden, werden wir Zeuge der Rollen und der Bedingungen, die wir in die Traumwelt investiert haben.

Solange wir weiterhin durch diese begrenzte Sicht auf die Welt schauen, ist die Erlösung weit entfernt. Es ist als ob wir sagen würden, dass wir mehr Liebe und Respekt für den anderen empfinden würden, wenn er sich nur anders verhalten würde.

ERMÄCHTIGUNGSIMPULS:
Sei du die Veränderung, die du in der Welt sehen willst, und es wird geschehen.

Wie erlebe ich die Welt?

Die Welt durch die ängstliche Projektion des schlafenden Geistes zu erleben, ist wie der Besuch von Disneyland und der Glaube es sei real. Wir tauschen das ewige Einssein gegen die temporäre Achterbahn des Geborenwerdens, Altwerdens und Sterbens.

Wir tauschen den Frieden Gottes gegen einen Traum von Chaos, eine friedliche Selbsterkenntnis gegen das verdrehte Denken des Egos und unendliches Leben gegen Krankheit und Tod. Unsere Neugierde zu erfahren, wie es war, etwas Besonderes und von der Liebe (Gott) getrennt zu sein, hat uns in eine Welt versetzt, die angsterregend und manchmal bösartig sein kann.

Die Schönheit des *Kurses* ist, dass er eine Abkürzung zum Erwachen ist. Sie wird dort verwendet, wo du jetzt bist. Du kannst in „einem Augenblick" das üben, was andere ein Leben lang praktiziert haben und die gleichen Ergebnisse erzielen.

Beginne dich daran zu erinnern, dass du die Welt, die du siehst, erfunden hast. Jedes Mal, wenn du gewillt bist diesen Leitgedanken zu erfassen und zu glauben, kann dich das Ewige an das Vergessene erinnern.

Aus dem Traum auszusteigen geschieht, indem man nichts tut. Alles Tun geht vom Körper/Ego aus. Im Augenblick der Unschuld trittst du aus der Zeit in die Zeitlosigkeit, um dich daran zu erinnern, wer du bist.

Dann kehrst du in die Welt mit einer neuen Wahrnehmung zurück. Du wirst jedoch nie als dieselbe zurückkehren und die Welt wird nie wieder so wertvoll für dich sein können, wie sie bisher für dich war.

Was nützen Illusionen ohne das Ego, das die Illusion unterstützt? Wenn du das Ego ganz beiseitegelegt hast, ist es nur ein Schritt in den Himmel und alle weltlichen Sorgen werden verschwinden. Hierzu brauchst du nur eines zu tun: Den Willen aufzubringen die Welt anders zu betrachten.

Wer würde irgendwo „hingehen wollen", wenn der Seelenfrieden bereits vollständig ist?

Wir erreichen dies, indem wir unserer inneren Führung vollständig vertrauen. Dadurch kann unser (Engel) Team in unserem Geist mit außerordentlichen Mitteln wirken.

Ablenkung

Es ist nicht so einfach ein Mensch in der heutigen Welt zu sein. Wir sehen uns durch eine globale Gesundheitskrise, zunehmende politische und rassische Spannungen in unseren Gemeinschaften und durch die Auswirkungen und Unbekannten des Klimawandels herausgefordert. Vielleicht fühlen wir uns isoliert und besorgt, unsicher über unsere Zukunft.

Als von Natur aus sensible Wesen ist es angesichts solcher Schwierigkeiten normal, sich abschalten zu wollen und sich von dem abzulenken oder betäuben zu wollen, was sich hart und überwältigend anfühlt. Aber wenn wir uns vor weniger wünschenswerten Erfahrungen verschließen, verschließen wir uns auch vor denen, die uns unterstützen können und schränken so unsere Fähigkeit ein, das Gute in uns selbst und in der Menschheit zu erfahren.

Der Unterschied zwischen dieser Welt und der „wirklichen Welt" ist der, dass du in dieser Welt glaubst, du könntest andere berichtigen. Wenn du jedoch einsiehst, dass nur deine Sicht einer Berichtigung bedarf, dann findet die Korrektur im Geiste statt, das durch das Licht Gottes hergestellt wird.

Unter dem Getöse der Welt ruht die stille Gelassenheit des Himmels. Was für eine Ruhepause könnte jemand in einer Welt finden, die auf Komplexität gegründet ist? Die Welt endet in der Stille. Die Welt der Ablenkungen endet im Einheitsbewusstsein. Die Welt der Traurigkeit endet in Freude und die Welt der Trauer endet in Glück und Lachen! Warum noch auf irgendetwas warten, wenn beständiges Glück jetzt verfügbar ist?

Es gibt keine wirkliche Veränderung in der Welt, denn sie ist ein geschlossenes System der Verleugnung – der vergebliche Versuch die Liebe Gottes zu verleugnen. Doch wer aufrichtig nach der Wahrheit sucht, kann nicht lange über die Substanzlosigkeit dieser Welt hinweggetäuscht werden. Seien wir froh, dass die Welt nicht real ist, denn nichts von der Welt kann uns jemals die ewige Liebe Gottes anbieten.

Es gibt keine wirkliche Veränderung in der Welt, denn sie ist ein geschlossenes System.

Mit den Augen des Egos gesehen kann diese Welt ein rauer Ort sein, voller Leid durchsetzt mit Fragmenten scheinbarer Schönheit. Erwachsene, Kinder und Säuglinge sind anfällig für Krankheiten und Tod. Alles was wir sehen wird eines Tages untergehen. Selbst die Kontinente unter unseren Füßen verschieben und verändern sich. Nichts ist hier stabil.

Die Lage ist ziemlich düster. Oder doch nicht? Gott sei Dank gibt es einen anderen Weg die Welt zu sehen. Wir können hier und jetzt aus dem Alptraum erwachen, indem wir die Perspektive der Nondualität einnehmen.

ERMÄCHTIGUNGSIMPULS:
Wer oder was kann uns noch etwas geben, wenn alles in uns ist?

Die Welt wird in einem neuen Licht erblühen

Während die materielle Welt ein Reich des Mangels darstellt und Frieden hierin unmöglich ist, herrscht im spirituellen Universum unendlicher Überfluss. Sobald wir uns mit dem spirituellen Königreich identifizieren wird unser Spirit zu einem, der diese Reichtümer empfängt. Frieden kehrt dort ein, wo vorher Mangel war.

Wir können die Welt transzendieren, wenn wir bereit sind diese auf eine andere Art zu betrachten. Wir werden durch das Licht Gottes zum Licht, das wir auf die Welt ausstrahlen. Niemand von uns fühlt sich auf der Erde so richtig zu Hause. Wir tun so, weil es uns so beigebracht wurde. Es gibt noch ein anderes Zuhause, das uns herzlich willkommen heißt und von dem wir wissen, dass es unser Platz ist. Der „Heilige Augenblick" wird es uns lehren.

Ein großes Missverständnis liegt auch darin die Fehler zu verstecken, von denen wir glauben sie würden uns als schlechten Menschen darstellen. Sobald wir damit aufhören Geheimnisse vor uns selbst zu haben und mit der vollständigen Enthüllung, Offenlegung und Transparenz beginnen, werden wir die reine Unschuld unserer „Natur" entdecken.

Dieser unveränderliche Geisteszustand ist das vom Ewigen geschaffene, für immer perfekte „Selbst". Das Herz öffnet sich hierin und die Welt wird in neuem Licht erstrahlen. Makellosigkeit und Schönheit werden aus sich selbst heraus offenbart.

Die Aufmerksamkeit für Details und Vergängliches war nur ein Schritt in Richtung zur vollen Aufmerksamkeit im „Selbst". Wenn man das „Selbst" darstellt, gibt es keine Fehler, keine Ratschläge und keine Fehlerbehebung. Das ist die Bedeutung von Selbstverantwortung!

Lehren heißt darstellen, verkörpern, demonstrieren. Durch diese Demonstration wird für alles gesorgt. Es gibt nichts mehr was man einwickeln oder handhaben könnte. Das Bewusstsein ist offen und frei, wie es nur sein kann und wie es immer war und sein wird.

Nimm an dieser Erfahrung teil und halte nicht mehr das hin, was vollkommen ist. Keine Gedanken an die Vergangenheit oder die Zukunft sind wirkliche Gedanken.

ERINNERUNG:
Die Stille des JETZT ist die Antwort auf alles.

Angst

Angst vor dem Licht

Unsere tiefgreifendste Angst ist nicht, dass wir ungenügend sind. Unsere tiefgreifendste Angst ist, über das Messbare hinaus kraftvoll zu sein. Es ist unser Licht, nicht unsere Dunkelheit, die uns am meisten Angst macht.

Wir fragen uns, wer bin ich mich brillant, großartig, talentiert, fantastisch zu nennen? Aber wer bist du, dich nicht so zu nennen? Du bist ein Kind Gottes. Dich selbst klein zu halten, dient nicht der Welt. Es ist nichts Erleuchtetes daran, sich so klein zu machen, sodass sich andere um dich herum nicht unsicher fühlen. Wir sind alle bestimmt zu leuchten wie es Kinder tun.

„Wir sind geboren worden, um den Glanz Gottes, der in uns ist, zu manifestieren. Dieser Glanz ist nicht nur in einigen von uns, er ist in jedem einzelnen. Und wenn wir unser Licht erstrahlen lassen, geben wir unbewusst anderen Menschen die Erlaubnis dasselbe zu tun. Wenn wir uns von unserer Angst befreit haben, wird unsere Gegenwart ohne unser Zutun andere befreien." Marianne Williamson

Angst verdeckt das Licht, denn das Licht ist Geist. Wir können immer nur einen Geisteszustand verkörpern: Licht oder Dunkelheit.

Höre nicht auf die Angst, was immer sie dir auch sagen mag. Sieh sie nur als eine schwarze Decke, die an einem dünnen Faden hängt, um das Licht zu verdecken. Angst kann dir nichts anhaben und Licht ist die Gegenwart deines göttlichen Selbst. Ziehe die Decke willentlich von seinem Platz herunter.

Angst entsteht aus unserer Identifikation mit dem Ego. Das Ego benutzt die Angst als große Ablenkung, um uns davon abzuhalten, uns an unser Einssein zu erinnern. Es kämpft darum alle möglichen Ablenkungen aufzubringen, einschließlich Angst, Depression, Konflikt oder Krankheit. Es wird dir sagen, dass du ganz allein bist, und wird alles tun, um zu beweisen, dass du auf einen sehr verletzlichen Körper beschränkt bist. Aber wenn wir uns daran erinnern, dass unsere Identität nicht auf einem Körper beruht, muss die Angst wegfallen.

Hast du schon einmal eine Art von Angst verspürt, von der du wusstest, dass sie keinen Sinn ergibt und du sie trotzdem nicht loslassen konntest? Warum wolltest du diese Angst nicht loslassen?

Um sich von der Angst zu lösen, merke dir, dass überhaupt nichts einen speziellen Wert oder Bedeutung besitzt, außer durch den übergestülpten und projizierten Glauben. Ziehe deshalb Wert, Wichtigkeit und Interesse zurück, damit das Heilige und Gesegnete zum Vorschein kommt.

Angst verleiht dem, was gefürchtet wird, die Kraft uns zu verletzen. Wir glauben an das, was wir wertschätzen, und solange wir Angst haben erkennen wir Illusionen an. Wahrheit und Illusion haben dann die gleiche Kraft in unserem Geist und das verhindert den Frieden.

Der Friede des Ewigen kommt von der Erkenntnis, dass nur Gott uns Frieden bringen kann. Dieser Friede kann nicht durch Illusionen erschüttert werden.

Gott kann keinen Mangel oder Schmerz verursachen und was nicht von Gott kommt, kann dich auch nicht wirklich betreffen. Wenn du das akzeptierst, werden bestehende Ängste dahinschmelzen.

Wenn du leugnest, dass du „Eins" mit Gott bist, verteidigst du Illusionen und deinen Glauben, dass du ein persönliches Selbst bist. Aber Verleugnung kann auch dazu benutzt werden, die Wahrheit zu verteidigen. Du kannst und solltest leugnen, dass dich deine Illusionen verletzen können. Das Bewusstsein für die Einheit mit Gott hängt davon ab. Du bist frei zu wählen was du verteidigen möchtest. Der Verstand und der Wille sind nur dann wirklich frei, wenn sie der Wahrheit dienen.

Du verteidigst automatisch das, was du schätzt. Es wird für dich leicht sein, dein Bewusstsein für die Einheit mit Gott zu verteidigen, wenn du sie anerkennst.

ERMÄCHTIGUNGSIMPULS:
In jeder Situation kannst du dir die Frage stellen:
Welche Erfahrung möchte ich hierbei machen:
die der Trennung oder des Friedens?

Du wirst Zeit sparen, indem du anerkennst, dass Gott dir anbietet, was du wirklich willst. Wenn du dies anerkennst, werden dir die Mittel zur Erinnerung an Gott offensichtlich sein.

Die Angst als Illusion enttarnen

Weil uns beigebracht wurde, uns auf etwas anderes als die Gegenwart der Liebe zu konzentrieren, haben wir uns in einer Welt voller Illusionen verloren. Man hat uns beigebracht, dass wir von anderen Menschen getrennt sind oder unser Widerstand Stärke ist. Liebe ist das, was wir seit Anbeginn der Zeit sind. Angst wurde erlernt. Deshalb lass los, was dich zermürbt.
Es gibt keine Angst. Dies wird im Licht gesehen. Das Ego hat kein Fundament und Illusionen sind nur Irrtum.

Das ist die Bedeutung des Erwachens, es ist die Überwindung der Angst. Wir erlauben unserem Geist, den Ich-Fehler dem Licht der Wahrheit zu überbringen und die Dunkelheit verschwindet.

Angst ist der Irrtum, dass die Trennung vom Universum tatsächlich eingetreten ist. Das Ego zu transzendieren, bedeutet den Glauben an das Unmögliche zu transzendieren.

Sobald Angst als die Illusion gesehen wird, die sie ist, ist sie nicht mehr attraktiv, denn es gibt keine Angst. Dies wird im Licht gesehen. Das Ego hat kein Fundament und Illusionen sind nur Irrtum. Wenn dem Irrtum der Glaube einmal entzogen worden ist, kann der Denkfehler nicht mehr als real erlebt werden.

In dem Moment, in dem wir glauben, dass wir einen bestimmten Menschen oder ein bestimmtes Ding für unser Glück brauchen, erzeugen wir – ohne es zu wissen – Angst. Entweder haben wir Angst etwas zu verlieren oder etwas zu bekommen, was wir nicht wollen. In beiden Fällen sind wir Opfer der Lebensumstände, die wir erschaffen haben und erfinden viele Ausreden, warum wir dieses oder jenes nicht tun können.

Zum Glück gibt es einen Ausweg! Die Befreiung vom Traum der Angst ist ein sanfter, allmählicher und liebevoller Prozess. Um von der Angst zur Liebe zu gelangen, müssen wir lernen zwischen den beiden Stimmen in unserem Geist zu unterscheiden und die Stimme auszuwählen, auf die wir hören und die wir wahr machen wollen. Für jeden von uns gibt es einen Teil unseres Geistes, der gesund ist und einen Teil, der verrückt ist:

> Der geistig gesunde Teil ist unser innerer Lehrer, der das Bindeglied zurück zur Erinnerung an unsere Liebende Quelle ist.
> Der wahnsinnige Teil ist das Ego, das glaubt, aus seiner Quelle verbannt zu sein und das den Körper als sein Zuhause und seinen Verbündeten betrachtet.

Wir haben uns in unserer Wahrnehmung der Realität furchtbar geirrt. Es wird sich herausstellen, dass es hier nichts gibt, wovor wir uns fürchten müssen. Nur das Ego hat Angst. Jetzt haben wir die Gelegenheit den Grundstein für ein neues Fundament des inneren Friedens zu legen, anstatt sich weiterhin auf ein Fundament der Angst zu verlassen.

Unterschätze das Ausmaß nicht, in welcher Angst sich diese Welt befindet. Schau hin, überall wird die Vergangenheit angebetet, das heißt die Trennung der Liebe praktiziert. Es ist ein Leichtes zu verstehen, dass nur die Vergangenheit uns in Angst versetzen kann und es ist ein Leichtes uns für die „Gegenwart der Liebe" zu entscheiden, die uns ewig erhalten bleibt.

Du bist nicht der für den du dich hältst. Das ist eine glorreiche Nachricht. Du bist nicht deine Angst, deine Furcht oder deine Sorgen. Vielleicht hast du das Gefühl, dass diese Dinge dich definieren, denn diese Dinge sind wirklich gut darin deine Aufmerksamkeit zu fesseln und dich zu überwältigen. Nur das ist ihr Zweck. Aber das ängstliche, ausgeflippte Du ist nicht dein wahres Ich, auch wenn diese Angst und Besorgnis noch so unwiderstehlich real zu sein scheinen. Was du wirklich bist, ist viel ehrfurchtgebietender. Das verspreche ich dir.

Der Glaube ein Körper zu sein

Zusammenhang zwischen Krankheit und Geist

Eine der meistgestellten Fragen, die auftauchen, wenn wir uns mit dem universellen Lehrplan beschäftigen, ist der Zusammenhang zwischen Krankheit und Geist.

Den reinen Geist um des Körpers willen zu benutzen ist nichts anders als den Körper mit Mitteln zu benutzen, die nicht funktionieren. Der Zweck des Geistes ist niemals dem Körper zu dienen, denn der Körper ist nie real. Er ist eine Wirkung deines Geistes, ein Symbol der Trennung. Ein kranker Körper ist ein Effekt und Symbol für die Schuld, die wir für die Trennung vom Ewigen empfinden.

Den Geist zu benutzen, um den Körper zu heilen, bedeutet also weiterhin den Fehler zu machen sich mit einem Körper zu identifizieren, der die Schuld – die die körperlichen Symptome hervorgerufen hat – aufrechterhält.

Krankheit oder Schmerz können verschwinden, aber sie werden einfach in einer anderen Form wiederkommen. Der Körper ist im Geist und der Körper kann dem Geist dienen, aber es kann nicht umgekehrt funktionieren. Der Körper ist nie du, und deinen Geist darauf zu konzentrieren, das zu heilen was nie real ist, bedeutet deinen Geist zu missbrauchen.

Natürlich gibt es Spontanheilungen. Jede körperliche Heilung ist das Ergebnis einer Wahl des Geistes, egal wie sie zustande zu kommen scheint. Aber solange du einen Körper als deine Realität wahrnimmst, ist dein Geist im Konflikt und das wird sich im Körper in irgendeiner Form zeigen. Und das Ego wird froh sein deinen Geist zu benutzen, um den Körper zu heilen, um deine wahrgenommene Trennung von Gott angenehmer zu machen.

Du kannst körperliche Symptome verschieben und du kannst sie ändern, aber du wirst die Krankheit nicht völlig rückgängig machen, bis du dich nicht mehr mit dem Ego identifizierst. Anstatt sich also auf einen Körper zu konzentrieren, der nie du selbst ist, ist es besser deine Zeit mit dem was du bist zu verbringen und dem Wertlosen keinen Wert mehr beizumessen.

Ziele, die zu ganzheitlicher Heilung führen, sind:
- mit Gott kommunizieren
- den Heiligen Augenblick praktizieren
- die Liebe erweitern
- Vertrauen in den Heiligen Geist aufbauen, indem man seine Führung annimmt.

So wird die Wahrnehmung der Trennung zum Ewigen aufgehoben, so wird der Geist von seinem Konflikt geheilt. Und das wird zu einem Körper führen, der beginnt den Christus zu manifestieren, der sich nicht mehr mit den dürftigen Gedanken des Egos auseinandersetzt.

ERINNERUNG:
Heilung bedeutet die Ganzheit im Geiste wiederherzustellen.

Den Körper durch Krankheiten real machen

Das Ego nutzt körperliche Krankheiten und Schmerzen, um den Körper real zu machen. Das ist sein oberstes Ziel!

Dies zeigt sich daran, dass Krankheiten zu verschiedenen Zwecken verwendet werden: Um Aufmerksamkeit zu erregen, zu bestrafen, Situationen zu vermeiden, andere schuldig zu machen, etc. Aber es ist natürlich egal wie körperliche Symptome auftreten, ihr Ursprung liegt in unserem Geist.

Der Körper ist eine Repräsentation von Geist und Emotionen. Er ist mehr flüssig als fest, er ist völlig neutral und hat keine eigene Meinung.

Kein einschränkender Zustand muss dauerhaft sein. Man kann jederzeit seine Meinung ändern, was zu veränderten Umständen führt. Unser Körper verursacht nicht unsere Gedanken. Er ist ein Ergebnis unserer Gedanken. Der richtig denkende Verstand betrachtet Schmerz und Schwierigkeiten als einen Aufruf zu Mitgefühl und Vergebung.

Stattdessen machen wir neue Pläne, was eine Abwehr gegen die Wahrheit ist. Es ist eine Enteignung von Autorität des inneren Geistes an eine äußere Kraft. Aber es gibt keine äußere Kraft.

Letztendlich ist jede Heilung das Ergebnis, dass wir Heilung annehmen. Entweder direkt in unserem Geist oder durch „Placebos", wie Medikamente, Ärzte und Behandlungen, die außerhalb von uns erscheinen und die die Symptome auf eine Weise beseitigen, die unser Geist akzeptieren kann. Die Verwendung von Placebos ist es, was *Ein Kurs in Wundern* „magisches Denken" nennt, aber es ist solange notwendig, bis wir Heilung direkt annehmen können.

Den Geist zu benutzen, um den Körper zu heilen, bedeutet weiterhin den Fehler zu machen, sich mit einem Körper zu identifizieren, um die anhaftende Schuld aufrechtzuerhalten.

Ganzheitliche Heilung geschieht durch das Anerkennen des Ewig-Schöpferischen. Wenn der Geist von dieser Wahrheit erfüllt ist, gesundet das, was in Unordnung kam. Er wird zu einem heiligen Instrument der Liebe.

Der Körper ist völlig neutral

Nicht der Körper ist eingeschränkt, sondern du. So möge es für dich geschrieben stehen: Der Körper war an kausale Gesetze gebunden, die mir keine Möglichkeit gaben zu entkommen. Jammern, anklagen, die innere Wahrheit verleugnen und sterben war alles was übrigblieb. Das Ewig Lichtvolle korrigierte diese Konflikte, sodass der Körper ein heiliges Instrument der Liebe wurde.

„Der Körper braucht keine Heilung. Seine Gesundheit oder Krankheit hängt völlig davon ab, wie der Geist ihn wahrnimmt, und von dem Zweck, für den der Geist ihn nutzt." EKIW

Unser Körper ist ein Geschenk, mit dem wir unsere spirituelle Reise durch Zeit und Raum nutzen können, um uns als göttliche Anwesenheit zu begreifen. Er ist weder unsere Wirklichkeit noch unsere Realität. Dennoch können wir ihn als Geschenk betrachten. Nutzen wir unseren Körper heute freudig für das, wofür er gedacht ist: Die Herrlichkeit Gottes in allem zu erinnern.

FRAG DICH FOLGENDES:
Wenn diese Welt nicht real ist, wenn sie nur Illusion ist, wenn sie keinerlei Wirkung hat, warum solltest du als Körper existieren?

Auch der Körper mit all seinen Funktionen ist nur Illusion. Unser einziges Ziel ist es, die Korrektur der Vergebung für sich selbst so anzunehmen, wie wir uns selbst wahrnehmen. Unser Körper ist völlig neutral. Für ihn spielt es keine Rolle, was er arbeitet oder ob er krank oder gesund ist. Dem Körper ist es auch egal, ob er eine Maske trägt oder keine. Unser kleines Selbst (Ego) ist es, das über den Körper all seine Stimmungen auslegt.

Den Körper als Symbol der Trennung zu benutzen, ist unser einziges Problem, das durch Vergebung wieder korrigiert wird. Wenn wir der Welt vergeben haben, werden wir uns als Einheit wiedererkennen, das heißt in Gott.

Vergebung ist unsere einzige Funktion hier auf Erden!

Wir vergeben nicht durch Handeln, nicht durch Versuchen und vor allem nicht durch das Studium der Welt und den Kampf ums Überleben „als Körper". Es gibt nichts was wir tun können, um irgendetwas in der Welt zu ändern. Die Welt ist nur eine Wirkung. Du kommst nicht umhin zu vergeben und zu sein, was du bist: Geist!

Der göttliche Plan möchte uns über den Körper hinausheben, zurück zur wahren Identität, zum Himmel und zum Einssein. Der Plan des Egos dreht sich um das, was wir als Trennung bezeichnen und richtet überall unsichtbare Mauern auf wo keine sind. Es sagt uns, dass wir ein besserer Körper werden müssen. Wenn wir den göttlichen Plan annehmen, erfahren wir, dass wir schon vollständig sind.

Solange uns jedoch Schmerz und Sterben noch lebendig fühlen lässt, solange sind wir an den Körper gebunden. Es gibt noch einen anderen Weg, nämlich den der Liebe und Freiheit des Geistes, der uns ohne Umwege gesunden lässt.

Der ganze *Kurs in Wundern* lehrt uns, dass wir die Gesetze der Elemente überwinden, die uns an den Körper binden. Unser Körper ist der zentrale Ausgangspunkt unserer Wahrnehmung. Über dieses hinauszukommen ist der wichtigste Schritt hin zu der Erkenntnis, dass wir reiner (Christus) Geist sind.

Der Glaube ein Körper zu sein

Wir glauben, dass wir ein Körper sind, und die Welt, die wir wahrnehmen, fördert diese Überzeugung. Sobald wir uns den universellen Gesetzmäßigkeiten öffnen, entdecken wir jedoch unsere Größe und stellen fest, dass wir jenseits aller Begrenzungen existieren.

Ein Kurs in Wundern erinnert uns daran, dass wir keine Körper sind. Wenn wir Körper wären, wäre es sinnvoll unser eigenes Verhalten und das Verhalten anderer als Maßstab für eine Orientierung zu nehmen.

Da wir jedoch Spirit sind und Spirit nicht getrennt sein kann, muss dieser permanente Fokus auf unser eigenes Verhalten und das Verhalten anderer nur verwirrend für uns sein.

IMPULS:
Du kannst nur Licht sein, das mit allem verbunden ist.

Wir sind dazu aufgerufen die Identität unseres Körpers aufzugeben und stattdessen das Licht zu bringen, zu vergeben und glücklich zu sein. Wir sind dazu aufgerufen Heilung zu erlangen und die Welt zu erlösen. Nur diese Aufgabe kann uns glücklich machen!

ERMÄCHTIGUNGSIMPULS:
Wo in dir fühlst du Wut, Groll oder Angriff?

> **Was kannst du lernen, wenn du dich den ganzen Tag über aufmerksam und liebevoll mit diesem Teil beschäftigst?**
> **Was kannst du tun, um dich daran zu erinnern, innezuhalten und um Rat zu fragen, wenn du ihn brauchst?**
> **Wie wird dein Leben aussehen, wenn du deine Wut aufgibst und stattdessen auf den liebevollen Freund in dir hörst?**

Das Leiden beenden

Das Leiden beenden – Die einfachste und doch tiefsinnigste Formel

Wie trage ich dazu bei, das Leiden der Menschheit zu beenden?", ist die wichtigste Frage, die du je stellen wirst. Die Antwort auf diese Frage beginnt mit einer weiteren Frage: „Wie kann ich mein eigenes Leiden beenden?"

Solidarisches (Mit)Leiden bringt dich und die Welt keinen Schritt weiter. Wenn du deinen eigenen Weg aus dem Schmerz findest, wirst du wissen wie du anderen Menschen aus ihrem Schmerz heraushelfen kannst. Bis dahin sind deine Bemühungen leer, hohl, bedeutungslos.

Hier sind einige Formeln für die Linderung von Schmerzen, die simpel klingen, aber äußerst tiefgreifend sind:

ERMÄCHTIGUNGSIMPULS:
Höre damit auf zu denken, was dir wehtut, und fange damit an zu denken, was dich heilt.

Nur weil du – voller Ehrfurcht – das Leiden akzeptierst, bleibt es bestehen. Schmerz ist das Ergebnis der Verleugnung oder des Widerstands gegen dein natürliches Selbst.

Wenn du durch deine göttliche Natur lebst, wird das Leiden verschwinden. Du wirst das Leben nicht länger als Dschungel betrachten oder in einem Bereich leben, in dem das Überleben auf dem Spiel steht.

Leiden ist sinnlos. Wenn diese Wahrheit in deiner Psyche versinkt, wirst du am Wendepunkt deiner spirituellen Reise ankommen und düstere Erwartungen werden der höchsten und hellsten Vision nachgeben. Die Welt wird hierdurch buchstäblich neu werden und du wirst mit der Ermächtigung einer höheren Ordnung von Geistführern leben, die dich in deiner Erlösung und der Erlösung der Welt fördern.

Wie du Konflikte, die dich am Glück hindern auflöst:

Der andere, das bist Du.

Die Welt ist so wie sie ist, weil Du so bist wie Du bist.

Lauf nicht davon.

Bleibe hier und schau es dir an.

Welche Umstände auch immer in deiner Existenz herrschen, sie entsprechen perfekt deinen Erwartungen. Begib dich stattdessen in die leuchtende Gegenwart Gottes und beende den Glauben an ein mehr oder weniger erträgliches schicksalhaftes Dasein.

ERINNERUNG:
Glück ist dein Erbrecht!

Der Glaube an den Tod

Viele Menschen beschäftigen sich auf eine destruktive Art mit Gott. Sie fragen sich zum Beispiel warum Gott es zulässt, dass es so viel Ungerechtigkeit gibt und Armut oder Knappheit vorherrschen. Natürlich lässt das „Ewige" nicht zu, dass jemand leidet oder in Mangel lebt.

Der *Kurs* erinnert uns immer wieder daran, dass nichts davon wirklich geschieht und wir so sind wie wir es immer waren: „Eins" mit Gott. Du bist unberührt von allem, was in dieser Welt zu geschehen scheint. Es sind deine Gedanken, die das wahr machen, was du in deiner Welt erfährst. Das Problem ist nicht, dass du Gedanken hast, sondern dass du an diese glaubst.

Die Idee des Leidens ist das, woraus man erwachen muss. Sicherlich, wenn du vom Leiden träumst – von deinem oder von jemand anderem – erscheint es sehr real. Deshalb ist die Vergebung so wichtig. Seine Gedanken offenzulegen und bewusst Zeit mit dem inneren Licht zu verbringen ist der einzige Weg, um aus dem Traum des Mangels, in dem sich die Getrennten erfahren, zu erwachen und sich daran zu erinnern, dass man nach wie vor ein Teil des „Ewigen" ist.

Wenn du einen Splitter in deinem Daumen hast, willst du den Splitter oder deinen Daumen heilen? Was würdest du erreichen, wenn du den Splitter reparieren würdest? Du würdest deinen Daumen nicht heilen und dein Daumen würde sich immer mehr entzünden.

Aus der Perspektive deines Daumens würdest du nichts erreichen, indem du an der Reparatur des Splitters arbeitest. Der Splitter ist eine fremde Sache in deinem Daumen und seine Anwesenheit schadet nicht nur deinem Daumen, sondern verhindert auch dass er heilt. Um deinen Daumen zu heilen, musst du zuerst den Splitter entfernen.

Um das „Ewige Leben" zu erfahren, musst du zuerst den Glauben an den Tod entfernen. Der Glaube an den Tod ist ein fremdes Ding in deinem Geist. So wie der Splitter im Daumen nicht vom Daumen ist, so ist auch das Ego mit seinem Gedanken des Todes in deinem Geist nicht dein Geist. Dein Glaube, dass er deine Realität ist, ist wie der Splitter im Daumen: Er ist die Quelle aller Schmerzen und allen Leidens. Der Versuch das Ego und seine Welt zu reparieren, verstärkt nur dessen „Realität".

Wenn du daran arbeitest sie zu reparieren, tust du nichts, um deinen Geist zu heilen. Du tust nichts Reales, also wirst du keinen dauerhaften Frieden finden. Der einzige Weg, um deinen Geist zu heilen und dauerhaften Frieden zu finden, ist deinen Glauben an das Ego und seine Welt als deine Realität loszulassen.

Wir sind an Schmerzen gewöhnt

Viele Menschen klagen darüber, warum Gott oder eine höhere Macht es zulassen kann, dass Kinder leiden, Kriege ausbrechen, Naturkatastrophen geschehen und dergleichen mehr.

Natürlich lässt Gott nicht zu, dass jemand leidet. All das, was in der Welt geschieht, ist die „Idee" von Leiden, Angst, Schmerz und Mangel.

Deshalb ist der Heilige Augenblick so wichtig. Sich von der Welt zurückzunehmen und bewusst Zeit im göttlichen Austausch zu verbringen ist der Weg, um sich an den Wandel vom Traum der Trennung in die Einheit zu erinnern.

Stell dir vor du hast neue Schuhe, die dir ein bisschen zu eng sind. Da sie dir aber so gut gefallen und du sie unbedingt behalten möchtest, redest du dir ein, sie würden sich schon noch etwas dehnen bzw. du würdest dich schon noch an den Schmerz gewöhnen.

ERINNERUNG:
Dein Wille geschieht!

Der Schmerz wird ganz normal für dich und bald hast du vergessen, dass du zu enge Schuhe hast. Doch irgendwann bemerkst du doch, dass du unter den Schmerzen leidest, und es folgt der Ruf nach Hilfe. Dein Hilferuf wurde beantwortet, lausche und staune.

ERINNERUNG:
Wir haben das Ticket „Wahrheitstraum" eingelöst, nicht um uns weiterhin darin zu verlieren, sondern die Chance zu nutzen, denn wir wurden ebenso mit Freude und Entzücken ausgestattet. Finde das in dir, was von der Form unberührt ist. Es ist dir näher als dein Kopf. Lege das törichte Spiel beiseite. Du musst nicht mehr solidarisch leiden, um dazuzugehören.

Illusionen

Form ist eine Illusion der Vergangenheit

Sich auf die Form zu konzentrieren ist ein Zaubermittel, um sich selbst zu vergessen. Der Verstand entscheidet immer. Eine Entscheidung wird in jedem Moment getroffen und der Fokus liegt entweder auf der Form oder auf dem Inhalt. Das Ego nutzt die Form – den Körper, die Welt und alle Formen der Kommunikation – für Stolz, Freude und Angriff. Die Form wird genutzt, um ein Selbstkonzept aufzubauen. Das Selbstkonzept wird daraufhin in Konkurrenz zu anderen Selbstkonzepten verwendet. Verteidigung und Angriff werden zu großen Ablenkungen.

Jeder Krieg vom Ausmaß eines Weltkriegs und Völkermords bis hin zu einer Willensschlacht darüber, wer heute Abend das Geschirr spülen wird, geht von einem Fokus auf die Form aus. Nur wenn ein Bruder als Körper gesehen wird, kann er sich aufregen und Angriffe erleben. Nur wenn die Welt der Form als kausaler Zusammenhang angesehen wird, kann Verteidigung überhaupt in Betracht gezogen werden.

Sich auf die Körperform zu konzentrieren, bedeutet zu beurteilen. Form ist immer Vergangenheit. Form ist eine Illusion der Vergangenheit. Der Verstand, der auf alles auf dieser Welt reagiert, einschließlich der Interaktion mit Brüdern, reagiert immer auf Vergangenheit.

Es erfordert eine große Bereitschaft und großes Vertrauen, um sich vom tief verwurzelten und völlig auf den Kopf gestellten Glaubenssystem des Egos abzuwenden. Jeder Glaube an Form ist vom Geist zu lösen und als eine unwirkliche Ursache anzusehen. Gott ist die Ursache. Gott ist die Quelle des Lebens.

Gott ist.

Es ist unsere Verbundenheit und unser Glaube an die Illusion (von Dingen oder Körpern), der uns dazu bringen kann, andere zu beurteilen oder uns verletzt oder wütend zu fühlen oder zu sagen, es sei ungerecht. Wenn wir erkennen, dass der Geist allmächtig ist und nicht verletzt werden kann und dass nur der Geist existiert, dann ist nichts von Bedeutung, was hier geschieht. Wir sehen alles und jeden aus dem Blickwinkel der Ganzheit. Selbst das „Trügerische", was passiert ist, erteilt uns eine Lektion: nichts von dieser Welt, einschließlich des Körpers, wertzuschätzen.

ERMÄCHTIGUNGSIMPULS:
Das Aufgeben der Überzeugung ein Körper zu sein, heilt die Idee von Krankheit, Leid und Schmerz. Es zeigt uns die Wertlosigkeit von Körpern und der Welt und den Wert des reinen Geistes, der unveränderlich ist. Wir beenden das Anstarren der Fata Morgana und öffnen unseren Geist für die Leichtigkeit des Lebens.

Aus der Illusion in die Ganzheit

Grenzenlosigkeit ist unsere wahre Natur, die durch unsere selbstauferlegte Begrenzung aufgehoben wird. Die Illusionen der Welt sind die Illusionen, die wir über uns selbst hegen. Sie rufen immer Trennung hervor, was zu einem Dasein in Angst und Groll führt.

Unsere Ganzheit kann dieses Blendwerk beenden, wenn wir beginnen diese Ganzheit im anderen zu sehen. Lass nicht zu, dass deine Spiritualität zu einem Mittel der Verleugnung wird.

Die meisten Menschen sind sehr stark in ihre Welt und somit in ihre Probleme verwickelt. Einige der Illusionen, an denen wir festhalten, sind für uns sehr real geworden. Schmerzhafte, negative Erinnerungen werden einem echten spirituellen Wachstum im Wege stehen, bis sie erkannt und somit aufgelöst werden. Nur wenige Menschen können sofort diese Vorstellung akzeptieren, dass diese Erinnerungen nicht real sind.

Das Festhalten von schmerzhaften Erinnerungen macht die Spiritualität zu einem Mittel der Verleugnung und nicht zu einem Mittel des Erwachens.

Einige Beispiele für die Probleme, die uns zurückhalten können, sind: Schmerzhafter Kindheitsverlust wie der Tod eines Elternteils oder die Scheidung der Eltern, körperlicher, emotionaler oder sexueller Missbrauch, ungelöste Trauer aus jeder Lebensphase, Kriegserfahrungen, aktuelle ungesunde Beziehungen, Schuld über vergangenes Verhalten und noch so viel mehr.

Einige der Möglichkeiten wie du erkennen kannst, ob du etwas damit zu tun hast, sind: unerlöste emotionale, manchmal aufbrausende Energien, Verzweiflung oder ständige Eile, mit der du dich konfrontiert siehst.

Dein Heiliger Geist kann dich zu der Hilfe führen, die du brauchst. Das kann ein Therapeut sein oder ein gut ausgebildeter Gefährte, der im universellen Spirit wirkt.

Während diese Erfahrungen für dich noch real sind, kann deine „innere Stimme", der Heilige Geist mit dir da arbeiten, wo du bist. Sobald diese Eindrücke geheilt worden sind, wirst du schließlich akzeptieren können, dass sie nicht real sind. Sie sind kein Teil von dir, denn du bist sehr heilig. Dies führt dich zur Erkenntnis: Es war alles nur ein schlechter Traum!

ERMÄCHTIGUNGSIMPULS:
Gib der göttlichen Stimme wieder deine Aufmerksamkeit, damit die endlosen Konflikte aufgelöst werden und du dich im universellen Einklang wiederfindest.

Das Bremspedal loslassen

Sobald wir von unseren Illusionen befreit sind, ist göttliche Anwesenheit da. Die Welt der Form ist eine Welt der Illusion. Unsere wahre Identität ist jenseits aller Form. Sobald wir unsere Sorgen und Probleme mithilfe des göttlichen Geistes auflösen, wird die Welt glücklicher und wir bewegen uns auf dem Weg, der uns bestimmt ist an den Ort zurück, der unsere Quelle ist.

„Die Menschheit zieht die Illusion der Wahrheit vor – zumal die Wahrheit für uns zu einfach ist und außerdem mögen wir diejenigen nicht, die unsere Illusionen entlarven." Edison

Es kann ziemlich schwer sein zu glauben, dass es eine Illusion ist, wenn man Bedürfnisse hat und kein Geld, um sie zu erfüllen. Es ist schwer zu glauben, dass diese Welt eine Illusion ist, wenn man krank ist und leidet. Das ist es was Christus meinte, als er sagte: „Kümmert euch nicht um den Leib...".

Sei dabei vernünftig und ausgewogen. Verleugne den Leib nicht, sondern konzentriere dich genug auf Gott, damit der gebrechliche Leib nichts zu befürchten hat. Dies ist der Zustand der Vollkommenheit. Denke nur positive Gedanken, selbst angesichts widersprüchlicher Umstände.

„Übe dich darin, in Zeiten von Schwierigkeiten ausgeglichen zu sein. Wenn du in Gott bleibst, wirst du von den Illusionen von Leben und Tod, Gesundheit und Krankheit geheilt werden. In Gott wirst du Liebe empfinden und nichts fürchten. Es gibt keinen sichereren Hafen der Freude als in Seiner Gegenwart. Wenn du bei Ihm bist, kann dich nichts berühren." Yogananda

Alles was trennend und negativ ist, ist eine Illusion. Das gibt uns die Möglichkeit den Traum der Verleugnung zu hinterfragen, um zu erkennen, dass nur wahr ist, was durch die Schöpfung erschaffen wurde.

Es sind Illusionen, die wir auflösen können, indem wir uns hinterfragen: Ist das wirklich wahr? Das trägt dazu bei, dass Träume verschwinden, während es gleichzeitig andere Menschen um uns herum befreit.

In unseren gegenwärtigen Überzeugungen und Wahrnehmungen scheinen wir immer noch an die karmischen Folgen unserer Entscheidung der Trennung vom Ewigen gebunden zu sein, sodass wir immer noch die Auswirkungen des Tragens unseres auf dem Ego basierenden „Betriebssystems" erleben. Aber auch das wird vorübergehen, wenn genügend von uns nichts anderes mehr wollen als Gott.

Letztendlich ist alles, was wir derzeit über uns und unsere Welt wissen, eine Illusion. Aber es ist eine Illusion, an die wir glauben und deshalb müssen wir uns damit befassen.

ERINNERUNG:
Die Abkürzung, um aus dieser Illusion zu entrinnen, ist unsere Beziehungen auf ein neues Niveau zu heben. Sobald wir nicht mehr unsere Bedürfnisse erfüllt haben wollen, sondern die Bedürfnisse des anderen befriedigen, weil wir nur noch LIEBE geben, haben wir das Bremspedal endlich losgelassen.

Die Welt ist ein Spiegel unserer Illusionen

Solange wir eine von Schmerz und Konflikt geplagte Welt sehen, wollen wir schlafen. Die Welt ist ein Spiegel unserer Illusionen, die in unserem Geist noch nicht korrigiert sind und die wir über uns selbst geglaubt haben. Unsere Entschlossenheit, die Dinge aus der Metaperspektive zu sehen, bewirkt, dass unsere Illusionen verschwinden, weil wir nicht mehr länger in sie investieren.

Ohne Illusion und Konflikte gibt es nichts als Frieden, Glück und Wohlstand. Solange Illusionen jedoch noch bestehen, ist es unsere Aufgabe, Heilung zu erlangen und dafür zu sorgen, dass wir Frieden und Glück zurückgewinnen. Es gibt nur den Frieden

Gottes, alles andere ist Illusion. Wenn wir dies erkennen, wird die natürliche Ordnung wieder hergestellt.

Jeder, der klaren Geistes ist, ist glücklich. Wenn wir noch nicht glücklich sind, ist unser Geist unklar. Denn dann identifizieren wir uns mit Illusionen und versuchen diese in Erfüllung zu bringen. Heute wollen wir nur noch der Wahrheit ins Auge blicken und deren Licht empfangen, damit unser Geist und unser Gehirn eine Neuprogrammierung erfahren.

Unsere Heiligkeit transzendiert nicht nur unsere Illusionen, sondern auch die Illusionen, von denen wir umgeben sind. Dies führt zur Erlösung, weil es nur noch Unschuld gibt und das eigene Opfersein aufgegeben wird. Illusionen können uns in unserer Heiligkeit nicht behindern, außer wir verteidigen diese weiterhin.

Was wäre, wenn du dein Leben trotz großer Veränderungen auch in unsicheren Zeiten selbst in die Hand nehmen könntest?

Lassen wir die Märchen los, die wir über uns und Jesus gehört haben. Beginnen wir stattdessen reif und geistig erwachsen zu begreifen, dass jede Form, die wir anbeten, Illusion ist. Öffnen wir uns stattdessen für die Übertragung des „Ewigen Geistes", dessen Licht wir genau jetzt annehmen können.

Traumwelt beenden

Der Träumer

„**A**lles, was in dieser Welt der Träume erscheint, erhält seine Bedeutung durch den Geist des Träumenden. Der Träumer schläft und träumt von Formen, ohne das Licht des „Ewigen Geistes" zu kennen. Der schlafende Träumer glaubt an Liebe und Angst, dissoziiert diese Gefühle, projiziert die Spaltung auf den Traum und nimmt eine Welt der Gegensätze als Realität wahr. Sein Spiegel!

So scheinen schöne und hässliche, gute und schlechte, sonnige und regnerische, klare und neblige, unangenehme und angenehme Tage echte Beschreibungen von Sehenswürdigkeiten, Geräuschen, Erfahrungen und Bedingungen im Traum zu sein. Es gibt sogar spirituelle Wege, die den Schülern sagen, das Positive zu betonen und das Negative zu beseitigen, als ob es möglich wäre sie voneinander zu unterscheiden. Die einzige richtige Anwendung des Urteils im Erwachen ist die Unterscheidung:

> Wie fühlt man sich?

> Ist man glücklich, friedlich, freudig?

> Sind die Wahrnehmungen stabil und konsistent?

Die Erfahrung, die man macht, ist ein Barometer für die Stabilität der eigenen Wahrnehmung. Um durchwegs friedlich zu sein, ist ein Bewusstseinstraining erforderlich. Dies beinhaltet den Verzicht auf das Urteilen und die Befreiung von dem Glauben, dass man tatsächlich in der Lage ist überhaupt zu urteilen. Jeder Schritt nach innen bedeutet immer demütigender zu werden, bis der Verstand einen Punkt erreicht, an dem er ehrlich sagen kann:

ERMÄCHTIGUNGSIMPULS:
Ich weiß nicht, wozu irgendetwas dient.

Wir müssen erkennen, dass es ein Angsttraum ist. Ich spreche wörtlich und nicht im übertragenen Sinne. Eines der hilfreichsten Dinge, die ich aus dem *Kurs in Wundern* gelernt habe, ist die Welt so zu betrachten, als sei alles nur ein Traum. Dieser Traum spielt sich in einem unbewussten Teil unseres Verstandes ab. Wir können hieraus erwachen, indem wir unsere Sucht nach Leiden beenden. Dies ist der Augenblick, in dem der Geist die Bedeutung der Vergebung erfahren kann und offen für den „Heiligen Augenblick" ist.

Unser Traum von Dualität und Individualität

Eine einheitliche oder geheilte Wahrnehmung im Licht, ist das Fühlen der Einheit und Liebe, die aus der Erfahrung der Non-Dualität kommt. „Nicht-Reparieren-Wollen" ist eine Perspektive, in der man mit dem Heiligen Geist verbunden ist und erkennt, dass man nicht in der Illusion (Fata Morgana) ist.

Der Träumer eines Traums, der weiß, dass die Welt nur ein Traum ist, wird nicht als Figur oder Teilnehmer am Traum teilnehmen. Die unbewusste Angst wurde durch den Glauben erzeugt, dass man sich in einem Traum oder einem Körper befindet.

ERMÄCHTIGUNGSIMPULS:
Der Friede kommt, indem wir dem Geist Gottes wieder die Führung überlassen.

Durch diese Führung, die Liebe, erkennen wir, dass es buchstäblich keine Seiten gibt, die man einnehmen kann und keine Veränderung in der Welt möglich ist. Das ist es, was es bedeutet, noch einmal zu wählen. „Es gibt eine andere Art diese Welt zu sehen".

Wechsle die Perspektive und nicht das Drehbuch. Das Drehbuch zu verändern ist unmöglich, da es bereits geschrieben wurde und die Vergangenheit schon vorbei ist und in Wahrheit keinen Einfluss auf uns hat.

Die Perspektive des „Ewigen Gottes" zeigt uns, dass alles eine verrückte Idee ist und dies so zu sehen, ist die Korrektur aus der Besonderheit. Es geht darum, die Korrektur des Heiligen Geistes anzunehmen, anstatt eine persönliche Korrektur zu versuchen, was natürlich überhaupt keine Korrektur ist.

Um unsere Besonderheit zu erhalten, die uns die Liebe nicht geben kann, beschlossen wir die Liebe zu vergessen. Indem wir unserer Liebenden Quelle den Rücken zukehrten, glaubten wir, dass wir unsere Besonderheit erhalten und verstärken können.

Wir klammern uns an unsere „winzige, verrückte Idee" der Besonderheit und nehmen sie so ernst, dass wir uns schließlich darin verlieren und uns nicht mehr daran erinnern können, in ständiger liebevoller Kommunikation mit unserer Quelle zu sein. Wir sind fasziniert von unserem Traum von Dualität und Individualität, aber dieser Traum ist oft ein Alptraum. Das ist ein Fehler, den wir nicht nur einmal, sondern immer wieder machen, wenn wir uns dazu entscheiden weiter von einem Ersatz für das Einssein zu träumen.

Da diese ursprüngliche Wahl nicht auf einer bewussten individuellen Ebene getroffen wurde, haben wir keine Erinnerung daran. Wir können jedoch leicht die Einheit als unsere wahre Quelle erkennen, indem wir uns darin üben, dass wir nur von der Liebe Gottes erhalten werden.

Der Traum „Leben auf der Erde"

In einem Traum können wir keine Entscheidungen selbst treffen, ohne uns allein und ohne Liebe zu fühlen.

Wir sind die Träumer des Traums „Leben auf der Erde". Dennoch nehmen wir uns selbst als bloße Objekte im Traum wahr. Wenn dies jedoch so ist, wer träumt dann den Traum? Manche sagen es ist Gott, aber Gott ist dazu nicht fähig, einen Traum von Mühsal, Schmerz und Begrenzung zu träumen, weil Gott dies unbekannt ist.

Wer träumt dann also den Traum? Jede andere Antwort als „wir" oder „das Ego, das ich nicht bin" würde die Geschichte verewigen, dass wir Opfer des Traums und der Macht eines anderen sind.

Diese Selbstehrlichkeit braucht es, um die psychotische Episode, die wir ausagieren, zu beenden. Dazu brauchen wir Unterstützung vom „Göttlichen Heiler", der in der Lage ist, unser Problem für uns klar zu sehen und damit Lösungen zu schaffen.

Eine solche Demut und Bereitschaft, die Dinge anders zu sehen, hilft uns, dass alles zur Verfügung gestellt wird, was wir wirklich brauchen, um einen glücklichen Traum zu erfahren und schlussendlich aus ihm zu erwachen. Im glücklichen Traum werden diejenigen, von denen wir einst träumten, dass sie unsere Feinde sind, unsere geistigen Freunde.

Unser „Geistige Heiler" weiß, dass wir träumen und dass der einzige Weg uns zu erwecken darin besteht, dies sanft zu tun. Dennoch braucht der „Heiler Gottes" noch immer unsere Erlaubnis und Zusammenarbeit. Und anstatt uns möglicherweise dem Schock auszusetzen, den großen Kontrast zwischen unseren albtraumhaften Träumen und der Glückseligkeit des Himmels zu erleben, erweckt uns der „Heilige Geist" zuerst zu einer anderen Art von Traum – einem glücklichen Traum.

Und der glückliche Traum beinhaltet die Erkenntnis, dass die Liebe, die ich heute der Welt gebe, eine Gabe ist, die ich selbst erhalte.

Die Wunder des glücklichen Traums

Wir scheinen ein Gehirn zu haben, das uns angeblich dabei hilft, uns in dieser Welt, in der wir zu leben scheinen, zurechtzufinden. Aber unser Gehirn, unsere Augen und unsere Sinneswahrnehmungen spiegeln in der Regel unsere inneren Überzeugungen und Denkprozesse wider. Sie gaukeln uns eine Welt vor, die niemals real sein kann.

Unsere physischen Sensoren sind so konzipiert, dass sie Informationen sammeln (was sie nicht vollständig tun können), um die Daten so schnell wie möglich an unser Gehirn zurückzugeben, damit wir aus dem Datensalat Schlussfolgerungen ziehen können.

Obwohl wir intuitiv wissen, dass diese Informationen unvollständig sind, wiederholen wir immer wieder dieselben Denkprozesse und treffen aus unvollständigen vergangenen Grundlagen Entscheidungen, die uns in starren Situationen festhalten.

Wenn wir jedoch wissen, dass die Daten, die wir verarbeiten und die Schlussfolgerungen, die wir daraus ziehen, weder vollständig noch korrekt sind, können wir auch andere Entscheidungen treffen, die aus einer Quelle höchster Inspiration zu uns gelangen.

ERMÄCHTIGUNGSIMPULS:
Lass dich nicht mehr von der Traumwelt aufhalten, gib dich ganz und vollkommen der geistigen Führung hin, die genau weiß, was du jetzt brauchst.

Je mehr wir die spirituelle Praxis der Wunder anwenden und anfangen, diese zu verallgemeinern, desto mehr werden wir davon überzeugt sein, dass es nichts auf dieser Welt gibt, was uns unseren Frieden nehmen kann.

Dann beginnen wir anstelle dieser winzig kleinen Traumfigur, diesen kleinen Körper, der all diesen Kräften der Welt unterliegt, uns selbst als den Träumer des Traums zu sehen. Genau wie beim

Schlafen nachts: Du gehst ins Bett und scheinst all diese Dinge zu sein, die passieren. Wenn du aufwachst, sagst du: „Puh, bin ich froh, dass das nur ein Traum war."

Es wird eine Zeit kommen, in der du nur auf den Heiligen Geist hörst, die Stimme für Gott. Du wirst sagen: „Puh, das war nur ein Traum" und wirst im Königreich des Himmels aufwachen.

Es ergibt viel Sinn, diese Gedanken und Lektionen tatsächlich anzuwenden, anstatt sie nur zu lesen und darüber zu reden, da man tatsächlich glücklich wird und sich das Leben zu einem glücklichen wandelt. Du kannst wirklich spüren, dass echte Veränderungen in deinem Leben stattfinden. Je friedlicher du dich fühlst, desto mehr Gewissheit bekommst du weiterzumachen.

Natürlich gibt es keinen Kompromiss zwischen allem und nichts. Solange du auch nur ein bisschen Angst in deinem Kopf hast, hat das Ego noch „einen Zeh in der Tür". Jesus ist unser Wegbereiter, denn als er das Ego vollständig transzendierte, wurde er zu einem Vorbild für uns. Er wird vom Ego nicht mehr in Versuchung geführt, denn er weiß, dass es das Fremde ist.

Wie können wir ein spirituelles Leben führen, wenn wir nicht gewillt sind, irgendetwas dafür zu tun? Geben und Empfangen ist dasselbe. Wir sind dazu eingeladen, uns der Führung des ewigen Geistes hinzugeben. Diese Gabe ist es, die uns glücklich macht. Die fremde Stimme führt uns nur ins Niemandsland.

ERMÄCHTIGUNGSIMPULS:
Folge nicht mehr dem Unbekannten, sondern gib dich ganz und gar deinem Hohem SELBST hin.

Durch den „inneren Heiler" empfangen wir die Wunder des glücklichen Traums.
> Im glücklichen Traum werden diejenigen, von denen wir einst träumten das sie Feinde sind, unsere geistigen Freunde.
> Im glücklichen Traum steigen wir aus dem Schmerz und der Beschränktheit zu Glück und einem Leben ohne Grenzen auf.

> Im glücklichen Traum verzeihen wir all die Schatten, die wir in unseren Albträumen erträumt haben und stellen fest, dass jeder, den wir einst verurteilt haben, nun unser Retter geworden ist.

Diese glücklichen Träume werden unsere Realität sein, bis kein Gramm Angst mehr übrigbleibt. Dann erwachen wir zur vollkommenen Glückseligkeit, anstatt zu träumen.

Wir werden zu Wunderwirkenden, weil wir die Gaben der Liebe, die wir von Gott erhielten, in alles hineinbringen.

Die Illusion der Trennung

Die Ursache unserer Konflikte

Unser gespaltenes Bewusstsein ist die Ursache unserer Konflikte. Alle Konflikte haben nur den einen Sinn und Zweck uns von unserer geistigen Quelle zu entfernen. Das müssen wir nicht immer wiederholen, sondern wir können uns einem neuen Ziel öffnen, das uns unmissverständlich darüber aufklärt, was wir sind. Ansonsten sind wir mit unerfüllbaren Aufgaben beschäftigt, die Depression und Schuld aufrechterhält.

Spirituelle Einheit ist das, was wir sind. Es gibt keine Trennung! Das, was wir im anderen zu sehen entscheiden, werden wir aufgrund unserer Verbundenheit auch erfahren müssen. Sobald wir die Gaben Gottes annehmen, können wir diese in der Welt und in jedem Menschen anerkennen.

ERINNERUNG:
Alles was es gibt, ist was ist, so wie es ist.
Erkenne, dass es keine Trennung gibt.
Dann gibt es Frieden, der unmissverständlich ist.
Perfekte brillante Stille.
Jenseits des individuellen Selbst.
Konzentriere dich nicht mehr auf Wörter und Konzepte.
Schau wohin die Wegweiser zeigen!

Sei ruhig.
Verwirkliche perfekte brillante Stille.
So wie es ist.

Trennung durchleuchten

ERINNERUNG:
Sei glücklich und vergib oder vergib und sei glücklich!

Immer wenn wir nicht glücklich sind, sehen wir die Welt als getrennt von uns. Menschen, die uns begegnen sind Hinweise darauf das Leuchten des Ewigen zu erkennen und dadurch Liebe zu empfangen, die uns durch alle Ebenen hindurch heilt.

Da die Trennung von Gott nur eine illusorische Idee ist, hat sie auch ein Ende. Die Lehren aus dem Plan der Versöhnung zeigen auf, wie sich dieses Ende in einer Illusion entfaltet.

Das Lernen in der Welt als Klassenzimmer hat nur in der Zeit einen Wert, denn im ewigen göttlichen Geist hast du alles. In deiner Wahrnehmung einer Welt kannst du lernen, die Wahrnehmung der Trennung zu korrigieren und dich dem vollen Bewusstsein von Gott immer näher zu bringen. Nur so lange noch an Trennung geglaubt wird, ist Lernen sinnvoll.

Die Persönlichkeit lässt das Gefühl der Trennung immer wieder neu erleben, sodass sich nichts wirklich ändert, außer dem Plan der Versöhnung, der den irrigen Glauben, dass Trennung existiert, wirklich beendet. Die vollständige Korrektur der Wahrnehmung der Trennung von Gott beendet das Bedürfnis nach mehr Zeit. Der Plan der Versöhnung nutzt die Erfahrung mit dem Wunder, um das Ende der Zeit näher zu bringen, indem du Gott jetzt in dein Bewusstsein bringst. Der einzige Wert der Zeit ist das sich entfaltende Sühnopfer.

Das Sühnopfer verlangt, dass du deinen ganzen Verstand der Korrektur übergibst. Solange du dich mit einem persönlichen Selbst identifizierst, wirst du diese totale Verpflichtung zur Korrektur als Verlust empfinden. Für den persönlichen Verstand sind alle Verteidigungen der Wahrheit Angriffe auf sie. Aber die Stärke des Sühnopfers liegt darin, dass es nicht angreift, sondern einfach den Fehler rückgängig macht. Die Ausweitung der Liebe Gottes greift nicht an, sie korrigiert. So verteidigt deine Erfahrung die Wahrheit mit dem Wunder.

ERMÄCHTIGUNGSIMPULS:
Wenn du dir deiner Identität in Gott immer mehr bewusst wirst, wird dein Bewusstsein für die Einheit deinen ganzen Geist umhüllen und dein Gefühl der Sicherheit gewährleisten.

Die Welt der Form ist nicht real

Als wir uns dazu entschieden haben, unsere unbewussten Themen in die Form einer materiellen Welt zu projizieren, haben wir zwei elementare Dinge vergessen, an die wir uns wieder erinnern wollen:

1) Die Welt der Form und Trennung ist nicht real, was auch bedeutet, dass sie uns nichts von Wert bieten kann.
2) Weil das Ego diese Welt geschaffen hat, ist sie eine Welt der Begrenzung und des Schmerzes.

Die erste Erkenntnis führt zum Leiden, das wir empfinden, wenn wir erkennen, dass wir in etwas investiert haben, das völlig wertlos ist – weshalb Buddha sagte: „Diese Welt führt zum Leiden".

Die zweite Erkenntnis führt zu unserer eigenen Kreuzigung. Denn solange wir uns dafür entscheiden auf das Ego (und nicht auf den Heiligen Geist) zu hören, werden wir davon überzeugt bleiben, dass unsere Leidensgeschichten von anderen verursacht werden (Chefs, Partnern, Familienmitgliedern, Politikern, Virologen oder planetarischen Ausrichtungen, etc.).

Mit den Augen des Egos, der Trennung, der Angst und der Projektion gesehen, ist das Leben auf der Erde eine einzige große

Kreuzigung! Unser Widerstand ist es, der dieses ganze Szenario („Und täglich grüßt das Murmeltier") aufrechterhält.

Die Trennung und das Trauma, das wir in der Welt sehen, haben eine Hauptursache: Unsere Weigerung die Verantwortung für unseren Anteil an der Herstellung der Welt, wie wir sie sehen, zu übernehmen oder dafür, dass wir die Illusion der Trennung als Realität akzeptieren. Dadurch sind wir an den Glauben gebunden, dass Dualität wirklich ist.

Die Entscheidung, wann diese Befreiung aus der Dualität erfolgt, liegt in unseren Händen. Wir können allerdings nicht aus einem Traum erwachen, weder aus Schmerz noch aus Vergnügen, solange wir glauben, dass „andere" die Ursache dafür sind.

Wenn wir weiterhin behaupten, dass wir diesbezüglich nichts tun können, machen wir uns wieder zu machtlosen Opfern, was nur bestätigen würde, dass wir noch ein wenig länger schlafen und Schmerzen haben wollen.

„Jetzt wird ihnen gezeigt, dass sie entkommen können. Alles, was sie brauchen, ist, dass sie das Problem so sehen, wie es ist, und nicht so, wie sie es sehen wollen. Wie könnte es einen anderen Weg geben, ein Problem zu lösen, das sehr einfach ist, aber durch schwere Wolken von Komplikationen verdunkelt wurde, die geschaffen wurden, um das Problem ungelöst zu lassen?" EKIW

Die Wurzel aller Probleme

Die Wurzel aller Probleme liegt in dem Glauben, dass wir von Gott getrennt sind. Dieser Irrglaube führt zu Gefühlen der Angst, Schuld und Leere, die letztlich alle ziemlich überwältigend werden. Wir versuchen zunächst mit diesen Gefühlen umzugehen, indem wir sie verdrängen. Wenn die Verdrängung fehlschlägt, projizieren wir diese Emotionen (oft in Form von Schmerz und Wut) auf unsere Welt und auf andere Menschen, ähnlich wie ein Filmprojektor Bilder auf eine Kinoleinwand schickt.

„Die Welt, die du siehst, ist das äußere Bild eines inneren Zustandes."
EKIW

Obwohl diese Projektion normalerweise kein bewusster Prozess ist, sind wir dennoch an die Verantwortung gebunden, das zu sehen und zu erleben, was immer wir mit unserem träumenden Verstand projiziert haben.

Ein Kurs in Wundern lehrt, dass „die Trennung" der ursprüngliche Akt der Dissoziation war und den wir regelmäßig wiederholen. Sobald die „Trennung" zwischen dem Selbst und den unterdrückten Segmenten der Persönlichkeit stattfand, wurde die Projektion zur Hauptverteidigung des Egos. Gedanken der Schuld und Vorwürfe halten diese toxischen Zustände aufrecht.

Ermächtigungsimpuls: Um diese Dissoziation zu beenden sind wir aufgefordert, die Sicht des „Heiligen Geistes" in alles auszudehnen, indem wir z. B. sagen: „Zeige DU mir deine Sicht in dieser Situation".

Die Umkehrung

Alles endet dort, wo es begann. Unsere Idee begrenzte, auf dem Ego basierende Körper zu werden, begann mit unserer Entscheidung, uns von unserer Beziehung zu Gott zu trennen.

Jetzt beginnen wir alles, was sich seit diesem Moment unserer wahrgenommenen Trennung scheinbar ereignet hat dadurch rückgängig zu machen, dass wir uns dazu entscheiden, den Geist der Wahrheit in allem anzurufen. Diese Umkehrung der scheinbaren Trennung von Gott zum Einssein mit Gott wird durch die Heilung unserer Beziehungen zueinander Wirklichkeit und manifestiert sich in unserem Bewusstsein.

Deshalb sagte Jesus: „Was ihr dem Geringsten dieser Menschen tut, das tut ihr mir" und „Wer den lieben Gott, aber seinen Nächsten nicht liebt, der ist ein Heuchler!". Er sagte auch, dass der Status unserer Beziehung zu Gott durch unsere Beziehungen zueinander bestätigt oder gespiegelt wird. Mit anderen Worten: Wenn wir nichts anderes als totale Liebe füreinander empfinden, sind wir zum Bewusstsein Gottes zurückgekehrt.

ERMÄCHTIGUNGSIMPULS:
Deshalb lassen wir heute den Geist der Wahrheit in uns leuchten und beginnen zu lernen, dass wir alle in Liebe miteinander verbunden sind.

Aufstiegsprozess

Als wir den ersten Platz einnahmen, mussten wir unzählige Dinge außerhalb von uns suchen, damit wir die Traurigkeit der Trennung vergessen konnten. Beständiges Glück und Frieden scheinen deshalb weit entfernt zu sein. Wir werden jedoch von der Liebe Gottes erhalten. Sobald wir respektvoll auf die Welt blicken, werden wir erkennen, dass alles nur deshalb in unserem Gewahrsein erscheint, um dies zu verstehen.

Durch die Quelle des Einsseins und der Liebe, werden wir im Prozess der Ausdehnung unterstützt. Aber auch hier liegt es an uns, sich diesem Prozess hinzugeben! Wir haben das Universum der Trennung erfunden oder „erträumt", so wie wir unsere täglichen Erfahrungen „erfinden" oder „erträumen".

Deshalb sind wir diejenigen, die die Trennung auflösen müssen, indem wir anerkennen, dass jeder im Licht willkommen ist. Dann wird die Welt neu erschaffen, wie ein glücklicher Traum – dieses Mal mit Gott (statt des Egos) als Führer in unserem Geist. Diese Neuerschaffung oder neue Wahrnehmung der Welt und des Universums (als glücklicher Traum und nicht als Albtraum) wird keine Verschiebung von Planeten und Galaxien beinhalten – als ob man die „kosmischen Möbel" neu arrangieren sollte.

Der „Aufstiegsprozess" beinhaltet in erster Linie, dass wir uns selbst vergeben, weil wir glauben, dass wir uns von Gott getrennt haben. Das erreichen wir, indem wir uns täglich nicht mehr durch die Augen der Vergangenheit betrachten. Wenn wir das tun, befreien wir tatsächlich das Universum und alles in ihm von dem wir dachten zu wissen was es wäre.

„Der Himmel ist weder ein Ort noch ein Zustand. Es ist nur ein Bewusstsein der vollkommenen Einheit und das Wissen, dass es nichts anderes gibt; nichts außerhalb dieser Einheit und nichts anderes im Inneren." EKIW

Unvermeidlich erreichen die Schüler des *Kurses in Wundern* einen Punkt, an dem sie fragen:
> Warum haben wir den Himmel verlassen?
> Warum haben wir uns entschieden zu vergessen, wer wir sind?
> Warum haben wir diese Welt erschaffen, die das Gegenteil des Himmels ist?
> Warum haben wir Verlust und Leid über allen Frieden gestellt?

Die Antwort auf diese Fragen lautet: Das hast du nicht! Diese Fragen deuten darauf hin, dass etwas Wirkliches geschehen ist, während in Wirklichkeit nichts passiert ist. Deshalb stärkt der Versuch herauszufinden, warum Christus eingeschlafen ist, nur den Gedanken, dass dies geschehen konnte. Das ist die ganze Lektion des *Kurses!*

„Nichts Wirkliches kann bedroht werden. Nichts Unwirkliches existiert. Hierin liegt der Friede Gottes." EKIW

ERINNERUNG:
Die Idee der Trennung von Gott ist nicht der Fehler.
Diese Idee ernst zu nehmen ist der Fehler. Du hast den
Himmel nicht verlassen, du hast es nur scheinbar getan, indem
du den Bildern in deinem Geist Wirklichkeit verliehen hast.

Ohne Anfang und ohne Ende – das bist DU

Wenn wir uns wirklich von Gott getrennt hätten und das Datum wäre hypothetisch zwölf Milliarden Jahre vor Christus, was wäre dann das Datum, an dem wir nach Hause zurückkehren würden? Es wäre immer noch zwölf Milliarden Jahre v. Chr., denn in der Ewigkeit gibt es keine Zeit. Auch verging keine Zeit, weil nie wirklich etwas geschah.

Der gesamte Prozess der Trennung und der sogenannten „Evolution der Menschheit" auf der Erde dauerte nicht zehn Milliarden Jahre, sondern nur einen Sekundenbruchteil. Im Wesentlichen endete er also, selbst wenn die Trennung tatsächlich stattgefunden hat, sobald sie begann.

Das bedeutet, dass wir „eine Reise ohne Entfernung zu einem Ort, den wir nie verlassen haben" erlebt haben. Wir als Menschen werden unsere Evolution niemals vollenden, vielmehr werden wir letztendlich die Vorstellung aufgeben, dass wir uns überhaupt weiterentwickeln müssen oder dass wir dazu ohne Gott fähig sind.

Ähnlich wie Süchtige, die auf dem Weg der Heilung sind, werden wir aufhören zu versuchen unsere eigenen Abhängigkeiten anzustarren. Stattdessen werden wir uns Gott und seinem Erlösungsplan hingeben. Gott wird uns dann aufrichten und nach Hause bringen. Und wenn wir aus dem Traum der Trennung erwachen, werden sich alle Zeit und alle Materie umkehren und so werden, als wären sie nie gewesen.

„Gott wird jede Träne von ihren Augen abwischen. Es wird keinen Tod oder Trauer oder Weinen oder Schmerz mehr geben, denn die alte Ordnung der Dinge ist vergangen." EKIW

In dem Moment, in dem wir dachten (urteilten), dass wir uns von Gott getrennt haben und in jedem weiteren Augenblick seitdem hatten wir die Möglichkeit uns für diese Fehleinschätzung zu vergeben und so die Auswirkungen unseres Leids zu heilen.

Mit anderen Worten: Wann immer wir uns für die Liebe entscheiden, befreit sie uns letztlich von den Fesseln aller früheren Urteile. Umgekehrt gilt: wann immer wir uns für ein Urteil entscheiden, bindet es uns an die illusionären Auswirkungen unserer Entscheidung – einschließlich der emotionalen und materiellen.

Dies ist aus meiner Sicht das Wichtigste was es zu verstehen gilt, denn die Wahl der Vergebung (zu jeder Zeit) wird sich auf unser ganzes Leben auswirken und kann uns auf diese Weise zur Befreiung von den Auswirkungen der Trennung führen.

ERINNERUNG:
Vergebung ist daher der Weg zur Erinnerung an den Himmel. Wir gedeihen hierin zu glücklichen Schülern der Liebe, ein Leben in Frieden, Freude und Überfluss.

Eine Lösung für alles

„Es braucht großes Lernen, um die Tatsache zu erkennen und zu akzeptieren, dass die Welt nichts zu geben hat." EKIW

Jegliche Sorgen, Einsamkeit oder Ungewissheit werden durch die Entscheidung verursacht, uns von unserem Selbst zu trennen, um in der Welt etwas zu bekommen. Wir denken vielleicht, dass wir einsam sind, weil niemand mit uns spricht oder weil jemand, den wir lieben, nicht mehr zur Verfügung steht. Oder wir machen uns Sorgen, weil unsere Bedürfnisse nicht erfüllt werden.

Das sind Symptome und nicht die Ursache. Zuerst sehen wir uns selbst von der Schöpfung getrennt, dann projizieren wir die Ursache nach außen und schließlich versuchen wir die Situation außerhalb von uns selbst zu beheben. So wird all das verursacht, was uns blind macht. Jeder erkennt irgendwann, dass die Anwesenheit anderer Körper/Egos nicht die Ursache unserer Kleinheit ist. Es ist eine innere Erfahrung, die durch eine innere Trennung herbeigeführt wird.

Der Weg all das zu überwinden ist in sich hineinzugehen und das Licht im Geist zu empfangen. Dies führt immer dazu, uns an unsere wahre Herkunft zu erinnern und somit alle Symptome hinter uns zu lassen.

Wenn ein Gärtner ein Beet für Blumen anlegen will, beschäftigt er sich nicht damit, auf das Unkraut zu schauen, also auf das was auf der Oberfläche ist, sondern er nimmt sein Werkzeug in die Hand und gräbt die Wurzeln aus. Und wenn die Wurzeln herausgezogen wurden, können die Wirkungen dieses Unkrauts nicht mehr gesehen werden. Er ist nun bereit das zu säen, was ihn erfreut.

Ganz gleich was dein Problem ist: ob frustrierende oder nicht existierende Beziehungen, finanzielle Schwierigkeiten, die allgemeinen Unruhen in der Welt, Angst, Depressionen oder die unzähligen anderen Gesundheitsprobleme, die wir als Erben haben. Im Kern haben sie alle eine gemeinsame Quelle und verlangen daher nach einer gemeinsamen Lösung.

ERINNERUNG:
Wirklich, eine Lösung für alles? Ja, eine Lösung für alles!
Man hat dir etwas anderes beigebracht: dass unterschiedliche Probleme unterschiedliche Lösungen erfordern. Und das ist falsch.

All unsere Schwierigkeiten sind auf die Sucht nach Konflikten und damit auf die Angst in unseren Köpfen zurückzuführen. Stelle dir unsere von Angst getriebenen konfliktgeladenen Zustände, Ängste und Verurteilungen als den gemeinsamen Boden vor, auf dem verschiedene Pflanzen wachsen. Diese „Pflanzen" repräsentieren all die verschiedenen Probleme und Fragen, mit denen du dich belastet fühlst. Obwohl die Formen unterschiedlich sind und scheinbar nichts miteinander zu tun haben, werden sie alle von den gleichen toxischen und lebensfeindlichen Elementen im Boden genährt und sind alle kontaminiert.

Jetzt wechseln wir den Dünger im Boden und alle unsere „Pflanzen" – unsere Lebensumstände – werden jetzt mit liebevollen, freundlichen, lebensbejahenden Komponenten genährt und sie beginnen zu gedeihen, zu wachsen, zu blühen, sich fortzupflanzen. Es ist eine Freude, sie zu betrachten. Der einzige Unterschied – die einzige Lösung – ist der Wechsel des „Düngers", der das Denken und die Aufmerksamkeit von der Angst zur Liebe und vom Konflikt zum Frieden verlagert.

Das heißt für deine 22 Probleme, für die du verschiedene Lösungen suchst, wird ein Perspektivwechsel ausreichen. Dann reagieren all deine Umstände auf die neue Perspektive, den veränderten friedlichen Geist. Ein neuer „Dünger" nährt alle „Pflanzen" und alle Lebensbereiche verbessern sich auf wundersame Weise. Du kannst dein Leben gegen eines eintauschen, dass du vermutlich nicht für möglich gehalten hast, wenn du den Adrenalinkick durch die Sucht nach Konflikten beendest.

„Die Versuchung, Probleme als zahlreich anzusehen, ist die Versuchung, das Problem der Trennung ungelöst zu lassen. Die Welt scheint dich vor eine riesige Anzahl von Problemen zu stellen, von denen jedes eine andere Lösung erfordert. Diese Wahrnehmung bringt dich in eine Lage, in der deine Problemlösung notgedrungen unzulänglich und Scheitern unausweichlich ist." EKIW

Urteile und Überzeugungen

Vorurteilsfrei in die Welt schauen

Was wir in unserem Leben erfahren, ist eine Darstellung unserer beständigsten Bilder, Gedanken und Überzeugungen. Sobald wir uns jedoch darin üben, vorurteilsfrei in die Welt zu schauen, beginnen wir zu heilen und die Art und Weise, wie wir die Welt sehen, zu verändern. Es beginnt eine Wahrnehmungsverschiebung vom Opfer hin zum Mitschöpfer. Dies führt zur Veränderung unserer Lebensumstände, die von einer Veränderung unseres Bewusstseins herrührt, welche durch Heilung und Vergebung auf der Seelenebene entsteht.

Die „Killer Nr. 1" auf der Erde sind unsere Urteile, die auf den Wahrnehmungen der Vergangenheit beruhen. Sie wurzeln auch auf Ängsten vor der Zukunft, aber auch diese sind in der Vergangenheit angesiedelt.

Durch den urteilsfreien Raum, der uns umgibt, befinden wir uns im „Wunderbewusstsein", weshalb uns „Lichtwesen" verschiedener Dimensionen erreichen können.

Je mehr wir im Wunderbewusstsein leben, desto mehr erleben wir die Gesetze höherer Dimensionen, was uns zu besseren Kandidaten für die Erfahrung von Wundern und unserer wahren Identität macht.

Urteile als Sekundenkleber

Wir neigen dazu „anzugreifen", das heißt zu urteilen. Aber ein Angriff ist lediglich eine Manifestation unserer inneren Wut und unseres Selbsturteils. Unser Zorn und unser Urteil über andere hat seinen Ursprung in unserem Zorn und unserem Urteil über uns selbst und auch (ob du es glaubst oder nicht) über Gott. Unsere Wut und unsere Urteile haben ihren Ursprung in der Angst und der Schuld, die wir wegen unserer illusorischen Entscheidung, uns von Gott getrennt zu haben, hegen. Es ist nicht die Welt, die uns bedroht, sondern nur unsere eigenen Gedanken, die uns in Unruhe und Angst versetzen.

Die gute Nachricht ist, dass all dieser Unsinn anzugreifen oder angegriffen zu werden in Wirklichkeit eine Illusion ist – wie fast alles, was in unserem menschlichen Leben passiert. Die schlechte Nachricht ist jedoch, dass es sich für uns ganz real anfühlt, ebenso wie unsere Schuld für solche Angriffe.

Deshalb sind wir aufgefordert nicht mehr in unsere Illusionen zu investieren, sondern die Vergebung auf allem ruhen zu lassen, um uns als Ganzheit (Christus) wieder zu erkennen.

„Christus ist das Selbst, das wir miteinander teilen und das uns miteinander und auch mit Gott vereint." EKIW

Jedes Urteil, an dem wir festhalten, ist lediglich eine Form der Anhaftung, um unsere Angst vor dem nächsten Schritt zu verbergen. Urteil ist der Sekundenkleber, der uns in unserem geistigen Gefängnis festhält.

Indem wir das, was wir in anderen und uns selbst beurteilen, dem Göttlichen Heiler übergeben, werden die Lektionen der Schuld, die wir uns selbst auferlegen, durch das Lösungsmittel Liebe geheilt.

Das Universum kennt nur Einheit

Das bedeutet es kennt den Unterschied zwischen ich-du-er-sie-es nicht. Alles was du für jemand anderen erleben möchtest, wird auf dich zukommen!

Es ist dein Wunsch, der registriert wird und es spielt dabei keine Rolle, wohin er gerichtet ist.

Wenn du also denkst: „Ich will, dass er leidet", fließt die kreative Kraft durch den Fokus auf „leiden" und überträgt es auf dich. Wann immer du jemanden oder etwas ablehnst, ihm etwas Böses erhoffst oder ihm Unglück wünschst, ist der Wunsch nach seiner Bestrafung in deinem Geist, aktiviert dein Gehirn, beeinflusst deine Körperchemie und damit auch deine Emotionen. Du wirst also das Ergebnis spüren und nicht die andere Person. Du aktivierst die Energie und es wird dir erfüllt!

Umgekehrt bedeutet das, dass sich der Wunsch „Ich möchte, dass du glücklich bist" direkt auf dich und deine Erfahrung auswirkt.

Wie wir jemanden sehen, hängt ganz von uns ab. Es geht hier um nichts anderes als um das, wovon du glaubst, dass es dich in Sicherheit hält. Wenn du glaubst, dass du sicher bist, indem du einen anderen Menschen beurteilst oder dich gegen ihn verteidigst, wirst du so weitermachen, bis dir schließlich das Ausmaß des Schadens dämmert, den du dir damit selbst zufügst.

ERMÄCHTIGUNGSIMPULS:
Liebe ist die Lösung. Wer diese vor allem anderen erfahren will, wird das Licht des Lebens erfahren und alle Hoffnungslosigkeit oder falsche Sicherheit loslassen.

Schuld und Unschuld

Unschuld verleiht uns in der Tat unermessliche Stärke

Solange wir unseren physischen Augen und unserem Verstand Glauben schenken, werden wir urteilen. Das, was wir dann im anderen sehen, verstärken wir in uns selbst und fühlen uns schuldig. Sehen wir den anderen durch unser unschuldiges Herz, werden auch wir uns selbst darin erkennen und der Betrüger – das Ego – wird seine Macht über unseren Geist verlieren. Sobald wir unsere wahre Aufgabe hier annehmen, werden wir uns frei von Schuld begreifen, was uns eine unermessliche Stärke verleiht.

Innere Stärke erwächst aus unserem Wissen wer wir wirklich sind. Es ist ein Geist, der für die „Probleme und den Unsinn" dieser Welt unempfindlich ist. Falsche Stärke, die in dieser Welt sehr mächtig aussehen kann, entsteht jedoch aus dem Versuch die Schwächen zu verdecken, die wir in uns selbst wahrnehmen.

Neben der falschen Stärke gibt es auch die falsche Unschuld, wobei die häufigste Version die des „unschuldigen Opfers" ist. Eine Maske, die wir tragen, um das Urteil und die Verurteilung desjenigen zu sichern, den wir als „Opfer" verurteilen wollen.

Wahre Unschuld ist jedoch sicher, weil sie die Schuld nicht auf andere als Feinde projiziert, sondern stattdessen ihre Unschuld und Liebe mit jedem als Freund teilt.

Wer sich dem inneren Licht öffnet, erlaubt sich selbst den Unsinn dieser Welt nicht mehr zu glauben und sie stattdessen zu erhellen. Wir haben immer die Wahl wer wir sein wollen.

Die Wiederentdeckung unserer Unschuld beruht nicht nur auf Vergebung, sondern auch auf der Entwicklung einer gesunden Abhängigkeit von Gott. Teilweise deshalb, weil unsere Unschuld etwas ist, die wir weder geschaffen haben noch selbst erwerben können.

Unschuld erwächst aus dem Vertrauen in unseren Schöpfer, so wie ein Kind einem liebenden und unterstützenden Elternteil vertrauen würde, und sie stellt eine gesunde, spirituelle Abhängigkeit dar. Beschuldige niemanden, nicht einmal dich selbst: Schuld und Anklage werden das Geschehen nicht beseitigen, sondern die Situation aus der Perspektive der Kleinheit betrachten, was niemandem weiterhilft. Suche und finde Gott in Dir.

ERMÄCHTIGUNGSIMPULS:
Versöhne dich mit dem, was ist und tue dann das, was getan werden muss, und du wirst deine Größe und deinen wahren Reichtum erfahren. Du kannst jede Erfahrung umgestalten, vorausgesetzt, dass du von heute an dein Seelenbewusstsein lebst.

Der Geist in seiner Dysfunktion

Schuld nährt unser Ego und wenn wir Schuldgefühle an andere weitergeben, treten wir in eine gestörte Beziehung zu ihnen ein. Diese Dysfunktion ist nicht nur im Ergebnis der Beziehung vorhanden, sondern kann auch Teil der anfänglichen Anziehung sein. Was wir als „Verbindung" zu anderen Männern, Frauen, Freunden, Liebhabern oder der Welt wahrnehmen, ist oft nur die Anziehung auf potenzielle Kandidaten für unsere Projektion.

Hier sind einige Beispiele für die Projektion von Wut- und Schuldgefühlen:

- Vielleicht fühlen wir uns zu einem selbstbewussten Menschen hingezogen, der am Ende ein „Kontrollfreak" ist, nur damit wir ihm die Schuld dafür geben können, dass er versucht, unser Leben zu kontrollieren.
- Vielleicht fühlen wir uns zu jemandem hingezogen, der „altmodisch" wirkt und am Ende sexuell gehemmt ist, nur damit wir ihm die Schuld für unsere Gefühle der Ablehnung oder für die Affären geben können, die wir erleben wollen.
- Vielleicht fühlen wir uns zu jemandem hingezogen, der hart arbeitet und erfolgreich ist und uns am Ende ignoriert, nur damit wir ihm die Schuld für den Mangel an Kommunikation und Verbindung in unserem Leben geben können.

Es ist möglich in der Welt Krankheit, Leid, Hunger oder Ungerechtigkeit wahrzunehmen, nur um gegen etwas zu kämpfen, das allein unserer traumwandlerischen Schöpfung entspringt.

Was du gibst, empfängst du. Was du empfängst, hast du gegeben. Es gibt keine Trennung, alles ist durch deine Choreografie in die Welt gelangt. Erst ab jetzt ist Vergebung möglich, weil Selbstverantwortung in den Vordergrund rückt.

ERMÄCHTIGUNGSIMPULS:

Die neue Spezies Mensch übernimmt Verantwortung und wird hierdurch Kreativität, Intelligenz und Sanftmut verkörpern. Sie entledigt sich unbewussten mechanischen Zwängen, weil sie ihre eigenen Grenzen abstreift.

Anziehungskraft dunkler Pädagogik

„Sich schuldig fühlen" entstammt dunkler Pädagogik. Die „Anziehungskraft der Täterschaft" ist eine Anziehungskraft auf ein erfundenes Identitätsbild und auf all die Ablenkungen und Abwehrmechanismen, die zu diesem Bild gehören. Fehler kommen aus dem Ego. Es versucht sich als reale Einheit mit einem Eigenleben zu maskieren, mit der Kraft, die der schlafende Geist ihm verleiht. Das Ego kann kein Hindernis für den Frieden sein, wenn ihm der Glaube entzogen und der Glaube in das Ewige gesetzt wird.

Die daraus resultierende Schuld scheint nur deshalb attraktiv zu sein, weil es eine Alternative zu bieten hat, die uns vor der eingebildeten Strafe Gottes schützen soll. Nichts dergleichen ist wahr. Es ist der schlafende Geist, der glaubt, dass er sich tatsächlich von Gott getrennt hat. Er hat seine Furcht auf einen erfundenen „aufgebrachten" Gott projiziert und hat Angst, sich an diesen Gott Hilfe suchend zu wenden.

Es scheint Freuden zu geben, die mit dem erfundenen Bild und seiner Welt verbunden sind, so flüchtig sie auch sein mögen. Für den schlafenden Geist sind diese Freuden attraktiv und daher begehrt. Doch diese flüchtigen Dinge geben niemals dauerhafte Freude und Zufriedenheit, denn sie sind zeitlich begrenzt. Sie tauchen auf und wieder ab, denn sie könnten niemals die ewige Liebe ersetzen.

ERMÄCHTIGUNGSIMPULS:
Sei schlau, gebe dich der Liebe hin, wenn es noch mehr geben soll als du dir erträumen kannst.

Unbewusste Schuldgefühle

Unbewusste Schuldgefühle entstehen aufgrund unseres Glaubens, dass wir uns von Gott abgeschnitten haben, was eine riesige Welle der Angst hervorbringt. Diese Angst erzeugt unbewusste Projektion und letztendlich die Wahrnehmung unserer Welt.

ERINNERUNG:

Anstatt uns für immer in unserer unbewussten Geschichte zu verfangen, können wir lernen sie anders zu sehen und ihre Heilung zuzulassen.

Schuld ist unvermeidlich, wenn man sich mit dem Ego identifiziert, denn Ego ist der Glaube, dass man sich von seiner göttlichen Natur entfernt hat. Ist das absurd? Ja, aber das Ego glaubt daran und das tun wir auch, wenn wir uns mit dem Ego identifizieren.

Das Ego erlaubt es uns nicht, diese Schuld direkt zu erfahren, denn dann würden wir diese untersuchen wollen, um sie loszuwerden – wir würden das Ego finden und es loswerden wollen. Stattdessen sehen wir die Schuld in der Welt als eine Möglichkeit, sie in uns selbst loszuwerden. Auch absurd, aber effektiv, um es von unserem Bewusstsein fernzuhalten. Es hilft uns jedoch nicht, dem Schmerz zu entkommen.

Weil wir unseren eigenen Verstand nur dann sehen können, wenn wir Schuld in anderen oder in der Welt sehen, ist es unsere eigene Schuld, die wir sehen. Und das Ego will, dass wir uns auch deswegen schuldig fühlen!

ERMÄCHTIGUNGSIMPULS:

Der einzige Weg aus der Schuld ist, sich nicht mehr damit zu identifizieren.

Und das lässt dich mit deinem Heiligen Geist zurück, der weiß, dass du deine göttliche Natur nicht verleugnen konntest und dass du nichts hast, wofür du dich schuldig fühlen könntest. Je mehr du deinen Verstand deinem Heiligen Geist überlässt, desto freier wirst du von der Schuld und ihren schmerzhaften Folgen sein. Je mehr Vergebung du praktizierst, desto schöner wird das Leben!

Projektion

Heilung projizieren

Die Heilung unserer Wunden wird durch die Praxis erreicht, Verantwortung zu übernehmen und dann jedem zu vergeben, den wir fälschlicherweise als von uns getrennt wahrnehmen.

Projizierte Schuld nährt unser Ego und wenn wir Schuldgefühle an andere weitergeben, treten wir in eine gestörte Beziehung zu ihnen. Diese Dysfunktion ist nicht nur im Ergebnis der Beziehung vorhanden, sondern wird sich in unserer Wahrnehmung zur Welt äußern.

Was wir als „Verbindung" zu anderen Männern, Frauen, Freunden, Liebhabern, usw. wahrnehmen, ist oft nur die Anziehung auf potenzielle Kandidaten für unsere Projektion.

Wir praktizieren dann das, was wir in Wirklichkeit nicht wollen: Den Kreislauf von Mangel, Schmerzen und Sorgen immer wieder zu reaktivieren.

Das können wir beenden, indem wir unseren Geist schulen diese Gedanken einzustellen und stattdessen Frieden sehen zu wollen.

Ein Kurs in Wundern erklärt ganz klar, dass, wenn wir uns als „Eins" erleben, alle Gefühle im Inneren gefühlt und dann liebevoll mit allen geteilt werden. Die geistige Schale ist hierbei leer und wir befinden uns in einem Zustand der Gedankenlosigkeit.

Aber wenn wir uns als getrennt erleben, sind wir geistig voll und denken unaufhörlich irgendein unnützes Zeug und die dadurch hervorgerufenen Gefühle im Inneren werden gefühlt und dann ängstlich nach außen projiziert.

Es gibt zwei Hauptgründe für unsere Entscheidung, unsere Gefühle nach außen zu projizieren:

1. Das Projizieren unserer Gefühle (positiv oder negativ) nach außen bestätigt, dass andere für das, was wir fühlen, verantwortlich sind.

2. Das Projizieren unserer Gefühle nach außen bestätigt auch, dass es eine Außenwelt der Trennung gibt, die unsere Projektionen empfängt.

Vergebung löst all das in Wohlgefallen auf, wobei das Trennungsbewusstsein verschwindet und alle selbstgemachten Konflikte hinweggefegt werden. Die Gefühle, die sich jetzt zeigen können, sind Gefühle der LIEBE und FREUDE, die wir mit allen teilen wollen.

Projektionen unserer Wut

„Für den stumpfen Geist ist alle Natur bleiern. Für den erleuchteten Geist funkelt und brennt die ganze Welt." Ralph Waldo Emerson

Es gibt zwei Dinge, von denen wir glauben, dass die Projektion unserer Wut etwas bewirken wird:

1. Wir fühlen uns fälschlicherweise von unserer inneren Ängstlichkeit / Gefahr / Schuld befreit, die ihren Ursprung in unserer scheinbaren Trennung von Gott hat, und durch Äonen nicht geheilter Wunden noch verstärkt wird.

2. Wir fühlen uns erleichtert, dass es schließlich nicht „unsere Schuld" war – der Zorn, den wir gefühlt und dann projiziert haben.

Eltern können zum Beispiel ihre Kontrolle verlieren, ihren Kindern eine Strafe aufbürden und ihnen sagen, dass es ihre Schuld war, obwohl das, was die Kinder getan haben, die eigene unbewusste Angst und Furcht hervorholte und eine kritische Masse erreichte. Dieser Vorgang verstärkt die eigenen Wunden immens.

Wer sich auf diese Spielchen des Egos einlässt, ist stumpf und bleiern und findet durch seine unbewussten Projektionen überall Schuldige. Wer sich hingegen seiner wahren Natur hingibt, für den funkelt und brennt die ganze Welt im Lichte der Liebe.

„Der Gebrauch von Projektion durch das Ego muss vollständig verstanden werden, bevor die unvermeidliche Verbindung zwischen Projektion und Wut endgültig rückgängig gemacht werden kann... Alle Wut ist nichts anderes als der Versuch, jemandem Schuldgefühle einzureden." EKIW

ERMÄCHTIGUNGSIMPULS:
Solange du immer noch zu Wissen glaubst, was du bist, weil es dir so überliefert wurde, dann wisse, dass du an einem hypnotischen Zustand klebst. Das Lösungsmittel ist die Liebe.

Wir sehen unsere eigenen Bilder, die wir projizieren

Solange wir unseren Ärger auf andere Menschen richten, sehen wir unsere eigenen Bilder, die wir projizieren. Der andere erhält ein Preisetikett, das deutlich macht, wie schwer sein Vergehen war.

Lassen wir diese Ausreden. Wenden wir uns stattdessen dem Glück zu. Wir wollen der Wahrheit wieder Einlass gewähren, damit diese Missverständnisse verschwinden. Es sollen stattdessen Wunder willkommen sein, welche unser Herz erfüllen.

Nach unserer Entscheidung unsere Probleme zu projizieren anstatt Verantwortung zu übernehmen, haben wir fast das gesamte Bewusstsein über Verantwortung und Projektion verloren. Wir fahren immer wieder damit fort Projektionen durchzuspielen, ohne zu merken, dass dies geschieht.

Das ist die bequeme Amnesie, auf die wir gehofft hatten, denn sie bestärkt uns in unserer Entscheidung, keine Verantwortung zu übernehmen. Mit der Projektion kommt jedoch noch mehr Schuld, was dazu führt, dass wir noch mehr projizieren müssen. Das Ergebnis wird, obwohl es intern als Schuld empfunden wird, von außen gesehen und als eine materielle Welt der Trennung und des Urteils erfahren, in der wir leben. Unerfüllte Wünsche sollen nun den Schmerz der Projektion lindern.

Glücklicherweise erfordert die Bereitschaft, dass wir uns getäuscht haben und dies anders sehen wollen, nur einen geringen Aufwand.

Doch allzu oft neigen wir dazu unsere Urteile zu verteidigen, anstatt die Verantwortung für unseren Fehler zu übernehmen, indem wir eine Situation aufbauen, um zu beweisen, dass wir nichts falsch gemacht haben und, dass es die Schuld eines anderen ist.

Unser Ego versucht unsere Urteile über andere zu rechtfertigen und dabei scheint es unsere Selbsturteile vorübergehend zu erleichtern. So schaffen wir weiterhin Schmerz und brauchen das Gefühl einen eigenen Willen zu haben, um in dieser Welt bestehen zu können. Das ist geistiger Lock down anstatt Wake Up.

„Suche nicht weiter. Du wirst keinen Frieden finden außer dem Frieden Gottes. Nimm diese Tatsache an und erspare dir die Seelenqual weiterer bitterer Enttäuschungen, nackter Verzweiflung und das Gefühl von eisiger Hoffnungslosigkeit und Zweifel. Suche nicht weiter. Es gibt nichts anderes für dich zu finden außer dem Frieden Gottes, es sei denn, du suchtest nach Elend und nach Schmerz." EKIW

ERINNERUNG:
Außerhalb von uns zu suchen, bedeutet weiterhin Konflikte wahrzumachen und geplatzte Träume vorzufinden.

Die Trennungsidee

Es kann eine Herausforderung sein, sich an seine ewige Realität zu erinnern, wenn die Außenwelt so überzeugend real ist. Der Zweck der Welt besteht darin zu „beweisen", dass:

- man ein getrennter Körper ist und verletzt werden kann.
- der Tod real und immer bedrohlich ist.
- wir leiden müssen, um zu wachsen.

Doch all diese Ängste sind einfach die Auswirkungen der Projektion. Wir sehen beängstigende Dinge, weil beängstigende Gedanken in unserem Geist sind.

Das, was auch immer wir projizieren, stoßen wir weg und verleugnen es, als ob es kein Teil von uns wäre. Indem wir uns getrennt fühlen und diese Gefühle auf eine andere Person projizieren, scheint es so, als sei die andere Person an der Trennung schuld und wir unschuldig. Dadurch entsteht der Anschein, dass wir nicht uns selbst angreifen (oder uns für die Trennung verantwortlich machen), sondern dass „ein anderer" die Schuld daran trägt. Und wenn wir nicht derjenige sind, der angegriffen wird, dann müssen wir „sicher" oder fälschlicherweise unschuldig sein.

Unsere Projektionen verstärken jedoch nur unsere Grundeinstellung, dass wir getrennt sind und dass es jemanden gibt, der von uns getrennt ist und auf den wir projizieren können. Diese Grundeinstellung schadet uns, indem sie uns größere Ängste verursacht, was natürlich wiederum mehr Bedarf an Projektionen verursacht und der Zyklus geht weiter.

ERMÄCHTIGUNGSIMPULS:
Du musst nicht jeden mögen, aber du kannst ihn LIEBEN.

Das heißt über das hinwegzuschauen, was du bisher über einen anderen gedacht hast, denn nichts von dem ist wahr! Es gibt einen Weg mit diesen Projektionen erfrischend umzugehen und der besteht darin, den Heiligen Geist heilen zu lassen und unsere Wahrnehmung der gesamten Erfahrung zu verändern. Der Heilige Geist beginnt damit, dass er unsere Unschuld anerkennt und uns hilft, die Unschuld in anderen zu sehen, wodurch er sie in beiden stärkt. Während die Führung durch das Ego zu einer verstärkten Trennung führt, hat die Führung durch den Heiligen Geist ein ganz anderes Ziel: die geheilte Beziehung.

Den Gebrauch von Projektionen verstehen

Die meisten Menschen, die mit dem Konzept der Projektion vertraut sind, wissen, dass Projektionen in der Regel negative, oft unbewusste oder verdrängte Gefühle sind, die so unangenehm werden, dass wir instinktiv versuchen uns davon zu befreien, indem wir sie nach außen auf andere projizieren.

Was die meisten Menschen nicht wissen, ist, dass wir auch unsere pseudopositiven Gefühle nach außen auf andere projizieren. Dabei handelt es sich nicht um unsere wirklich positiven Gefühle, wie wir sie aus der Verbindung mit Gott empfinden, sondern um Gefühle, die unser Ego als positiv (bedingt positiv) empfindet.

Wenn wir diese positiven Gefühle nach außen und auf andere projizieren, nennt man das „Übertragung". Übertragbarkeit ist üblich zwischen Ärzten und Patienten, Sportfans und Spitzensportlern, Politikern und deren Wählern und jeder anderen Beziehung in der eine Person als „besser" als eine andere wahrgenommen wird oder in einem bestimmten Bereich überlegene Fähigkeiten zu haben scheint.

Normalerweise halten wir die Übertragung für harmlos, aber sie ist tatsächlich schädlich. Wie die Projektion nimmt die Übertragung Verantwortung von uns und legt sie auf jemand anderen. Dadurch wird die Illusion aufrechterhalten, dass es jemanden außerhalb von uns gibt. Jemand, der tatsächlich etwas hat (Gaben, Fähigkeiten usw.), was wir nicht haben. Wir sollen „die Güter unseres Nächsten nicht begehren" bedeutet in seinem spirituellen Sinn, dass wir etwas nicht auf andere übertragen (und es begehren oder beneiden) sollen, als ob wir nicht in der Lage wären, es selbst zu schaffen oder zu haben.

Suche nicht mehr im außen! Dort ist nichts außer das, was dir Schaden zufügen kann. Die Sicherheit, nach der du suchst, liegt in dir! „Wahrnehmung ist eine Wahl und keine Tatsache", wird uns im *Kurs in Wundern* erklärt. Wir sehen den Fehler in anderen Menschen und der Welt, weil wir ihn dadurch nicht in uns selbst erkennen müssen. Andere Menschen werden zum Alibi, hinter dem wir uns verstecken können.

ERINNERUNG:
Das Ego ist mit diesem Arrangement sehr glücklich, weil dadurch gewährleistet ist, dass wir die Schuld weiterhin in uns tragen, während wir außerdem unsere unerlösten Projektionen in andere hineingeben.

Was wir über unsere Projektionen, das heißt unser Leiden, verstehen müssen, ist, dass sie sich nicht nur auf die offensichtliche, äußerliche Welt beschränken. Wir greifen uns auch immer wieder selbst an, indem wir uns in Selbstvorwürfen klein machen.

Alle Formen des Leidens haben den gleichen Ursprung und das gleiche Ziel: Der Ursprung ist unsere Angst vor dem Glauben, dass wir uns von Gott getrennt haben. Das Ziel ist es, andere dazu zu bringen, sich schuldig und verantwortlich für unsere Gefühle (z.B. Angst und Ärger) zu fühlen, die wir empfinden, und andere dazu zu bringen, sich schuldig zu fühlen, damit wir uns unschuldig fühlen können.

„Der Gebrauch von Projektion durch das Ego muss vollständig verstanden werden, bevor die unvermeidliche Verbindung zwischen Projektion und Wut endgültig rückgängig gemacht werden kann. Alle Wut ist nichts anderes als der Versuch, jemandem Schuldgefühle einzureden."
EKIW

ERMÄCHTIGUNGSIMPULS:
Wir haben die Möglichkeit ohne unsere Schuld in die Welt zu schauen und somit das Glück zu erfahren, das uns zusteht.

Das Bedürfnis zu heilen

Projektion erzeugt nur Wahrnehmung, die geheilt werden will. Wir können versuchen die Situation eines anderen zu betrachten und zu entscheiden, dass sie repariert oder geheilt werden muss. Wenn wir das tun, greifen wir uns selbst an. Die Wahrnehmung von Körpern/Ego als real anzusehen, ist ein Angriff auf unseren reinen Geist.

Das Empfinden eines Bedürfnisses nach Heilung außerhalb des eigenen Geistes, ist eine Möglichkeit dieses Bedürfnis zu benutzen, damit wir keine wirkliche Heilung erreichen. Wirkliche Heilung wird erreicht, indem man die Projektion zurücknimmt und erkennt, dass wir es sind, die geheilt werden müssen.

ERINNERUNG:
Verletzung kann niemals von einem anderen kommen, sie entspringt immer aus deinem eigenen Denken.

Wenn wir unsere Projektionen besser identifizieren und zu verstehen beginnen, machen wir den ersten Schritt zur Erkenntnis, wie sehr das, was wir sehen, von unseren Interpretationen geprägt und abhängig ist. Die Übernahme von Verantwortung für unsere Projektionen ist ein Schlüssel zur Zusammenarbeit mit unserem inneren Lehrer oder inneren Team, um uns an die Wahrheit dessen zu erinnern, wer wir sind.

> Hattest du schon einmal das Gefühl, dass an deiner Vorstellung von dir selbst etwas wirklich nicht stimmt und du mit deinen Ansichten über dich ganz falsch liegst?

> Hast du schon jemals erkannt, dass du in unproduktiven oder falschen Vorstellungen über dich selbst festgesteckt warst? Was waren die dominantesten und wie hat sich das Leben verändert, als du sie losgelassen hast?

Geschichten

Wir sind nicht unsere Geschichten

Die Vergangenheit einzufordern, damit sie in der Gegenwart präsent ist, bedeutet Trennung einzufordern. Solange wir uns lehren, was wir nicht sind, sind wir voller Geschichten. Wir sind aber nicht unsere Geschichte oder unser Körper! Dennoch machen wir weiter und weiter mit all dem, was wir nicht sein wollen und können. Die Herrschaft des Wahren „Selbst" geht über die Form hinaus.

Lass die Geschichten los. Du musst dich nicht mehr um sie kümmern, die dir einen ganz besonderen Status versprechen. Erlaube dir dein wahres „Selbst" zu sein, das sich vergaß, indem es daran glaubte, dass durch solidarisches Klagen das Zugehörigkeitsgefühl gestärkt wird.

Wir können nicht mehr so tun, als ob wir getrennt sind. Wir sind aufgefordert Verantwortung für unsere Erfahrungen zu übernehmen und all unsere Urteile aufzugeben. Wut, Anschuldigungen und Groll bringen uns in Gefahr und unsere Psyche – und die unserer Mitmenschen – wird gestört.

ERINNERUNG:
Indem wir unsere Geschichten aufgeben, stellen wir unsere Ganzheit wieder her.

Wir müssen unsere Geschichten nicht immer wieder erzählen

Wenn wir uns als Menschen hinsetzen und anfangen mit jemandem zu reden, erzählen wir unsere Geschichte, die andere Person erzählt daraufhin ihre und diesen Austausch nennen wir eine Begegnung. So wie die Welt solide zu sein scheint, scheinen Geschichten sehr linear und konkret zu sein: voller Klagen, Opfer und Verlust. Es erscheinen Probleme über Probleme, die wir nicht lösen können. Diese Redseligkeit gibt uns ein Gefühl von Sinn und Zweck. Es ist die Konstruktion eines kleinen Selbst, das sich hierüber definieren muss, um sein Überleben zu sichern.

Aber es gibt noch eine tiefere Präsenz in uns, die die Geschichten nutzen kann, um uns die richtige Richtung zu weisen. Wenn wir dieser Präsenz zuhören, dämmert es uns, dass wir diese Geschichten vielleicht nicht mehr erzählen müssen, weil sie alle beginnen gleich und langweilig zu klingen. Wir können stattdessen unseren Geist in eine andere Richtung lenken, die uns unseren wahren Sinn und Zweck enthüllt.

Die Freude, die Liebe und das Glück des Herzens sind immer präsent. Sie sind immer da. Nur eine Sache überdeckt die Erfahrung von Freude, Liebe und Glück: Der Versuch, die eigene Geschichte immer wieder wahrzumachen.

Jede gedachte Verbesserung, bei der der Körper eine zentrale Rolle spielt, ist der unmögliche Versuch die Wahrheit zur Illusion zu bringen. Es ist, als ob der Verstand glaubt ein „Recht" zu haben, „mehr von etwas" zu verlangen und dabei ist nicht wichtig, was es ist.

Die Zufriedenheit kehrt in dem Augenblick ins Bewusstsein zurück, wenn der Verstand erkennt, dass es nicht besser wird als in diesem Moment! Die Gegenwart ist die Gegenwart. Das Jetzt ist die nächste Annäherung an die Ewigkeit, die die Welt bietet.

Wenn es schwierig erscheint, den gegenwärtigen Moment vollständig zu erfahren, ist das ein Zeichen dafür, dass Anhaftungen den Geist beherrschen und Stille nicht erwünscht ist. Die Geschichten des Egos sind falsche Interpretationen eines privaten Selbst mit privaten Gedanken. Die Abhängigkeit von linearem Denken ist hierbei offensichtlich.

Frage dich, warum die Geschichten so wichtig sind.

Sich wiederholende Geschichten werden vom Ego benutzt, um den Geist schlafend, träumend und beschäftigt zu halten. Die Geschichten lassen keinen Raum für die Gegenwart. Der „Meisterzustand" wird unterdrückt, damit der Traum am Leben erhalten bleibt. Das alles kann heute sein Ende finden, indem du wieder „herzkompetent" den Meisterzustand einnimmst.

Folge mutig deinem Herzen. Lasse dich von der Liebe nach innen in die Stille führen.

Nicht, indem du etwas wegstößt, sondern indem du deine tiefsten Freuden annimmst. Die einfachen Freuden sind diejenigen, die näher sind als das Atmen. Wann, wenn nicht jetzt, kann die Wahrheit wiedererkannt werden?

Ermächtigungsimpuls: Brauchst du noch Zeit? Wie lange noch und warum?

Lerne deine grundlegende Lebendigkeit, dein Sein und deine wahre Gegenwart zu genießen. Glaube nicht weiter die Gedanken und Geschichten, die dich klein machen. Sie sind allesamt unter deinem Wert. Es sind erlernte Denk-Programme und konditionierte Überzeugungen.

Suche das Glück nicht in Umständen, Situationen oder anderen Menschen, sondern finde es in Dir.

Zeit

Zeit steht unter der Kontrolle der inneren Führung

Lass dich nicht vom Gedanken an die Zeit entmutigen, denn die Welt, die wir wahrnehmen, ist längst vorbei. Sie ist Vergangenheit. Sie war nur ein Symbol und repräsentiert nur die Bedeutung, die ihm gegeben wurde. Es schien nur einen Moment zu dauern und wurde sofort durch den Heiligen Geist vergeben.

Ein Prozess ist ein Zeitkonzept. Vergebung ist einfach eine sanfte Nutzung der Zeit, um die Zeit kollabieren zu lassen, während man noch daran glaubt. In diesem Sinne steht die Zeit unter der Kontrolle der inneren Führung. Christus arrangiert Zeit und Raum für dich.

Vergebung bedeutet Korrektur. Es ist das Bewusstsein, dass Schuld und Trennung nie stattgefunden haben. Das kann nicht schwer zu akzeptieren sein, denn keine Illusion kann im Licht der Wahrheit stehen. Lass dich nicht vom „Prozess" des Erwachens entmutigen. Alle Gedanken an den Prozess sind flüchtige Bilder, die einfach im Handumdrehen verschwinden.

Die Wahrheit ist wahr und hat keine Ausnahmen. Es gab nie eine Zeit, in der Illusionen die Wahrheit und Zeit die Ewigkeit ersetzen konnten. Reiner Geist und Zeit können nicht verbunden werden, denn Geist ist wahr und Zeit bzw. die Welt existiert nicht.

ERMÄCHTIGUNGSIMPULS:
Erwachen ist nichts anderes als diese Erkenntnis.

Zeit ist eine Verleugnung der Ewigkeit

Bist du bereit dein Selbst so zu akzeptieren, wie Gott dich geschaffen hat, anstatt zu versuchen dich selbst immer wieder „zu machen"? Der Geist Christi kann und muss zwangsläufig akzeptiert werden, denn nur er ist wahr. Der Glaube an die lineare Zeit ist eine Verteidigung gegen den Heiligen Augenblick, denn Zeit ist nur eine Verleugnung der Ewigkeit.

In Wahrheit bist du vom Kummer der Zeit befreit worden. Der Glaube an die Zeit und das eigene manifestieren wollen ist ein Widerstand gegenüber dieser Wahrheit. Du kannst stattdessen fragen: „Gott, was ist Dein Wille für mich?"

Gebete werden immer danach beantwortet, was der Verstand zu empfangen bereit ist. Und im tiefsten Gebet des Herzens werden wir erkennen, was mit der Aussage gemeint ist: „Die Gabe Christi ist alles, was ich heute suche".

Wir haben vergessen, dass unser Königreich die Allgegenwart ist. Wir müssen das nicht mehr tun, was wir uns bisher angetan haben. Wir müssen nicht mehr verleugnen, was uns glücklich macht. Wir können stattdessen der Welt ein leuchtendes Beispiel für ungezügelte Freude und Glück sein.

Die Vergangenheit ist in jedem Moment verschwunden. Wenn du das Ego-Glaubenssystem in deinem Geist vollständig loslässt, wirst du dich an Gott erinnern. Dies ist eine gute Nachricht für jenen Geist, der sich fragt, wie lange es dauern wird alle Urteile, falschen Ideen und Überzeugungen aufzugeben oder sich seiner Vollständigkeit hinzugeben.

Die gute Nachricht ist, dass es bereits geschehen ist. Du bist frei, aber du bist mit diesem Denken noch nicht vertraut. Du denkst weiterhin, dass die Vergangenheit immer noch Einfluss auf dich hat. Die Stimme, die dir das sagt, ist die fremde Stimme, die nicht zu dir gehört. Sie möchte dich auf perfide Art und Weise in die Irre führen.

Gib heute stattdessen dem Geist Gottes die Möglichkeit dich zu erreichen und finde hierin deine Freiheit wieder.

> **Wozu an die Vergangenheit denken, wo sie doch nicht mehr ist?**
> **Wozu an die Zukunft denken, wo sie doch noch nicht da ist?**
> **Wozu sich mit den Problemen der Welt identifizieren, wenn sie doch schon vergangen sind?**
> **Wozu an die Gegenwart denken, wenn man sie einfach leben kann, das heißt fühlen und genießen?**

Lerne zu fühlen und zu genießen und beende das bedeutungslose Denken.

Wann, wenn nicht jetzt, kann die Wahrheit erkannt werden?

Jetzt ist die einzige Zeit, die es gibt. In der Gegenwart wird anerkannt, dass Geben und Empfangen dasselbe sind. Alles was gegeben ist, ist die Gabe der Liebe, denn Christus erstreckt sich ewig darin. Wenn man die Symbole der Welt für einen Augenblick benutzt, gibt es ein Erkennen, in dem wir alle „Eins" sind und niemand geht seinen Weg allein.

Alles was wir in das Leben der anderen hineinschicken, kommt in unser eigenes zurück. Das ist Vergebung, denn sie sieht, dass Geben und Empfangen eins sind. Schicken wir unsere Vergangenheit hinein, erfahren wir diese. Dehnen wir die Liebe aus, ist dies unser Empfangen.

Wenn du zu deinem Moment des Erwachens kommst, erkennst du in diesem Moment die Wahrheit: „Ich brauche nichts zu tun". Gibt es überhaupt etwas, das du tun kannst?

Du öffnest einfach für einen Moment deinen Geist in den Geist Gottes und sagst: „Danke, ich bin FREI!"

Die Wahl

Was wählst du?

Wie in jedem Klassenzimmer ist die Welt selbst neutral und Wahrnehmung eine Wahl. Was du in der Welt lernst, hängt von dem Lehrer ab, den du wählst und du hast nur zwei Möglichkeiten: das Ego oder den Heiligen Geist.

„Doch es ist sicherlich der Verstand, der beurteilt, was die Augen sehen. Es ist der Verstand, der die Botschaften der Augen interpretiert und ihnen einen ‚Sinn' gibt. Und diese Bedeutung gibt es in der Welt draußen überhaupt nicht." EKIW

Wir nehmen die Welt wahr oder interpretieren sie entsprechend dem, was wir lernen wollen: dass wir von der Ganzheit getrennt sind oder „Eins" mit ihr sind.

Wisse deshalb:
> Die Welt ist neutral.
> Du interpretierst andere Menschen, Dinge und Situationen in der Welt danach, was du über dich selbst lernen willst.
> Dein Lernziel und nicht die Welt bestimmt deine Erfahrung (wie du dich fühlst).

Die Interpretationen, die du auf die Welt legst, sind nicht realer als die Bilder, die die Augen des Körpers sehen. Sie weisen entweder den Weg in den Himmel oder in das Leiden.

Du kannst die Welt nutzen, um dich daran zu erinnern, dass du ein Teil Gottes bist, indem du die Liebe betonst, oder du kannst sie dazu benutzen dich selbst zu lehren, dass du von Gott getrennt bist, indem du Angriff und Verlust betonst.

Sobald du erkennst, dass die Welt offen für Interpretationen ist und dass all seine Bedeutung von dir kommt, wirst du dir nicht mehr die Mühe machen das zu interpretieren, was der Körper sieht. Warum Illusionen deuten und damit wirklich machen?

Sobald etwas oder jemand in der Welt deine Aufmerksamkeit erregt und dich dazu verleitet deinen Frieden aufzugeben, kannst du wählen, das was du siehst so zu interpretieren, dass es dich an die Liebe Gottes erinnert.

Die Welt ist dein Klassenzimmer, wo du wählen kannst, welchem Lehrer du folgen willst und das entscheidet über dein Glück oder Unglück.

Wir haben zwei Möglichkeiten, entweder befinden wir uns im Bewusstsein der Zeit und müssen noch vieles erreichen und tun, oder im Gewahrsein der Ganzheit, in der sich alles in vollkommener Ordnung befindet.

Die meisten Menschen wissen nicht, dass sie diese Wahl haben. Mit ein wenig Training ist es jedoch jedem von uns möglich, in die zeitlose Dimension der Liebe einzutauchen.

Du kannst dich in jedem Augenblick mit der Schöpfung verbinden. Selbst im geschäftigen Treiben der Welt ist dies möglich. Im *Kurs* wird dies als das Üben des Heiligen Augenblicks bezeichnet. Teste es am besten gleich:

> werde der Vollständigkeit gewahr
> atme ein
> atme aus
> halte die Welt an
> werde still
> fühle die prickelnde Gegenwart von Leben.

Trennung löst sich auf. Gott ist Ordnung und du bist es auch, denn du bist immer noch „Eins" mit ihm. Wer die prickelnde Gegenwart vom Leben erfahren möchte, hält die Welt an, dehnt sich darin aus und findet sich in Gott wieder.

Was dir die Welt gibt ist deine Wahl

Alles ist mit allem verbunden, nichts ist getrennt. Dein Geisteszustand bestimmt welches Leben du erfährst, was richtig und was falsch ist. Der Beobachter (Du) bestimmst den Ausgang. Was möchtest du, dass dir die Welt gibt? Denn das, was sie dir gibt, ist deine Wahl!

Siehst du deine Beziehungen, deine Welt als Arena, in der du gewinnen musst? Dann hast du schon verloren. Betrachtest du deine Beziehungen als Möglichkeit bedingungslose Liebe zu erfahren, zu erwachen, frei zu sein? Dann wird dies deine Erfahrung sein. Wähle heute weise welcher Stimme du deine Aufmerksamkeit schenkst: der Stimme der Trennung oder der Stimme des Ewigen. Wenn du in allem Liebe erfahren willst, wird es so sein, auch wenn dein Verstand dir etwas ganz anderes einredet. Nimm die Macht deines Willens wieder in deine Hände, entfalte dich, sei „Eins in der Schöpfung". Deinen Willen glücklich zu sein kann dir niemand nehmen.

Solange wir der Ansicht sind, dass wir Glück finden können, wenn wir die richtigen Entscheidungen im Leben treffen, solange machen wir uns von der Unberechenbarkeit der Welt abhängig. Es ist für Dich unmöglich richtige Entscheidungen zu treffen - sie sind alle falsch. Wir unterstehen stattdessen dem Seelenweg, der uns das anbietet, was das Du schon längst entschieden hast.

Solange wir die Welt als getrennt von uns betrachten, treffen wir immer falsche Entscheidungen. Wir haben alles bis auf das kleinste Detail in unserem Leben schon selbst gewählt und deshalb sind wir unverletzlich.

Der Glaube, dass wir echte Entscheidungsfreiheit haben, die uns das bringen kann, was wir wollen, wird vom trennenden Geist des Egos sehr geschätzt, weil es uns in einer endlosen Suche nach Glück gefangen hält, wo aber nichts gefunden werden kann.

Alle persönlichen Entscheidungen in dieser Welt werden deshalb getroffen, weil wir uns als das Ewige vergessen haben und deshalb an eine illusorische Welt der Dualität glauben. Keine unserer Entscheidungen ist real, weil sie eine Wahl zwischen unterschiedlichen Bildern dieser erfundenen Welt ist, d.h. einer Wahl zwischen Illusionen. Es sind nichts anderes als Hypothesen, die als sinnlose Ablenkungen dienen, um die innere Stimme der Ganzheit zu ignorieren.

ERMÄCHTIGUNGSIMPULS:
Wer sich für das Ewige entscheidet, trifft immer die richtige Entscheidung.

Die einzige wirkliche Wahl

Bei der Ankunft auf der Erde wurde uns unsere Identität geklaut und uns erzählt, dass wir vor überwältigenden Aufgaben stehen, um gut durch das Leben zu kommen. Wir stehen anscheinend vor einem endlosen Strom verwirrender Entscheidungen:

> Wie soll ich mit meinem Lebenspartner umgehen?
> Soll ich verheiratet bleiben oder gehen?
> Was soll ich tun, wenn die Zwangsimpfung kommt?
> Sind meine Finanzen gesichert?
> Wie werde ich die Rechnungen dieses Monats bezahlen?
> Gibt es einen Job, der mir Leidenschaft und Einkommen bringt?
> Wie gehe ich mit meinen lästigen Verwandten um?
> Wo in aller Welt ist mein Zuhause?
> Wie werde ich gesund oder bleibe es?
> Was ist meine Aufgabe im Leben?
> Wie kann ich meine Gesundheit erhalten?

Doch hinter all diesen scheinbaren Wahlmöglichkeiten steht die einzig wirkliche Wahl: **die Wahl zwischen Angst und Liebe.**

> Angst tut weh und Liebe heilt. Alles andere sind Details.

Die einzige wirkliche Entscheidung, die wir fällen können, ist unserer wahren Quelle wieder ein „Ja" zu geben und sich erneut mit ihr zu identifizieren.

Der ängstliche Verstand spinnt ein Netz von Komplexität, das die Nöte der Welt unausweichlich erscheinen lässt. *Ein Kurs in Wundern* sagt uns, dass das Leben nicht hart sein muss. Konzentriere dich bei jeder Entscheidung auf das, was heilt, und nicht auf das, was wehtut. Beantworte die Angst mit Liebe und du wirst den Frieden finden, nach dem du suchst.

Du musst dich nur entscheiden, ob du den Weg in den Himmel oder ins Nichts gehen willst. Es gibt nichts anderes zu wählen. Es gibt nur zwei Lehrer, die in unterschiedliche Richtungen weisen und du wirst nur den Weg gehen, dessen Lehrer du gewählt hast.

ERMÄCHTIGUNGSIMPULS:
Wann soll die Angst ihr Ende finden? Jetzt oder doch noch ein wenig später?

Auf welcher Grundlage bestimmen wir was eine richtige Wahl ist?

Wir versuchen Entscheidungen zu treffen, die unser Leben, unsere Gesundheit oder unsere finanzielle Situation verbessern – die Liste geht immer weiter. Aber was, wenn das alles eine Farce ist, die uns in einer endlosen Schleife der Wahl zwischen Dingen hält, die nicht real sind?

Da der Traum der Welt schon vorbei ist, versuchen wir, wenn wir eine Wahl in der Form treffen, zwischen der einne oder der anderen Vergangenheit zu wählen. Auch wenn wir glauben, dass wir etwas Neues, etwas Anderes, etwas Besseres wählen, wählen wir immer wieder nur die Vergangenheit. Wie macht das etwas besser? Das ist das ganze Rätsel.

„Lasst alle Dinge genau so sein, wie sie sind."
„Alle Dinge funktionieren für immer zusammen." EKIW

Diese Lehren sind ganzheitlich. Alles ist perfekt wie es ist und alles geschieht wie es sein muss. Dies bezieht sich nicht auf die Illusion Ereignisse auf einer einseitigen Zeitachse zu analysieren. Es bezieht sich auf Gleichzeitigkeit, wo es keine Schuld gibt.

Deshalb ist es deine Aufgabe nur noch das Glück, die Liebe und den Wohlstand in allen Dingen zu suchen und du wirst sie finden.

Löse dich von der Signatur des Mangels hin zum Glück und der Liebe Gottes.

Die Wahl innerhalb der Illusion

„Du musst das Gute mit dem Schlechten nehmen" ist ein gängiger Spruch, mit dem wir uns mehr oder weniger angefreundet haben. Aber die Wahrheit ist, dass wir nichts, was uns das Ego anbietet, nehmen müssen: weder das Gute noch das Schlechte, denn beide sind falsche Interpretationen.

Ob wir in einer Partnerschaft oder in einem Job bleiben oder gehen, scheint eine große Entscheidung zu sein. Aber alle Entscheidungen sind die gleiche Illusion, denn sie sind eine Wahl für das Nichts. Wenn das Ego eine Bindung an die Person oder den Job hat, wird es die „bleiben-Illusion" wollen, wenn es eine Abneigung gegen die Person hat, wird es die „gehen-Illusion" wollen.

Wir können jedoch einen Punkt der Nicht-Bindung erreichen, an dem es möglich ist zu sagen: „Ich liebe dich, egal ob ich bleibe oder gehe", weil die wahre Liebe keine Bindung hat, keine Investition in Ergebnisse.

Für das Ego ist das lächerlich, denn es verlangt nach konkreten Zielen. Aber was ist mit dem Ziel des Seelenfriedens? Warum nicht ein Zustandsziel statt eines formbasierten Ziels haben?

Seelenfrieden ist erreichbar, aber es gibt nie ein Ergebnis in einer konkreten Form, das wirklich befriedigen kann. Tatsächlich sagt der *Kurs*, dass unser Wille universell ist und sich nicht mit irgendeiner Form zufriedengeben kann.

ERINNERUNG:
**Egal welche Beziehungsform du wählst,
sie wir dich nie befriedigen können.**

Wir haben immer die Wahl uns neu kennenzulernen. Letztendlich bleibt nur die Liebe. Das ist die Wahrheit, an die wir uns immer wenden können. Das ist die Wahrheit, die wir immer wählen können. Wenn die oberflächlichen Beschäftigungen, die um unsere Aufmerksamkeit buhlen, enden, wird die Liebe übrigbleiben. Liebe ist die Antwort! Die Antwort der Liebe ist verlässlich und sie wird dich finden. Wenn wir die Liebe an einem falschen Ort suchen, kann sie nicht gefunden werden. Sei heute ein Kanal für die Liebe, um gemeinsam mit Gott den heiligen Augenblick zu erschaffen. Mit jedem liebevollen Gedanken bewirkst du ein Wunder und jedes Mal, wenn wir die Liebe verweigern, verweigern wir unsere Identität.

Wessen Geist wählen wir zu sein?

Wir scheinen Gefangene unserer eigenen Gedanken zu sein, aus denen es kein Entrinnen gibt.

Die einzige Möglichkeit dieses Dilemma zu überwinden besteht darin, unseren Geist auf das Ewige auszurichten und mit Engagement und Überzeugung in dieser Ausrichtung zu verweilen, von wo aus wir durch den Heiligen Geist nach Hause geführt werden. Um das zu bewirken, werden wir gebeten, dass wir damit beginnen all unsere früheren Fehler, Urteile und Fehleinschätzungen durch das heilige Auge der Vergebung zu betrachten und so alles umzuwandeln, was wir in der Welt wahrnehmen.

Wenn wir lernen uns nach innen zu wenden, werden wir weniger nach außen orientiert, was in der Tat den Exkurs der Trennung umzukehren beginnt. Wir werden gebeten mutig zu sein, wenn wir nach innen schauen, denn wenn wir das tun, werden wir das Gesicht unseres Egos sehen und sein Geschimpfe ertragen müssen, das uns zu überzeugen versucht, dass wir in die falsche Richtung gehen und sich das Aufwachen als die Hölle erweisen wird.

Darüber hinaus ist es in unserem Erweckungsprozess notwendig, vor dem Heiligen Geist nichts zu verbergen. Stattdessen werden wir ermutigt den Heiligen Geist in unser Herz und in unseren Geist einzuladen und ihm zu gestatten, all unsere Probleme zu klären.

Du existiertest immer in unermesslichem Überfluss. Wir verlangen viel zu wenig vom Leben, weil wir verlernt haben, was es bedeutet zu leben. Deine Wahrnehmung ist ehrlich und zeigt dir unmissverständlich, ob du dich dem Ewigen, dem Überfluss oder dem Vergänglichen, dem Mangel angeschlossen hast.

ERMÄCHTIGUNGSIMPULS:
Wir sind keine Gefangenen in Zeit und Raum, sondern frei zu wählen, wessen Geistes wir sind.

Jede Handlung ist eine Wahl zwischen Angst und Liebe

Ein Kurs in Wundern lehrt, dass es nur zwei grundlegende menschliche Emotionen und Erfahrungen gibt: Liebe und Angst. Alle anderen Emotionen sind Ableitungen dieser beiden. Wenn es nicht Liebe ist, ist es Angst. Liebe bezieht sich in diesem Zusammenhang nicht einfach auf Romantik, Sex oder umarmende oder gefühlsbetonte Interaktionen. Sie bezieht sich auf die Erfahrung von tiefem Wohlbefinden, überbordender Lebendigkeit und der Verbindung zu unserer tiefen inneren Quelle.

Zu den Ausdrucksformen der Liebe gehören Kreativität, Freude, Vertrauen, inspirierte Visionen und der aufrichtige Wunsch zu dienen. Zu den Ableitungen der Angst gehören ein Gefühl der Trennung, des Konkurrenzkampfes, der Abwehrhaltung, des Kontrollbedürfnisses, des Konflikts und der Anhäufung des Selbst auf Kosten anderer. Welche der beiden obigen Beschreibungen beschreibt die Welt der Wirtschaft, wie wir sie geschaffen haben, genauer?

Nimm dir einen Moment Zeit, um zu erkennen, wie all deine Erfahrungen, sowohl die freudigen als auch die schmerzlichen, dir helfen zu lernen, zwischen den Stimmen der Liebe und der Angst zu unterscheiden, um dann gesündere Entscheidungen zu treffen. Keine Erfahrung ist umsonst, du kannst dich immer für die Liebe entscheiden.

ERMÄCHTIGUNGSIMPULS:
Liebe und dein nächster Atemzug sind voll davon.

Wir sind die Diebe unserer eigenen Wahrheit. Wir berauben uns selbst von innen her. Die Welt ist stets ein Spiegelbild unserer geistigen Verfassung, die entweder das Licht der Schöpfung als wahr anerkennt oder die Lüge des kleinen Selbst.

GAME OVER ist deine wahre Wahl, die wirklich etwas bewegt.

Wähle ich die Identifikation mit dem Ego?

Die Sinnessysteme des Körpers wurden so konzipiert, dass sie unserer Idee von Welt entsprechen, dass es „da draußen" tatsächlich eine Welt mit Details und Besonderheiten gibt und sie tatsächlich real ist. Außerdem versucht das Ego durch ca. 60.000 Gedanken am Tag zu verschleiern, dass wir die Schöpfer dieser Welt sind, die wir zu sehen, zu hören, zu berühren, zu schmecken und zu riechen glauben. Dieser Gedankenschwall soll eine Schutzmauer gegen die Ewigkeit errichten, in der die Zeit real erscheint und Gott eine ferne Illusion ist.

Die Identifikation mit dem Ego lässt unsere Traumwelt real erscheinen. Nichtsdestotrotz haben wir die Freiheit zu wählen, ob wir an das Denksystem des kleinen Traums mit seinen falschen Beweisen glauben oder nicht. Wir haben immer die Wahl uns einem neuen Ziel, nämlich der Stimme des Himmels, anzuschließen, um schließlich die Pforte der Wahrheit zu öffnen.

Wenn wir ändern, wer wir glauben zu sein und damit das verändern, was wir glauben verdient zu haben, werden wir auch das ändern, was wir erleben wollen. Diese Veränderung bringt eine Bewegung des Bewusstseins mit sich: vom irdischen Menschen in das Gewahrsein Christi.

In unserer menschlichen Erfahrung kann diese Veränderung oft als persönliche Stadien von Prüfungen erscheinen. Von der Selbstkreuzigung in das Himmelreich des Lichtes und der Freiheit des Geistes. Wenn Zeit wirklich ist, ist Gott unwirklich und die Wahrheit unerreichbar.

Es gibt nur eine Entscheidung

Wie befreiend ist es, wenn man weiß, dass es nur noch eine Entscheidung zu treffen gibt.

Wenn man bedenkt, dass man nichts außerhalb seiner selbst braucht, um geheilt oder glücklich zu sein, warum dann noch in die Ferne schweifen? Welch eine Erleichterung, nicht endlosen Büchern, Klassen, Lehrern, Diäten, Reisen, Spielereien und Techniken nachgehen zu müssen, um Frieden zu finden! Wie viel Geld wirst du für Therapie und Coachings sparen!

Das Ego sagt uns, dass der Himmel ein Ort ist, den man erreichen kann. Der *Kurs* versichert uns, dass wir den Himmel in uns tragen.

Beginne dich von den Fesseln der Hilflosigkeit zu befreien, indem du sie zuerst bemerkst und hinterfragst und schließlich alle Überzeugungen in Frage stellst, dass irgendeine äußere Kraft oder Quelle dir etwas antun oder dich verletzten kann.

> Heilt ein Arzt oder triffst du die Wahl geheilt zu werden?
> Bietet ein bestimmtes Guthaben auf deinem Bankkonto Sicherheit oder bist du jetzt in Sicherheit, egal wie viele Euro auf deinem Namen stehen?
> Wie viele Bildungsabschlüsse sind nötig, damit du glaubwürdig bist?
> Wer muss mit dir übereinstimmen, damit du dich bestätigt fühlst?
> Brauchst du einen Partner, um Liebe zu erleben, oder ist die Liebe schon da, wo du jetzt bist?

Nur wenige Menschen in unserer Kultur stellen die Matrix der Hilflosigkeit in Frage. Wenige gehen darüber hinaus. Wenn du diese Worte liest, bist du aufgerufen durch den Schleier der Illusion zu gehen, der nur eine Miniatur deines wahren Potenzials aufzeigt. Buddha fragte: „Wenn du es nicht von dir selbst bekommst, wohin willst du dann gehen?"

Alle Autorität, die du jemals brauchen wirst, ist in deiner Seele zu finden. Es ist die Entscheidung für den Himmel. Entscheide dich für die Vertikale und für nichts anderes!

Entscheidung für die „himmlische Führung"

Unsere Kämpfe erschweren das, was mit Leichtigkeit erreicht werden kann. Man kann die Bergspitze durch Angst oder durch Freude erreichen. Jeder Schritt ist entscheidend, wenn man „Ja" zu ihm sagt und die Führung dem inneren Licht übergibt. Dann ist jeder Schritt ein Wunder. Wir versetzen uns selbst immer wieder in Angst, wenn wir glauben den Weg allein gehen zu wollen oder

Entscheidungen selbst treffen zu müssen. Die Entscheidungen, die wir selbst treffen, sind Entscheidungen der Angst und rufen weitere Angst hervor. Wir klammern uns in solchen Prozessen an Dinge, die wir kennen oder gelernt haben.

Die Auferstehung des wirkenden „Göttlichen Selbst" geschieht mit der Entscheidung der „Himmlischen Führung" und nicht mit dem Ausschluss derselben. Du bist mit dem freien Willen bedacht worden und es ist eine Wahl des freien Willens ihn auf den Willen der Quelle auszurichten.

ERMÄCHTIGUNGSIMPULS:
„Ich will zurücktreten und IHM die Führung überlassen." EKIW

Wenn du diese Worte sprichst, sprich sie in Liebe. Du bekommst, worum du gebeten hast und deshalb erwarte, worum du gebeten hast. Du hast eine Vereinbarung darüber getroffen, die nun erfüllt wird. Und das kleine Selbst, das mit all den Dingen vollgestopft ist, die nie Zufriedenheit bringen werden, wird verschwinden.

Genieße die Welt, aber bete nicht die Dinge dieser Welt an. Gib die Autorität nicht irgendjemandem in Fleisch und Blut. Reserviere sie für das Göttliche.

Wir müssen unseren Aufstieg nicht mehr durch Leid erfahren. Stattdessen können wir eine andere Wahl treffen, die uns sanftmütig in die Welt schauen lässt. Wenn wir den Tag mit der Absicht beginnen, freudige Lektionen zu erfahren, wird dies unser Bewusstsein verändern: Dadurch veredeln wir jeden Tag, so verändern wir unser Leben. Das Leben sollte bewusst, freudig, mit Aufrichtigkeit und Überzeugung erwartet werden. Durch eine solche innere Haltung ist es nicht ungewöhnlich die sanfte Gegenwart Gottes zu spüren oder vielleicht Klarheit oder Führung in einer persönlichen Angelegenheit zu erhalten.

ERMÄCHTIGUNGSIMPULS:
Öffne dich deiner inneren Vision!

Die Konsequenzen unserer Entscheidungen sind unsere Lehrer

Auf welcher Ebene unserer Interessen wir uns auch immer angesiedelt haben, wir sind als Entscheider für das, was wir wählen, verantwortlich und die Konsequenzen dieser Entscheidungen sind unsere „Lehrer".

Wenn wir in Furcht wählen und handeln, behaupten wir, dass wir Angst haben und das Vermächtnis unserer Wahl wird immer Angst sein. Die Gelegenheit hier und heute besteht darin, neu zu entscheiden, dass die Art und Weise wie wir uns entscheiden, in Übereinstimmung mit dem göttlichen Selbst sein wird.

Wir wählen immer in Übereinstimmung mit dem, was wir uns als möglich vorstellen können und die Liste der Möglichkeiten, die das ängstliche kleine Selbst anerkennt, ist in allen Fällen nicht aus dem, was jetzt ist. Es ist an die Vergangenheit gebunden.

Wer sich in Meisterschaft und damit in seiner Größe übt, weiß: Das Geschenk des Tages ist immer die Wahl des Tages. Wenn du dir die Erlaubnis gibst, dich auf das Neue auszurichten, kannst du damit beginnen, dich auf das Empfangen göttlichen Gewahrseins vorzubereiten.

ERMÄCHTIGUNGSIMPULS:

„Ich weiß wer mit mir geht und wer ich in Wahrheit bin. Ich bin frei, ich bin frei, ich bin frei!"

Wir hören entweder auf die Stimme des Egos, das uns immer weiter irritiert und keine Lösung kennt, oder auf die Stimme für Gott, dessen Wille für uns vollkommenes Glück ist. Es ist nicht möglich beide Stimmen gleichzeitig zu hören. Die eine Stimme versucht die Dinge aufgrund seines Unwissens zu deuten und die göttliche Stimme deutet nichts, sondern führt alles in die natürliche Ordnung zurück.

Erwachen ist eine ununterbrochene Folge von Entscheidungen

Die Welt, wie wir sie mit unseren fünf Sinnen wahrnehmen, ist bedeutungslos. Es gibt keine richtigen oder falschen Ereignisse. Das Einzige, was fehlerhaft sein kann, ist unser eigenes Verständnis von dem was geschieht. Wenn du also immer noch glaubst, dass dir etwas Positives oder Negatives geschieht, dass du Opfer der Umstände bist oder du unverschämtes Glück hast, dann kannst du dir sicher sein, dass du noch tief schläfst und dein Leben träumst. Zu Erwachen ist eine ununterbrochene Folge von Entscheidungen, in denen das Leben immer die eine Frage stellt, die in diesem Moment beantwortet werden muss:

ERINNERUNG:
Folgst du der Liebe oder deinen Befürchtungen?

Wähle erneut

Was tun, wenn du nicht weiterkommst? Wenn wir glauben, dass unsere Bemühungen zu vergeben manchmal im Sande verlaufen oder wir das Gefühl haben, auf der Stelle festzukleben, was an unseren auf dem Ego basierenden Gefühlen zu erkennen ist, können wir erneut wählen und uns wieder mit Gott verbinden.

Wenn wir Widerstand gegen diese erneute Entscheidung für Gott feststellen, werden wir vom „Ewigen Geist" gebeten zumindest anzuerkennen, dass unser gegenwärtiger Zustand fern von Liebe, Frieden, Freude und Überfluss ist. Diese Feststellung ist enorm wertvoll.

Wir müssen uns auch eingestehen, dass dieser gegenwärtige Zustand entweder dadurch verursacht worden sein könnte, dass wir nicht den richtigen Wegweiser gewählt haben, oder durch unsere ungenaue Wahrnehmung dessen, was in unserem Leben geschieht.

Dieser Vorgang wird dann dazu führen, dass wir zugeben, dass wir eine andere Option wollen und uns dann entscheiden dieser nachzugeben, auch wenn wir noch nicht genau wissen, welche das ist oder wohin das führt.

Wenn wir uns also der Welt oder unseren Beziehungen widersetzen, haben wir jetzt die Instrumente, um mit unserem Widerstand umzugehen. Wir erkennen jetzt, dass selbst im schlimmsten Fall alles, was wir brauchen, ein wenig Demut ist und wir die Dinge umkehren können.

ERINNERUNG:
Erkenne also, dass deine Demut allen gut tut.

Wir können eine neue Entscheidung treffen

Es ist herrlich, wenn Menschen ihre Ansichten und Wahrnehmungen hinterfragen und teilen. Der *Kurs* sagt, wenn du alle Unwahrheiten und falschen Überzeugungen entfernst, wirst du diese Gewissheit haben, dass dich nichts bedrohen kann!

Es wird nichts auf der Welt geben, was dir deinen Frieden nehmen kann. Das macht das Leben wirklich einfach. Es hilft dir die Planung und den Versuch – Menschen, Umstände oder Ergebnisse – zu korrigieren, loszulassen. Es hilft dir, akzeptabler und vertrauenswürdiger zu sein, weil du weißt, dass sich die Dinge so entwickeln, weil es das Beste für alle Beteiligten ist.

„Alle Dinge funktionieren für immer zusammen." EKIW

Die richtige Wahl treffen

„Du möchtest wissen, ob es richtig ist, dies zu tun, oder ob es besser wäre, wenn du jenes tust. Ich sage, tu was du wählst, in Frieden und mit Absicht, und ich werde verwenden, was du tust." Dein Hohes Selbst

Ich sage oft jemandem, der sich in einem Konflikt befindet, dass es egal ist, was er hier tut, denn der „Heilige Geist" wird ihm begegnen, wo auch immer er ist und er kann eh nichts anderes tun als das, was in seinem Seelenplan steht.

Ich habe selbst viel Zeit damit verbracht die „richtige" Wahl zu treffen. Diese Anstrengung hat mich ängstlich und zurückhaltend gemacht und dies erklärt, warum der Ego-Verstand sehr bemüht ist, mich in diesem obstruktiven Verhalten festzuhalten. Solange ich von einer unendlichen Anzahl von Entscheidungen abgelenkt bin und keine Wahl treffen kann, weil es falsch sein könnte, fühlt sich das Ego sicher. In meiner Ablenkung von Entscheidungen ist es unwahrscheinlich, dass ich mir das Denksystem, das mich in diese unhaltbare Situation gebracht hat, genau anschaue. Die Unsicherheit darüber, was ich wählen soll, verursacht auch Zweifel und Unsicherheit über mich selbst, was ein weiteres Ziel des Egos ist.

Mein Ausweg besteht darin zu erkennen, dass es einen anderen Weg zu wählen gibt. Anstatt all die Ego-Geschichten darüber zu hören, wohin die eine oder die andere Wahl führt, wende ich mein Ohr vom Ego ab und bitte den „Heiligen Geist" um Führung. Dann mache ich ohne weitere Überlegung das, was zu mir kommt. Ich erlaube dem Ego nicht zu spekulieren. Ich erlaube mir nicht einmal mich zu fragen, ob ich die richtige Wahl getroffen habe. Das führt mich zurück in die Ego-Falle. Stattdessen tue ich einfach das, was ich zu tun denke und weiß, dass das „Ewige" da ist und mit mir genau dort arbeitet, wo ich bin.

Dies ist ein illusorisches Leben, von dem ich glaube, dass ich es lebe. Ein Traum der an einem windigen Tag wie Rauch verschwinden wird. Welchen Unterschied macht es was ich tue?

Das Einzige was zählt ist, dass ich bereit bin auf die Stimme für Gott zu hören und ihm zu erlauben das, was ich tue, zu nutzen, um mich nach Hause zu bringen.

Das kleine Selbst, das sich auf seine sensorischen Sinnesorgane beruft, zeigt uns, dass jede Situation mit einer Entscheidung verbunden ist, die wir getroffen haben und dass wir für unser Leben selbst verantwortlich sind. Alles was wir wahrnehmen will berichtigt werden, weil es niemals die Wahrheit sein kann. Wir zurren dadurch nur die Ketten unserer eigenen Gesetze enger.

Wähle wer du sein möchtest

Vertraue darauf, dass in jeder Herausforderung deines Lebens ein Geschenk für dich verborgen liegt, das sich dir nur durch diesen Weg zeigen kann. Es sind gerade die schwierigen und herausfordernden Momente, die dich weiser und stärker machen.

Akzeptiere diese Herausforderungen und die Aufs und Abs. Genau dafür bist du hier – für alle Erfahrungen. Denn all diese Erfahrungen haben dich hierhergebracht, damit du wählen kannst, wer du sein möchtest, trotz oder vielleicht sogar genau wegen dieser Erfahrungen.

Wir können uns jeden Tag, jeden Moment dafür entscheiden in unseren heiligen Geist zu kommen. Mach dir deine Entscheidung bewusst und erinnere dich daran wer du bist, wo du herkommst und wer du sein möchtest.

ERMÄCHTIGUNGSIMPULS:
Ich akzeptiere meine Bestimmung, die mich zum Licht führt.

„Glaube nicht an die Macht von Traditionen,
auch wenn sie über viele Generationen hinweg
und an vielen Orten in Ehren gehalten wurden.
Glaube an nichts, nur weil viele Leute davon sprechen.
Glaube nicht an die Weisheiten aus alter Zeit.

Glaube nicht an deine eigenen Vorstellungen und meine,
sie seien dir von einem Gott eingegeben worden.
Glaube nichts, was nur auf der Autorität
deiner Lehrer und Priester basiert.
Glaube das, was du durch Nachforschungen selbst geprüft
und für richtig befunden hast,
und was gut ist für dich und andere." Der Buddha

Die richtigen Entscheidungen zu treffen scheint sich oftmals schwierig darzustellen. Wenn du jedoch weißt, dass es jetzt keine Entscheidung zu treffen gibt und du dich stattdessen der Quelle öffnest, wird alles was du tust von Erfolg gekrönt.

Geisteszustände sind Entscheidungen

Der schlafende Geist wird durch Vergebung von der Welt der Illusionen befreit, da das Licht der Schöpfung unsere Fehler korrigiert. Depressionen, Ängste, Zweifel, Mangel entstehen aus einem falschen Glauben an die eigene Körperidentität.

Diese Geisteszustände sind Entscheidungen, die wir getroffen haben und bedeutet die Realität der Liebe zu leugnen. Das Leben ist vom Licht und kann nur im Licht gefunden werden.

Die Entscheidung, den Körper für irgendetwas verantwortlich zu machen bringt keinen Frieden, doch der Frieden kommt zu dem, der vergibt und den Irrtum des Glaubens an Trennung aufgibt. Wenn das Herz von einer Lüge aufersteht, um die Wahrheit zu erfahren, wird die eigene wahre Identität erkannt. Wir haben in jedem Moment die Macht uns dafür zu entscheiden, auf eine von zwei Stimmen zu hören und eine von zwei Entscheidungen zu treffen.

> Hören wir auf die Stimme des Egos und entscheiden uns seinem unaufhörlichen Verlangen zu folgen und zu reagieren, anzugreifen oder wütend zu sein?

> Oder hören wir auf die Stimme des „Inneren Führers" und entscheiden uns ihrem stillen Plan der Heilung und Wunder zu folgen?

Dies ist eine Entscheidung, die wir unzählige Male im Spiel des Lebens üben können. Alles und jeder steht zu deinen Diensten, wenn eine Entscheidung zu treffen ist. Du musst dich nur für den Himmel entscheiden und alles wird sich verändern.

In jedem Moment entscheiden

Wir sind frei zu entscheiden, was oder wer wir sein wollen und wir sind nicht dazu verpflichtet, diejenigen zu sein, die wir in der Vergangenheit waren. Das ist wichtig zu verstehen und fördert in uns die Macht der Entscheidung.

Die Geistesschulung des „*Kurses in Wundern*" hat nur den einen Sinn und Zweck, uns in unserer Freiheit zu fördern und uns zu helfen aus dem Kreislauf der Illusionen um ein besseres Selbst auszubrechen. Wenn wir heute nichts selbst entscheiden, ist dies der Tag, den wir wollen. Wir werden die Gaben der Liebe empfangen und hierin die Kraft finden, die uns sicher aus diesem Traum führt.

Es ist diese leise Stimme im Inneren, die uns immer sagt, dass wir geliebt werden, wir sicher sind und nichts falsch gemacht haben. Sie analysiert oder beurteilt uns nicht. Sie sieht nur unser inneres Licht.

Wir werden diese Stimme nicht hören können, solange wir die Vergangenheit bereuen oder uns um die Zukunft sorgen. Sie wird sich uns zeigen können, wenn wir uns dafür entscheiden, die Dinge anders zu sehen.

„Lerne Freundlichkeit von dem, den du als unfreundlich wahrnimmst.
Lerne Mitgefühl von dem, den du als gefühllos wahrnimmst.
Lerne Geduld von demjenigen, den du als ungeduldig wahrnimmst.

Lerne Vertrauen von dem, den du als unzuverlässig wahrnimmst.
Liebe denjenigen, den du als lieblos wahrnimmst.
Jeder hat eine Lektion für dich, um zu lernen,
damit du dich an deine wahre Identität erinnern kannst.
Jeder spielt seine Rolle perfekt, weil du so bedingungslos geliebt wirst.“
Svava

Ich entscheide mich für die Verantwortung

„Ich übernehme zu 100 % die authentische Verantwortung für mein Leben. Genau das werde ich verankern. Ich werde es erden:

> In meiner „Einen“ Wahrheit.
> In meiner wahren Stimme.
> In meinem wahren Herzen.
> In meinen wahren Gefühlen.
> In meinen wahren Beziehungen.
> In meiner wahren Verantwortung für meine Gesundheit.“

Wann immer du dich bereit fühlst, kannst du die Sätze mehrmals laut für dich sagen.
Und vertraue auf deine guten Absichten:

„Vertraue nicht auf deine guten Absichten. Sie reichen nicht aus. Vertraue aber unbedingt auf deine Bereitwilligkeit, was auch immer sonst kommen mag. Konzentriere dich nur darauf und störe dich nicht daran, dass Schatten sie umgeben.“ EKIW

Reiner Geist

Die Sache mit dem Gesetz der Anziehung

Die Sache mit dem Gesetz der Anziehung ist, dass es funktioniert. Es ist einfach das Gesetz des Geistes: Der Verstand sieht sich immer selbst, denn er sieht, was er will und was er glaubt. Das Verstehen dieses Geistesgesetzes führt oft zur Versuchung es zu nutzen, um einen besseren Traum von der Trennung von Gott zu verwirklichen, anstatt ihn in einen Traum von Einssein zu verwandeln.

Es ist eine Tatsache, dass sich dein äußeres Leben als Spiegel deines bereinigten inneren Lebens verbessert, sobald du anfängst mit Gott zu kommunizieren. Aber das ist ein Nebeneffekt. Der Zweck der Kommunikation mit Gott ist sich an die Wahrheit zu erinnern – deine Wahrheit.

Viele Menschen wenden das Gesetz der Anziehung sehr erfolgreich in ihrem Leben an, um einen besseren Traum zu verwirklichen. Aber beachte, dass sie weitersuchen müssen, sich immer mehr manifestieren müssen und sie nie das Gefühl haben, angekommen zu sein. Sie denken zweifellos, dass sie glücklich sind, aber es ist eine prekäre Art von Glück, das darauf beruht, dass etwas im Außen auftaucht, um es zu erfüllen. Wenn du in Gott ruhst, hast du alles. Es gibt nichts zu suchen und es gibt nur Dankbarkeit für das, was sich zeigt.

Wer das Gesetz der Anziehung für seine persönlichen Vorlieben benutzt, trennt sich aktiv von der Schöpfung und bemerkt nicht, wie unglücklich er dabei ist.

Freiheit des Geistes

Den Makrokosmos zu erforschen, die Kostbarkeit instinktiver Weisheit lüften, sich dem Odem des Lebens öffnen und die Ursache unbegrenzter Inspiration erschließen – das ist jedem Menschen möglich. Vorausgesetzt er hat einen Kompass und versteht die Sprache des Herzens. Wissen allein reicht nicht aus.

Eine einheitliche oder geheilte Wahrnehmung ist das Fühlen der Einheit und Liebe, die aus der Erfahrung des Nicht-Bewertens kommt. Nicht-Bewerten ist eine Perspektive, in der man mit dem ewigen Geist verbunden ist und erkennt, dass man nicht in der Illusion ist. Folge also dem Weg, der von deinem Inneren gelehrt wird, der das Gottesbewusstsein und die Freiheit des Geistes garantiert.

Nutze die kreative Kraft, die dir gegeben wurde, indem du dich führen lässt, und sie wird sich verstärken. Dann wirst du die schöpferische Kraft des göttlichen Geistes dein Eigen nennen. Du wirst mit der unendlichen Intelligenz in Kontakt stehen und dich lehren lassen, wie alle Probleme geheilt und aufgelöst werden.

Das Virus und die Geschichte des Schmetterlings

In Zeiten der Veränderung erscheint es angebracht, die Schmetterlingsgeschichte und ihre inspirierende Botschaft anzuzapfen. Im großen Wandel kann sie uns helfen, uns daran zu erinnern, dass auch etwas geboren wird, obwohl es so aussieht, als ob alles zusammenbräche. Die Schmetterlingsgeschichte beginnt mit der Welt der Raupe. Raupen sind typischerweise gefräßige Futterspender und viele von ihnen gehören zu den ernsthaftesten Schädlingen, sowohl für Gärten als auch für die landwirtschaftliche Gemeinschaft. Mit anderen Worten, sie nehmen mehr als sie geben. Sie haben auch eine sehr begrenzte Weltsicht, denn sie können ihr ganzes Leben lang auf einem Baum leben.

Irgendwann bildet die Raupe einen Kokon und verwandelt sich darin in eine breiige Substanz. Aus dieser entsteht das, was die Biologen imaginale Zellen nennen, die erste Expression des Schmetterlings. Der Brei tötet immer diese erste Welle von Imaginalzellen ab, wodurch sich diese neuen Zellen zusammensetzen, und dann ist der Drang des Neuen stärker als die Zerstörung des Alten, und was dann erscheint ist ein Schmetterling.

Und ein Schmetterling gibt mehr als er nimmt, denn er bestäubt und teilt seine aufsteigende Schönheit mit anderen. Außerdem ist seine Sichtweise des Lebens so viel größer als die der Raupe. Anstatt auf einem Baum zu leben, können zum Beispiel „Monarchen" riesige Distanzen zurücklegen!

Lass uns dies mit dem vergleichen, was auf unserem Planeten geschieht. Wir sind aufgefordert immer daran zu denken, dass dies alles Teil eines Entwicklungsprozesses ist. Unsere Erde war einst Gas und Staub und sie hat viele Phasen durchlaufen, die sie dorthin gebracht hat, wo sie jetzt ist. In jeder einzelnen Phase kämpft das Alte gegen das Neue, bis das Neue seinen Platz einnimmt.

Nur weil die Menschen in diesem sich ständig weiterentwickelnden Prozess aufgetaucht sind, bedeutet das nicht, dass diese Verschiebungen aufgehört haben. Das Leben entfaltet sich noch immer, während du dies liest. Ich glaube, dass wir uns jetzt in einer dieser großen Veränderungen befinden, weil diese Veränderung zum ersten Mal im menschlichen Geist stattfindet.

Die alte Art von Verstand, die so viel Krieg und Herzschmerz auf diesem Planeten verursacht hat, die Art von Verstand, die urteilt, reagiert und in uns lebt, die Mauern statt Brücken baut, wird durch die Raupe repräsentiert. Man sieht den alten Geist bei der Suche nach einem Schuldigen für dieses Virus, bei der

Eile in Mengen Hamsterkäufe zu tätigen, bei der Zunahme von Coronavirus-Betrügereien, bei der Angst vor der Zukunft, beim Anhäufen von Toilettenpapier und Handdesinfektionsmitteln, bei der Anhäufung von Fake News im Internet. Die alte Art des Verstandes scheint stärker zu werden, genau wie in der Schmetterlingsgeschichte, in der der Brei die erste Welle der imaginären Zellen tötet.

Aber in dieser Zeit des Chaos macht sich auch eine heilende Art des Geistes stärker bemerkbar. Das ist die Art von Geist, die eher einschließt als ausschließt, die eher auf Mitgefühl als auf Urteilsvermögen trifft, die eher vereint als trennt.

Man kann es an all den Menschen sehen, die sich für die Gemeinschaft der Menschheit einsetzen, zum Beispiel eine Gruppe von Jugendlichen, die chirurgische Masken herstellt, eine Destillerie, die die Produktion von Alkohol stoppt, damit sie Handdesinfektionsmittel herstellen können, Künstler, die im Internet improvisierte Konzerte anbieten und Menschen, die auf ihren Balkonen mitsingen, und in einem Brief auf meiner Türschwelle und den Türschwellen meiner Nachbarn, in dem es heißt: „Wenn Sie Hilfe brauchen, rufen Sie bitte diese Nummer an".

Ja, es gibt viel Herzschmerz und Spaltung in dieser Zeit, aber es gibt auch viel Herzheilung. Wie ein Nachrichtensprecher sagte: „Wir werden viel mehr zu einer Wir-Gesellschaft als zu einer Ich-Gesellschaft."

Weil du dies jetzt liest, bist du ein Teil der Ermächtigung des integrativen Geistes. Du wirst zu einem Schmetterling! Sich selbst aufzufangen ist eines der mächtigsten Dinge, die du tun kannst, wenn die alte Art von Geist in deinem Kopf spricht – beurteile es nicht mehr.

Kannst du erkennen, wie sehr dein Verstand in den Geschichten der Angst mitspielt? Kannst du sehen und erkennen wie sehr du auf dich selbst, auf deine Kollegen und auf deine Familie reagierst? Kannst du bemerken, wie süchtig du danach bist, sowohl kleine wie als auch über große Dinge abzuarbeiten bzw. Widerstand zu leisten?

Es gibt so viel Ungewissheit und Unvorhersehbarkeit, die überall auf unserem Planeten geschieht. Aber jeder Augenblick, indem du nicht den auf Angst basierenden Geschichten folgst, ist kostbar.

Wenn du die Geschichten in deinem Kopf wahrnimmst, kannst du dich aus der Welt des Kampfes befreien. Das erlaubt dir im Leben zu agieren, anstatt zu reagieren. Wenn du wieder einmal einer Geschichte Glauben geschenkt hast, sage dir am besten so schnell wie möglich, dass du diese nicht mehr brauchst und stattdessen die Freude und Schönheit des erwachten Herzens wählst.

Die Wirklichkeit des reinen Geistes

Die Menschheit hat sich so sehr daran gewöhnt inmitten von üblen Gerüchten und Armut zu leben, dass sie glaubt diese Bedingungen seien ihr wahrer Platz im Leben. Der Homo Sapiens hat sich daran gewöhnt, mit dem Wenigen was ihm zur Verfügung steht zufrieden zu sein. Das muss nicht sein. Normal ist nicht gleich natürlich. Du bist reiner Geist!

Wer sich der Evolution des reinen Geistes öffnet, durchbricht die alte Hülle des mentalen Kokons, der die Menschheit seit Äonen gefangen hält.

Es ist wichtig ein Bewusstsein dafür zu bekommen, nie etwas falsch gemacht zu haben. Sobald wir unseren Geist und unser Herz für die Freiheit unseres Selbst öffnen, werden wir uns dieser Wirklichkeit gewahr. Auch wenn es nur ein kurzer Augenblick ist, hilft uns das enorm. Raus aus dem Kreislauf von Sorgen und ängstlichem Verhalten hinein in das alles korrigierende Licht.

Unsere Wahrnehmung verschiebt sich dann so, dass wir den Frieden sehen können. Es ist wie ein Zustand der Gnade! Diese Gnade war schon immer unsere Natur. Alles was wir tun müssen ist zu akzeptieren, dass wir reiner Geist sind. Sobald wir das getan haben, sehen wir, dass es nie ein Problem gab.

Gott hat uns vollkommen erschaffen. Wir waren immer vollkommen in unserer Quelle.

Wir wollen über die Perspektive des Glaubens hinausgehen, dass es da draußen irgendwo einen Gott gibt. Wir wollen sehen und erkennen, dass unser Zuhause in unserem Herzen ist und dass wir es nie verlassen haben.

Dein Zuhause ist in deinem Herzen, da du dich im Herzen des Ewigen wiederfindest.

ERMÄCHTIGUNGSIMPULS:
Wache auf und erinnere Dich, du bist reiner Geist und frei zu lieben, zu heilen, zu lachen!

Dem ewigen Geist folgen

Schaue nicht auf irgendetwas in der Welt, um dein Leben zu erhalten, denn alle Bedürfnisse werden nur in der Nachfolge des Ewigen Geistes erfüllt. Die Strukturen der Welt, die Unterstützung zu bieten scheinen, werden verblassen und aus dem Bewusstsein verschwinden, wenn das Licht im Geist dämmert.

Es wurde gesagt, wenn du einen Menschen ernähren willst, lehre ihn das Fischen. Wenn du Frieden im Geist finden willst, lehre deinen Geist zu vergeben. Erlaube deinem Leben Zeuge und Beweis dafür zu sein, dass du dem Ewigen zuhörst und ihm folgst. Der Friede, die Freude, die Liebe und das Glück, das du hierbei entdeckst, wird mehr aussagen, als Worte jemals vermitteln können.

Wie viel Zeit wird jeden Tag dem falschen Glauben und den falschen Gedanken gewidmet? Welcher Geisteszustand würde entstehen, wenn diese Zeit stattdessen dem Ewigen zur Verfügung gestellt würde? Gehe heute in SEINE Gegenwart ein. Investiere in den geistigen Frieden und der Lohn ist groß und ewig.

Wir nehmen nur unseren Geisteszustand wahr

Ist es wirklich wahr was du über dich und die Welt denkst? Die Quantenphysik zeigt uns, dass alles, was wir wahrnehmen, wirklich nur unser Geisteszustand ist. Der Körper, mit dem wir uns eng identifizieren, fungiert als Barometer. Er spiegelt unseren Geisteszustand auf sehr direkte Weise wider.

Wann immer es scheint, dass es Unbehagen oder Krankheit gibt, können wir das als ein Geschenk sehen, das signalisiert, dass wir eigensinnige Gedanken haben. Wir können diese Gedanken annehmen, loslassen und entdecken, dass wir keinen wirklichen Grund haben krank zu sein oder an Zukunftssorgen verzweifeln müssen.

Wir sind reiner Geist, unser natürliches Erbe ist Glück, Frieden und Freude. So können wir dem Körper danken, dass er ein deutliches Zeugnis für unseren Geisteszustand ist. Im Sinne des Biofeedbacksystems Körper ist es hilfreich in einen Zustand der wahren Vergebung zu gelangen, weil wir dadurch sehr ehrlich zu uns selbst sein können, wie wir uns fühlen.

Wir müssen nicht bei der Vorstellung bleiben, dass es eine äußere Ursache gibt. Wir können anfangen die volle Verantwortung für unseren Geisteszustand zu übernehmen und ein glücklicher Schüler des Lebens werden.

„Der Geist baut die reale Außenwelt der Naturphilosophie (wie auch die des Alltags) ausschließlich aus seinem eigenen, das heißt aus geistigem Stoff auf." Erwin Schrödinger

Der göttliche Geist als Dolmetscher

Wenn wir in ein fremdes Land reisen und uns dort niederlassen wollen, ist es ratsam einen Dolmetscher heranzuziehen. Stellen wir uns vor, dass wir hier auf Erden in einem für uns fremden Land sind und irrtümlich dachten, wir müssten hier selbst zurechtkommen. Das können wir natürlich noch lange so weiterführen, jedoch werden uns die wahren Sehenswürdigkeiten verborgen bleiben, die nur der „göttliche Dolmetscher" kennt.

Sobald wir den göttlichen Geist als Dolmetscher in unserem Leben hinzunehmen, wird er uns alles auf eine völlig neue Art und Weise deuten können.

Dieser Prozess der Neuprogrammierung verändert tatsächlich unsere komplette Ausrichtung. Das Betriebssystem des Mangels wird ersetzt durch Überfluss!

Aus diesem Grund basieren viele Lektionen des *Kurs*arbeitsbuches speziell darauf, wie wir „wahrnehmen" oder interpretieren: Wir haben immer die Wahl zwischen einem von zwei inneren Übersetzern: dem Ego oder dem göttlichen Geist. Die Entscheidung, alle Dinge durch eine höhere Sichtweise zu sehen und zu erfahren, wird durch stetes Üben unser freudiger Bezugspunkt in unserem Erleben sein.

Mit jedem Atemzug sind wir in der Lage die stille Gegenwart des reinen Geistes aufzunehmen und stellen dies dann der Welt zur Verfügung. Wir sind Kinder des Universums, Gedanken des Geistes Gottes, für alle Zeiten erhalten von seiner Freude.

ERMÄCHTIGUNGSIMPULS:
Lausche heute in deine wahre Natur und dein Herz wird durch das Leuchten der Liebe die Welt erwecken.

Unsere selbsterrichteten Begrenzungen in unserem Geist

Wir sind in der Wildnis der Ablenkungen herumgewandert, weit weg von unserer Heimat des Friedens. Wir fühlen uns verloren und wollen zurückkehren, indem wir uns daran erinnern, was wir sind. Beenden wir unser Bettlerdasein, kehren nach Hause zurück und nehmen das Königreich des Himmels als unser Eigen an. Die selbsterrichteten Begrenzungen zerschmelzen wie das Eis in der Sonne, sobald wir die Erlaubnis hierzu geben.

Unsere Schwierigkeiten kommen daher, weil wir es gewohnt sind unser Licht unter den Scheffel zu stellen. Diese falsche Bescheidenheit gilt es abzulegen. Erlaube dir stattdessen den Geist Gottes durch dich wirksam werden zu lassen. Falsche Bescheidenheit hilft niemandem weiter und das Königreich des Himmels ist weit entfernt. Erlaube dir heute deinen Geist durch die grenzenlose Liebe des „Ewigen" zu erfahren.

Wir haben ein Anrecht auf das Königreich des Himmels. Es ist unser Erbe, das darauf wartet, in seiner Gänze angenommen zu werden. Wir werden dieses Erbe mit Leichtigkeit als unser Erkennen, wenn wir es im Anderen zum Erblühen bringen. Akzeptiere die Christusgegenwart, die du in jedem erkennen kannst, und der Weg in dein wahres Zuhause ist gewiss.

Ein geheilter Geist ist von dem Glauben befreit er müsse noch irgendetwas planen oder die Zukunft in einer besonderen Form gestalten. In diesem Geisteszustand kann man dankbar und in tiefem Vertrauen in die Zukunft schauen, dass alles zu seinem eigenen Wohl funktioniert. Du kannst dich wirklich entspannen. Man hat keine Erwartungen mehr, dass Menschen anders handeln sollten oder einen Fehler gemacht haben. Wir beenden den Glauben, dass uns dieses oder jenes noch etwas zu bieten hat. Wir befinden uns in einem Zustand des Gebens. Das ist sehr entspannend und praktisch.

Wenn wir unseren Geist vollständig an Spirit übergeben haben, werden wir mit der Gewissheit belohnt, dass alle Dinge zum

Guten zusammenwirken und wir durch unsichtbare Fäden des Ausgleichs miteinander verbunden sind.

ERINNERUNG:

Es ist ein Zustand des Nicht-Beurteilens und des Wissens: Alles ist gut.

Deine einzige Verantwortung ist dein Geisteszustand

Diese Zeilen können deine mentale Komfortzone erschüttern und dennoch lohnt es sich diesen Prinzipien Gehör zu schenken.

Wir haben keine Verantwortung für irgendetwas in dieser Welt, weil sie einen Traum darstellt, der schon vergangen ist. Du siehst immer nur die Vergangenheit und die lässt sich nun mal nicht mehr verändern, egal wie viel mentale Energie du investierst.

Wir haben keine Verantwortung für irgendetwas in dieser Welt. Das bedeutet, dass du nicht für deine Familie, Kinder, dein Land, Umwelt usw. verantwortlich bist. Wir sind grundsätzlich für nichts in der Form verantwortlich. Kannst du die Befreiung anerkennen, die dir dieses Bewusstsein anbietet? Oder befindest du dich im Widerstand?

Die einzige Verantwortung, die wir haben ist unser Geisteszustand. Das Ego versucht Dinge außerhalb von uns wichtig zu machen, um uns weiterhin im Schlafzustand zu halten. Aber beim Erwachen geht es darum zu erkennen, dass nichts außerhalb von uns ist und da, wo nichts ist, gibt es auch nichts zu tun. Sobald wir unseren Geisteszustand ändern, werden wir in Frieden und Liebe agieren können.

Nichts in dieser Welt gehört dir. Nichts, was sich ändert, gehört dir. Nur die Wahrheit gehört dir und ist unveränderlich. Und Du bist die WAHRHEIT!

„Strebe nicht danach, die Welt zu verändern, strebe vielmehr danach, deine Gedanken über die Welt zu ändern." EKIW

Der Glaube daran, dass man ändern kann, was außerhalb von einem selbst liegt, lässt dich in Schmerz und Schuldgefühlen zurück und lässt einen nie zur Ruhe kommen. Du kannst dich dafür entscheiden, Tausende von Leben zu nutzen, um das Spiel des Egos zu spielen, oder du kannst beginnen zu erkennen, worum es bei deiner wirklichen Arbeit hier geht. Dies wirklich zu sehen ist der erste Schritt zur Freiheit. Hier beginnt die ganze Arbeit. Dies ist der Beginn des Erwachens aus dem Traum. Die Reise nach innen, um die Blockaden im Bewusstsein der Liebe zu lösen. Die Liebe, die du bist.

„Nichts Wirkliches kann bedroht werden.
Nichts Unwirkliches existiert.
Hierin liegt der Friede Gottes." EKIW

ERMÄCHTIGUNGSIMPULS:
Liebe und Segen auf deinem tiefen inneren Weg.

Freier Geist

Die Welt weiß alles über dich! Wer Meisterschaft erlangt, der hat sich von aller eingebildeten Schuld entledigt. Die Welt erkennt das und ist glücklich darüber, dass du die alte Existenzzone verlassen hast. Menschen werden sich dir öffnen, weil nichts den Menschen so sehr bewegt als ein freier unschuldiger Geist.

Die Korrektur in unserem Geist durch eine neue Sicht

Unsere Deutungen über die Dinge sind Zeugnis unserer eigenen Schwäche, die nach Korrektur verlangt. Wir müssen verstehen wollen, dass nichts wahr ist, was wir mit unseren Augen sehen. Wir sind dazu aufgefordert eine neue Sicht in unseren Geist einzulassen, die wir mit der ganzen Welt teilen können und nur die Herrlichkeit göttlicher Anwesenheit widerspiegelt.

Der Plan des ewigen Geistes

Der „Ewige Geist" hat einen Plan für uns und der besteht darin, uns über den Körper hinauszuführen, zurück zum Einssein. Der Plan des Egos besteht darin, zu beurteilen was der Körper alles getan hat, um uns in der Zeit zu halten. Wenn wir den Heilungsplan des Hohen Selbst zu akzeptieren lernen, lernen wir ohne Grenzen zu leben und befreien uns durch Vergebung.

Betrachte deine Welt durch den transzendenten Geist

Dies ist durch meinen Geisteszustand in die Erfahrung gekommen. Und das bedeutet, dass ich ein beeindruckendes Göttliches Wesen bin. Daher will ich liebevoll auf diese Schöpfung schauen. Ich weiß, dass sie sich ausagieren muss, doch während sie das macht, werde ich klar genug sein, die Vergänglichkeit und den Mangel an Wirkung zu sehen, die sie in Wirklichkeit hat.

Die Schöpfung verändert nicht wer ich bin. Sie fügt meinem Leben nichts hinzu. Sie nimmt nichts von ihm weg. Sie ist lediglich eine Erfahrung, genannt Leben, die durch das Bewusstsein meiner Erfahrung hindurchzieht. Wenn ich liebevoll auf sie schaue, wenn ich sie annehme, kann ich sie verwandeln und somit in den Prozess des Erschaffens einer vollkommen anderen Art von Dasein eingebunden sein, das von meinem geheilten „Selbst" zu mir kommt.

Die Dinge, die in dein Leben kommen, können "Dir" nichts anhaben oder wegnehmen, sie sind wie der Schnee, der bei Wärme schmilzt.

Beginne anderen Geistes zu werden

Es gibt einen Weg, Freude in allen Situationen zu generieren und der beginnt bei uns selbst. Uns für einen glücklichen Ausgang anstelle für den Konflikt zu entscheiden heißt, dass wir beginnen anderen Geistes zu werden. Auf diese Weise wird die Welt verändert, indem wir uns dafür entscheiden, sie im glücklichen Ausgang gewiss zu sehen und nicht weiterhin unsere inneren Konflikte darauf projizieren.

Die Barrieren um den individuellen Geist schmelzen lassen

„Es ist jedoch ebenso offensichtlich, dass jeder Einzelne viele Fähigkeiten hat, von denen er nichts weiß. Wenn sein Bewusstsein zunimmt, kann er Fähigkeiten entwickeln, die ihm ziemlich überraschend erscheinen." EKIW

Während des *Kurs*studiums, wenn wir die Lektionen anwenden und lernen, dass „Geist/DU" nicht auf einzelne Gehirne begrenzt ist und wir unseren Geist für den Heilenden Geist öffnen, werden die Barrieren, die wir um unseren individuellen Geist errichtet haben, anfangen sich aufzulösen.
Dies kann folgende Erfahrungen mit sich bringen:
> eine Zunahme von „Zufällen" bzw. Synchronizität
> Momente des Hellsehens oder der Vorsehung

> Momente des Verlassens der Welt und des Seins im Licht
> Zeit, die sich beschleunigt oder verlangsamt
> Erfahrungen der Einheit mit anderen
> geführtes Schreiben, geführtes Sprechen
> Verbindung mit Dingen von einem anderen Ort und/oder einer anderen Zeit
> Hören der stillen Stimme Gottes

Viele *Kurs*schüler bleiben hier stecken, weil sie glauben sie hätten ihr Erwachen erreicht. Falls du solche Phänomene nicht erlebst, mache dir keine Gedanken darüber, du bist im Plan!

Sei dir bewusst, dass es vielleicht nicht nur die lichtvolle Stimme, der Heilige Geist ist, was du wahrnimmst, wenn sich dein Geist öffnet. Möglicherweise musst du unterscheiden lernen, welche die lichtvolle Stimme des Heiligen Geistes und welches ein Aspekt des Egos ist.

Du kannst sicher sein, dass es nicht der Heilige Geist ist, wenn sich die Stimme, die du hörst, um irgendeinen Aspekt der Welt kümmert und nicht um das Erwachen aus ihr.

Die Neuprogrammierung unseres Geistes

Die Neuprogrammierung des Geistes erfahren wir, indem wir mit der „Ewigen Quelle" in Verbindung treten und das tun wir am effektivsten, indem wir deren Gedanken denken. Das ist wahre Meditation und bedeutet das Licht Gottes in unseren Geist und unser Gehirn zu bringen.

Dieses Licht wird tatsächlich zelluläre Erinnerungen und alte Neuronen der Vergangenheit wegbrennen und das Gehirn selbst neu programmieren.

Solange das Licht der Quelle in deinem Geist noch schwach ist, bemühe dich nur noch die Gedanken der Liebe zu teilen, wenn du an die Zukunft oder an einen Menschen denkst. Das ist Lehren und was du lehrst, das lernst du.

Hierdurch wird das transzendente Licht deinen Geist und dein Gehirn in die göttliche Ordnung zurückführen, was unweigerlich zu einem glücklichen Dasein führt.

Es gibts nichts zu tun

„Ich bin nicht allein und ich möchte meinem Geist nicht die Vergangenheit aufdrängen. Ich habe IHN hereingebeten und ER ist hier. Ich brauche nichts zu tun, außer mich nicht einzumischen." EKIW

Wir brauchen wirklich nichts zu tun. Bitte Ihn herein, der dich sicher durch alle Strömungen führt. Du brauchst dir keine Sorgen mehr zu machen, wenn du deinen Geist der Quelle zurückgibst.

Von geistigem Überfluss gesegnet sein

Sobald du dich daran erinnerst, dass du Geist bist, dass Gott die einzige Quelle des Lebens ist und dass das Universum so geschaffen ist, alle deine wahren Bedürfnisse zu erfüllen, bist du von Überfluss gesegnet. Der schnellste Weg in diesen Geisteszustand ist: Das, was ewig lebt im anderen sehen zu wollen!

Wahre Vergebung

Wahre Vergebung vs. weltliche Vergebung

Wahre Vergebung unterscheidet sich radikal von dem was die Welt als „Vergebung" betrachtet. Vergebung bedeutet von dem loszulassen, wovon du glaubst zu wissen, was es bedeutet, und eine neue Definition zu akzeptieren. Wahre Vergebung ist für das „persönliche Ich" schwierig zu verstehen, weil es die Idee über uns selbst auflöst.

Wahre Vergebung ist jedoch die Grundlage der gesamten Botschaft des *Kurses* in Wundern und wir müssen verstehen was es bedeutet, wenn der *Kurs* für dich Sinn ergeben soll. Das Ego betrachtet seine eigene Existenz als „Beweis" dafür, dass du allein mit dir klarkommen musst und getrennt von allem bist. Alles, was das Ego versucht, ist diese falsche Wahrnehmung zu bestätigen.

Wahre Vergebung sagt weiterhin:
„Nur das Ewige ist real und du bist Teil davon. Was in einer Welt des Traumes zu geschehen scheint, kann nur dann Auswirkungen auf mich haben, wenn ich mich dafür entscheide, mich als getrennt wahrzunehmen."

In wahrer Vergebung lässt du Illusionen los und erwachst in einer neuen Realität. Letztendlich ist es deine Identifikation mit dem Ego, die du vergibst. Offensichtlich kannst du ihm nicht verzeihen, es loslassen oder rückgängig machen, wenn du noch damit identifiziert bist. Wahre Vergebung kann nur geschehen, wenn du dich vom Ego gelöst hast und dich mit dem „Heiligen Geist" identifizierst.

Du musst nicht vollständig mit dem „Heiligen Geist" identifiziert sein, um die Erleichterung der Vergebung zu erfahren. Je weiter du vom Ego abrückst, desto mehr wirst du feststellen, dass du in der „Vergangenheit" Situationen und Menschen ohne dein Wissen bereits vergeben hast. Du wirst auch die Erfahrung machen, dass du keine Situationen mehr hervorrufst, denen du vergeben musst. Vom Ego losgelöst zu sein bedeutet in einem Zustand der Vergebung zu leben.

ERINNERUNG:
Wahre Vergebung bedeutet zu verstehen, dass du nicht wissen kannst, was irgendetwas bedeutet.

Vergebung übersieht den Fehler der ahrnehmung

Solange wir noch irgendetwas beurteilen, machen wir die Illusion (Ego) wahr und somit die Trennung der Einheit wirklich. Vergebung übersieht den Fehler der Wahrnehmung. Vergebung ist ein Wundermittel mit einer erstaunlichen Nebenwirkung, sie führt zum Erwachen.

Du bist „Eins" in des Schöpfers Herzen

Du bist heilig und rein, unschuldig und ewig. Wenn wir an etwas anderes glauben, scheint eine Welt zu entstehen, die diesen Glauben widerspiegelt. Zeugen scheinen uns zu sagen, dass wir mit dieser Fehleinschätzung rechthaben. Aber es ist nur unsere falsche Wahrnehmung, die uns eine Welt des Angriffs zu zeigen scheint.

Wenn wir uns für wahre Vergebung öffnen, sehen wir, dass der Angriff nie echt war und dass es nie ein Problem gegeben hat. Es gab nie eine Person oder ein Ereignis, das nicht eine sofortige Lösung oder Frieden gebracht hat. Wenn wir Vergebung praktizieren und alle Urteile loslassen, offenbart sich die Wahrheit. Aus dieser geheilten Wahrnehmung entsteht eine glorreiche Welt. Eine Welt in der wir das Antlitz des Ewigen sehen.

Du hast einen Schlaf gewählt, der nicht wirklich ist, auch wenn du Zeugen aussendest, die dir dessen Gültigkeit bestätigen. Wahre Vergebung führt dich in das Licht der Allgegenwart, hinaus aus dem Schlaf des Vergessens.

Vergebung führt zu einem erfüllten Leben

Je mehr wir geistig wachsen, desto mehr erkennen wir, dass wir nichts mehr wollen, als dass das Ewige uns jeden Tag unseres Lebens führt, und, dass die Schnelligkeit und Wirksamkeit, dieses Ziel zu erreichen, nur von der Aufrichtigkeit und Konsequenz unserer Bemühungen abhängt.

Die Ergebnisse werden schon bald für sich selbst sprechen und eines ist hierbei sicher: Wir werden einen deutlichen Wandel in unseren Herzen und in unserem Leben erkennen – von der Angst zur Liebe – und von der Verzweiflung zur Inspiration.

Obwohl wir gerne annehmen, dass uns diese Segnungen auf dem spirituellen Weg automatisch zuteilwerden, ist dies nicht der Fall. Um ein erfüllteres Leben zu führen, müssen wir Vergebung praktizieren. Jeden Tag, jede Stunde, jede Minute, jeden Moment – wir beginnen immer mit dem ersten Schritt und irgendwann verstummt die Stimme, die uns weismacht, dass dies zu schwierig sei.

ERMÄCHTIGUNGSIMPULS:
Glück ist der Maßstab geistigen Wachstums.
Das Unmögliche öffnet die Tür zum Glück.

Lebensstil der Vergebung

Es gibt keinen schnelleren und besseren Weg zum Glück, als sich den Lebensstil der Vergebung anzueignen. Lass nicht mehr zu, dass deine Kümmernisse das Licht Gottes in dir verstellen. Befreie dich stattdessen von wertenden Gedanken, denn sie rufen Mangel und weiteres Leid hervor. Lass stattdessen das Licht Gottes deinen Geist erhellen.

Entscheidung für die Vergebung

In dem Moment, in dem wir dachten (urteilten), dass wir uns vom Ewigen getrennt haben, und in jedem Moment seitdem, haben wir die Möglichkeit uns für diese Fehleinschätzung zu vergeben und so die Auswirkungen unserer früheren Entscheidung(en) zu revidieren. Mit anderen Worten: Wann immer wir uns für die Vergebung entscheiden, befreit sie uns letztlich von den Fesseln aller früheren Urteile. Umgekehrt, wann immer wir uns für ein Urteil entscheiden, bindet es uns an die illusionären Auswirkungen unserer Entscheidung, einschließlich der emotionalen und materiellen Auswirkungen. Dies ist wichtig zu verstehen, denn die Wahl der Vergebung wird uns zur Befreiung von den Auswirkungen der Trennung führen. Vergebung ist daher der Weg zur Erinnerung an den Himmel und das Urteil ist daher der Weg zur halluzinierenden Hölle (ein Leben ohne Liebe, Frieden, Freude und Überfluss).

Unsere urteilende Sicht ist die Sichtweise des Durchschnittsmenschen, der sich mit dem Leid und Schmerz sowie besonderen Beziehungen des Traumes abgefunden hat. Sobald wir den Willen in uns stärken, unsere trennenden Sinne nicht mehr zu gebrauchen, wird uns die Schau hinter den Dingen offenbart, die von Überfluss, Liebe und Frieden erfüllt ist.

Die geistige Armut wird unterbunden und Licht kehrt ein, wo vorher noch Dunkelheit herrschte. Ein starkes Werkzeug hierzu ist Stille. Einfach mal still sein und das Geplapper der Welt in sich beenden.

Berufung des Herzens

Es ist die Berufung des Herzens die Heilungserfahrung der Vergebung anzunehmen. Der unbewusste Fehler der Trennung, der Besonderheit und des Stolzes werden hierin aufgehoben und dem Ewigen dargebracht, wobei nur noch der Seelenfrieden erhalten bleibt. Das bedeutet, dass hundert Prozent Selbstverantwortung für unseren Geisteszustand akzeptabel wird. Die Ausrichtung auf die Wahrheit wird hierbei zur Priorität. Wer der Wahrheit folgt, hört den Ruf der Liebe: Sieh' den Fehler nicht an, schau darüber hinweg. Schenke heute die Gabe der Vergebung und sonne dich im natürlichsten Wesen überhaupt. Sei dankbar, lass dich durch die Gedanken der Schöpfung durchleuchten und beende die alte, immer wieder zelebrierte Geschichte.

Dein Sein zum Leuchten bringen

Diejenigen, die ihre Angst verteidigen, können unmöglich vom Licht berührt werden, denn das Licht ist Glück und Freiheit, welche die Propheten des Unglücks mit allen Mitteln meiden. Man kann sie an mangelnder Dankbarkeit, Kritik und Missmut gegenüber allem erkennen. Es gibt nichts, was dein „Sein" so sehr zum Leuchten bringt wie die Vergebung. Sie ist der Nektar des Glücks und vereinigt dich mit allumfassender Liebe. Dankbarkeit, Mitgefühl und Schönheit durchdringen hierbei dein Gewahrsein, wobei Konflikte längst vergangene Erinnerung bleiben. Lass dich heute durch Vergebung erheben, die dir alles bietet, was du wirklich willst. Der Lohn ist Unsterblichkeit, die in der Ewigkeit wartet. Die lange Reise ist zu Ende, du bist zu Hause.

Sich und andere von der Vergangenheit freisprechen

Wir können uns nur dann von unserer Vergangenheit lösen, wenn wir andere von ihrer Vergangenheit freisprechen. Konzentriere dich nicht mehr auf die Verletzungen, die dir zugefügt wurden. Sobald wir unsere Sichtweise diesbezüglich verändern, können Wunder in unseren Alltag einkehren. Das Klagen über das, was andere uns nicht geben, wird beendet und wir können friedlich unseren Heimweg in den Frieden Gottes antreten.

Schau darüber hinweg, lass dich durch Vergebung die Liebe lehren, denn nur das macht Sinn. Geh über den Körper hinaus und schau auf die Unschuld des Geistes, den du überall finden kannst. Die Vergebung befreit uns von der Vergangenheit und schenkt uns alles, was wir wollen und brauchen, sodass Wahrheit, Schönheit und Staunen unser Bewusstsein erfüllen. Die Welt wird schön, wenn wir uns nicht mehr an die Vergangenheit binden.

Vergebung ist einfach

Möchtest du Überfluss, Freude und Glück erfahren? Dann sei bereit. Wir sind völlige Neulinge in der Praxis der Vergebung und in der Hingabe an die Schöpfung. Es ist wichtig sich in diesem „Neu-Sein" gemeinsam zu erinnern, denn jeden, den du siehst, sehnt sich nach Freiheit, die du ihm geben kannst, indem du ihm vergibst. Vergebung ist einfach, es ist die Bereitschaft, die geschult werden will.

Wohin führt uns die Vergebung?

Es gibt keine Hindernisse, um die Einheit der Schöpfung zu erfahren. Falls wir dieser noch nicht gewahr sind, wird uns die Vergebung dahin führen können. Vergebung bedeutet, die Wertschätzung des Egos loszulassen.

Das Ego ist ein Versuch, die Schöpfung zu verleugnen. Doch ein solcher Glaube kann die Wahrheit von des Schöpfers Liebe nicht ändern, denn nichts kann die ewige Liebe ändern.

Während das Ego etwas Wertvolles anzubieten scheint, kann die Antwort der Quelle nicht vollständig gehört oder akzeptiert werden. Denn das Ego ist der Glaube, dass es einen Ersatz für die Schöpfung geben kann. Und der reine Geist lehrt, dass es keine Liebe außer der allumfassenden Liebe Gottes gibt.

Die innere Führung akzeptieren

Wir sind immer am richtigen Ort, in der perfekten Situation, um uns in unserer wahren Identität zu begreifen. Die Zutat, die es braucht, um dies zu verstehen, ist mit den Augen Christi zu schauen. Es ist entscheidend zu begreifen, dass es innerhalb des *Kurses* zwei Ebenen des Lehrens und Lernens gibt. Wenn man den Unterschied zwischen diesen beiden Ebenen nicht versteht, kann dies zu Widersprüchen führen, obwohl überhaupt gar keine da sind.

Eine häufige Frustration, die Studierende beim Lesen des *Kurses* erleben, ist zum Beispiel, dass sie um Führung bitten sollen und auf der nächsten Seite wird ihnen gesagt, dass sie in jeder Situation geführt sind. Für den Durchschnittsmenschen scheint dies ein Widerspruch zu sein, obwohl es in Wirklichkeit keiner ist. Der scheinbare Widerspruch verschwindet jedoch, wenn wir erkennen, dass Christus oft auf zwei Ebenen lehrt: auf der einen, nach der wir streben und auf der anderen, auf der wir uns gegenwärtig wahrnehmen.

Wenn wir solches Material mit unserem analytischen Verstand lesen und verstehen wollen und es zu wörtlich oder zu ernst nehmen, kann es Verwirrung auslösen. Dann gelingt es uns nicht, die tiefere Bedeutung innerhalb des scheinbaren Paradoxons zu begreifen.

Diese tiefere Bedeutung, die Essenz, spricht zu unserem Herzen und ist flexibel genug, um uns zu inspirieren unser Bewusstsein zu erweitern, während sie uns auf unserem gegenwärtigen Bedürfnisniveau entgegenkommt. Sobald wir jede Situation so akzeptieren wie sie ist, weil wir die Vergebung darauf ruhen lassen, wird die Kraft zu handeln aus dem Geiste des „Ewigen" durch uns wirken.

Die Vergebung auf allem ruhen lassen

Was auch immer du siehst, du stehst in Beziehung dazu. Was auch immer du in deinem Geist annimmst, ist für dich in einem mentalen Prozess gegenwärtig, der der Beginn der Manifestation ist. Da du also jederzeit deine Wahrnehmung durch deine mentale Einstellung verändern kannst, bist du auch in der Lage, die Vergebung auf allem ruhen zu lassen, um zu verstehen, dass du das bist, was du suchst und manifest wird, was du in Wahrheit willst.

Wenn wir göttliches Bewusstsein einladen, ist es leicht unsere Denkfehler der Korrektur zu überlassen. Es gibt nur einen Weg all das, was uns in Unruhe versetzt, zu transzendieren und zwar, die Vergebung auf allem ruhen zu lassen, um zu erkennen, dass Illusionen oder Beurteilungen niemals wahr sein können.

Lass heute alle Kontrolle los und betrachte alle Dinge mit den folgenden Worten: „Ich will vergeben und dieses wird verschwinden."

ERINNERUNG:
Deine größte Macht besteht darin, deinen Geist zu verändern.

Vergeben heißt verbinden

Was nie geschehen konnte, hat keinen Einfluss auf uns und was nie getrennt werden konnte, muss nicht aufrechterhalten werden Der universelle Geist ist „Eins" und kann niemals in getrennte, private, isolierte Fragmente aufgespalten werden. Jedes Fragment mit privaten Gedanken und einer anderen Perspektive auf die Welt, ist eine Illusion. Ebenso wenig ist die Wahrheit eine Ansammlung von Teilen, die sich zu einem Ganzen vereint, denn die Wahrheit ist „Eins". Das Ganze ist „Eins" und geht weit über die sogenannte „Summe" der Teile hinaus. Vergeben ist die Bedeutung des Wortes verbinden. Nichts außer dem „Einen" existiert. Vergebung ist nur ein anderer Name für Vereinigung und Einssein. Vergebung ist das Heilmittel in dieser Welt. Es ist keine komplizierte Herangehensweise, wie zum Beispiel „Verbinden der Punkte oder Vernetzung oder der Versuch, Menschen zusammenzubringen" notwendig, um ein Problem zu lösen, das nicht existiert. Sich mit dem „Hohen Selbst" zu verbinden bedeutet, die Unveränderlichkeit des Geistes zu akzeptieren. Wie einfach und leicht ist die Wahrheit! Strebe nicht danach die Welt zu verändern, denn man kann das, was immer „Jetzt" ist, nur akzeptieren. Was gleich ist, kann nicht verschieden sein und was „Eins" ist, kann keine getrennten Teile haben. Vergebung lässt die Zeit zusammenfallen, während das Einssein die Zeit gänzlich übersteigt.

ERMÄCHTIGUNGSIMPULS:
Tue einfach dies: Wähle die Freuden Gottes.

Die Korrektur der Vergebung annehmen

Frage dich Folgendes: Wenn diese Welt nicht real ist, wenn sie nur Illusion ist, wenn sie keinerlei Wirkung hat, warum sollte es dann eine Rolle spielen, ob dein sogenanntes „Leben hier" einen Unterschied macht? Auch das ist nur Illusion!

Unser einziges Ziel ist die Korrektur der Vergebung für sich selbst anzunehmen, damit die Erfahrung der Einheit unser Bewusstsein erfüllt. Eine solche Erfahrung ist ein intimer Moment mit Gott, der in unserem Geist verfügbar ist, wenn wir dieser Welt vollkommen vergeben haben. Das ist unsere einzige Aufgabe!

Du vergibst nicht durch Handeln, Tun oder Versuchen, vor allem nicht durch das Studium der Welt und durch den Kampf ums Überleben „als Körper". Es gibt nichts was du tun kannst, um irgendetwas in der Welt zu ändern. Die Welt ist nur eine Wirkung. Sein Denken zu ändern bedeutet, nur mit Gott zu denken. Wir kommen nicht umhin zu vergeben und zu sein, was wir sind: Geist!!!!

Und während du für einen sehr tiefen Moment in deinem Schweigen sitzt, wird sich aus dem Schweigen heraus eine andere Sichtweise auf die Welt ergeben. Aber es wird sich überhaupt nichts wirklich geändert haben.

Was kannst du also tun? Du planst nicht einen Moment in der „Zukunft", sondern du erlebst einfach dein Leben! Wenn du einfach dein Leben erfahren würdest, würdest du dem Weg der Freude Gottes folgen!

Folge dem Pfad der Freude. Wenn du ihm nicht folgst, bist du weit weg von der Erfahrung Gottes. Die einzigen Aktivitäten, die dich an den Punkt bringen können, an dem die Zeit zusammenbricht, sind diejenigen, die dir göttliche Freude bringen.

Jeder Mensch kann dich erlösen

Jeder Mensch, dem du begegnest, ist dazu da, dich zu erlösen. Sobald wir Vergebung praktizieren und diese auf allem ruhen lassen, werden wir beginnen zu „sehen" und uns selbst als vollkommen erlöst erkennen. Jedes Mal, wenn wir uns dafür entscheiden, dass im anderen unser Erlöser ist, löst sich die Trennung auf und Erfolg und Freude werden folgen.

Vergebung ausdehnen

Unsere Aufgabe ist, zu akzeptieren, dass wir so sind wie Gott. Unsere Heiligkeit und der Ruf der Seele verlangen nach nichts anderem. Vergeben und Liebe auszudehnen, damit andere Menschen auch daran teilhaben können, ist das Werkzeug, um diese Erkenntnis für uns zu begreifen.

Die frohe Botschaft der Vergebung

Das Ego glaubt an seine Urteile, wird deshalb verwundbar und greift an. Es ist ein absurder Glaube, dass alles angegriffen, geschwächt oder zerstört werden kann. Ein solcher Glaube ist nur ein vergeblicher Versuch, die ewige Einheit des Geistes zu leugnen, die weit jenseits der imaginären Welt des Vorübergehenden liegt.

In der Fantasie scheint ein Angriff möglich und die Verteidigung gerechtfertigt zu sein, aber was ist Fantasie anderes als ein imaginäres Spiel, das ein schläfriges Kind für einen Moment der Belustigung spielt.

Die Vision Christi wird offenbart, wenn der Schleier der Dualität gelüftet wird und strahlende Lichtstrahlen die Welt der Wahrnehmung ersetzen. In den „großen Strahlen" des Verstehens ist Gott und das Selbst, an das man sich erinnert, ganz geeint, vollkommen und vollständig. Das ist der Wert der Vergebung.

Vergebung lüftet den Schleier und bringt Heilung für einen von Fantasien ermüdeten Geist. Vergebung bringt Sanftmut in eine Welt, die durch Lügen hart geworden ist. Und Vergebung bringt die Frohe Botschaft des Erwachens, die den Anbruch der ewigen Weisheit ankündigt.

Vergebung bringt das Licht

Durch jeden Angriff oder jedes Urteil verkörpern wir Dunkelheit und unser Kampf mit anderen Menschen führt zu nichts, sondern verletzt uns nur selbst. Vergebung bringt das Licht. Wir wollen niemanden benutzen, um uns selbst klein zu halten. Wir wollen uns nicht weiterhin die Fesseln der Mühsal auferlegen, sondern die Macht des Himmels annehmen, die uns Überfluss in allen Bereichen unseres Lebens beschert.

Jede Sorge, jeder Groll oder jedwede Gedanken über Probleme bringen Dunkelheit, die uns unklar in die Welt blicken lassen. Vergebung bringt das Licht und die Freude. Wann immer wir der Freude folgen, ist der Weg zum Himmel gewiss. Lassen wir uns heute nicht mehr vom Ego fesseln, das die Wahrheit über uns nicht kennen kann. Lassen wir stattdessen die Macht des Himmels für uns wirken.

Unsere Angriffe und Urteile machen Illusionen wahr, die niemals existieren können außer in unserer Fantasie. Vergebung setzt den Illusionen ein Ende und lässt zu, dass das Licht durchscheint. Wir sind aufgerufen zu vergeben, damit die eingebildeten Schatten ihre Schrecken verlieren und wir der Wahrheit in die Augen schauen, die von unserer Schönheit und Größe kündet.

Es ist nie geschehen und der Aufstieg ins Licht

Wir sind eingeladen und aufgefordert noch vieles zu verstehen. Eines davon ist, dass Wut, Angst und Schuld niemals gerechtfertigt sind und daher nicht das sind, was wir in unserem Leben erfahren wollen.

Vergebung bedeutet, sich durch den „Heiligen Geist" lehren zu lassen anderen nicht dafür zu vergeben, was sie scheinbar getan haben, sondern dass wir anerkennen, dass es nie geschehen ist. Das ist wahre Vergebung und nur dadurch sind wir hier auf

Erden hilfreich. Illusionen sind Illusionen von Unterschieden und niemals wahr, egal wie lange wir darüber diskutieren oder Recht haben wollen.

Wenn wir uns durch konsequente Vergebung soweit geläutert haben, dass wir alle Ideen von Schuld von uns gewiesen haben, wird Gott entscheiden können, dass wir aus höheren Dimensionen heraus mehr Gutes tun können. Dann wird es Zeit für unseren lichtvollen Aufstieg. Dann wird Gott den letzten Schritt tun können und uns nach Hause bringen. Wann dies geschieht, liegt in Gottes Hand. Deshalb sagte Jesus: „… was den Tag und die Zeit betrifft, weiß niemand, nicht einmal ich. Nur der Vater weiß es."

„Und dann wird sich ihr Vater zu ihnen herunterbeugen und den letzten Schritt für iie tun, indem Er sie zu sich selbst erhebt." EKIW

Vergebung als wundervolles Heilmittel

Vergebung heilt uns von der Wahrnehmung der Trennung von Gott. Spirituelle Vergebung fördert den Prozess der Erfahrung von Wundern in jedem Aspekt unseres Lebens. Wenn wir wahrhaft vergeben, nähern wir uns daher dem „Sein als Gott", denn wahrhaft zu vergeben bedeutet, nur das Licht in uns selbst und in anderen zu sehen und zu fühlen, d.h. zu sehen, wie Gott sieht.

Gott sieht nur das Licht, aus dem wir erschaffen wurden, und unser einziger Sinn und Zweck auf Erden ist, uns an dieses Licht zu erinnern. Vergebung ist ein wundervolles Heilmittel, das uns dem näher bringt.

Wenn wir wirklich um das Licht Gottes bitten, das uns heilt, dann beginnen wir die Welt zu heilen und uns zu geheilten Heilern zu entwickeln.

Vergebung beseitigt Illusionen

Im Plan Gottes ist vorgesehen, dass er uns alles gegeben hat und alles was wir brauchen gibt, bevor wir darum bitten. Wir tragen alles in uns und es wird dann zum Vorschein kommen, wenn wir uns dem öffnen, was uns mit dem Licht verbindet. An dieser Tatsache werden wir einzig und allein durch unser „Ich-lein" mit seinem Groll, Kummer und seiner Problemfixierung gehindert. Vergebung beseitigt diese Illusionen, die allein daherkommen, dass wir außerhalb von uns nach einer Lösung suchten.

Vergebung löst uns von unseren Ausreden

Unsere Ausreden halten uns in Schmerz, Mangel, Sorgen und Dunkelheit zurück. Der Plan des „Ich-leins" ist Mangel und Probleme zu beseitigen, indem es sich durch spezielle Techniken und Konzepte von diesen Dingen entledigen will und dann glaubt, etwas anderes zu erhalten, was seiner Ansicht nach glücklich machen soll. Vergebung löst uns von unseren Ausreden. Sie macht uns offen und frei, um zu geben und zu empfangen und hilfsbereit und glücklich zu sein.

Vergebung ist der Schlüssel zum Glück

Wann immer wir jemanden sehen, der uns Schwierigkeiten bereitet oder von dem wir glauben, dass er uns angreift, wissen wir, dass das ein Signal ist. Wir wollen dieses Signal nicht mehr dazu benutzen, um das Spiel der Selbstvorwürfe weiterzuspielen, sondern vergebend auf diese Situation schauen.

„Wenn du sein willst wie ich (Jesus), so werde ich dir helfen, in der Erkenntnis, dass wir gleich sind. Wenn du anders sein willst, werde ich warten, bis du anderen Geistes geworden bist." Gary Renard – Die Illusion des Universums

Befreiung durch Vergebung

Wenn wir die Vergebung wahrnehmen, wie sie ist, werden wir verstehen können was wir sind. Der Zweck der Vergebung besteht darin, uns von unserer unbewussten Schuld und von unseren schmerzhaften Emotionen zu befreien. Wenn wir andere Menschen durch Vergebung befreien, befreien wir uns selbst. Vergebung führt uns in die Wahrheit!

Den IST-Zustand akzeptieren

Wie wollen wir etwas lieben, wenn wir nicht in der Lage sind den IST-Zustand zu akzeptieren? Wie wollen wir ein Wunder erfahren, wenn wir gegen etwas sind? Im Widerstand zu sein bedeutet gegen das LEBEN zu sein und wer gegen das LEBEN ist, sagt Nein zu Überfluss und Schönheit. Konflikte bringen uns nicht weiter, die Vergebung schon.

Durch Vergebung das Licht in dir finden

Unsere Aufgabe ist, die Vergebung auf allem ruhen zu lassen und dadurch finden wir wieder zu unserer angeborenen Stärke zurück. Das Licht, das du deshalb empfängst und weitergibst, bringt der ganzen Welt Frieden. Wenn du durch die Vergebung das Licht in dir findest, erkennst du dich als das Ewige wieder. Die angelernte Hilflosigkeit wird hierin heilen können!

Vergebung unserer Schuldgefühle

Wir sind liebevolle, kreative Ideen im Geiste Gottes. In diesem Augenblick sind wir bereits sicher zu Hause. Unsere winzige verrückte Idee von der Liebe getrennt zu sein, ist bereits geheilt. Es ist wie bei Dorothy in „Der Zauberer von Oz", die aufwacht und feststellt, dass sie ihr Zuhause nie verlassen hat.

Wir haben bisher noch nicht akzeptiert, dass wir bereits zu Hause sind und so klammern wir uns weiterhin an Schuldgefühle und Angst und träumen, dass wir getrennt sind.

Es gibt ein Heilmittel: Vergebung

Vergebung praktizieren

Der *Kurs in Wundern* zeigt uns einen Weg auf, indem Probleme nicht nur mühelos gelöst werden können, sondern immer bereits gelöst sind. Dieses scheinbare Paradox können wir nicht durch unseren Verstand lösen, sondern durch die Praxis der Vergebung erkennen.

Es gibt nur ein Problem, das in der Aufrechterhaltung der Trennung besteht und das ist bereits gelöst. Weil Trennung die Illusion und Einssein die Wahrheit ist.

Geben und Empfangen

Geben und Empfangen sind in Wahrheit eins

Das Prinzip des Gebens und Empfangens zu lernen bedeutet den Schlüssel zu finden, der die Welt wieder ins Einssein vereinigt. Dieses Prinzip entspringt aus der Quelle, die nur Liebe gibt und Einssein repräsentiert.

Die Welt ist so, weil du so bist

Die Erlösung ist nicht käuflich. Der Himmel ist nicht käuflich. Diejenigen die wirklich geben, bieten frei an, was vom Ewigen empfangen wird. Rituale fallen weg, wenn der Geist der göttlichen Inspiration folgt. Der Wunsch etwas zu bekommen, löst sich in wahrem Geben auf. Großzügig zu geben kann ein Symbol für die Bereitschaft sein, zu teilen und zu fließen, zu akzeptieren und nicht zu erwarten. Was sich zeigt ist insofern perfekt, als es von dem Einen orchestriert und bereitgestellt wird, der deine besten Interessen in jeder Situation kennt.

Alles in uns ist für das eigene Interesse an einer geheilten Wahrnehmung. Sich hinzugeben, bedeutet die persönliche Perspektive zugunsten des Himmels zu erwidern.

Wenn Vertrauen in das „Gewahrsein" strömt, werden alle Versuche beendet, die Vergangenheit zu aktivieren, um die Gegenwart zu organisieren oder die Zukunft zu planen. Wenn es Pläne zu machen gibt, wirst du durch die innere Weisheit davon erfahren und sie werden zum Nutzen aller sein.

Der Himmel erfüllt jedes wahrgenommene Bedürfnis in einer sanften Perspektive und hinterlässt einen Segen für alle.

> Du musst nicht nach dem Paradies suchen.
> Du musst nichts tun, um dir irgendetwas zu verdienen oder geliebt zu werden.
> Die einzige Disziplin, die gefordert wird, ist die Vertreibung eigener Blockaden und der Mangel an Verständnis.
> Liebe ist unabhängig.
> Liebe und der Himmel sind eins.
> Du bist der Träumer und nicht das Geträumte.
> Du bist Schöpfer und nicht das Opfer.
> Die Welt ist so, weil du so bist.

Die Einheit von Geben und Nehmen

Wovon auch immer wir mehr sehen und erleben wollen, wir werden es erfahren, indem wir es mit anderen teilen. Möchte ich weiterhin Probleme erfahren? – So sei es. Möchte ich stattdessen die Lösung? – Auch das ist möglich.

Aus diesem Grund lehrt *„Ein Kurs in Wundern"*, dass wir nur das erhalten, was wir bereit sind zu geben oder zu verschenken. Indem wir etwas teilen, bekräftigen wir, dass wir bereits genug davon besitzen, um es weiterzugeben.

Wenn wir also wundersame Veränderungen und die Gegenwart des „Ewigen Geistes" in uns selbst erfahren wollen, müssen wir bereit sein, die Einheit in anderen und allem zu sehen.

Durch diese Geisteshaltung werden unsere Probleme verschwinden, denn solange wir glauben, dass wir einzelne Probleme haben (also getrennt sind), manifestieren wir diese fortlaufend.

Sobald wir stattdessen die Liebe bzw. Einheit mit anderen teilen, werden wir Überfluss in uns selbst gebären und nähren.

Auf diese Weise entwickeln wir unser spirituelles Bewusstsein. Wir entscheiden uns nicht mehr daran zu glauben, was unsere Augen oder andere Sinne uns über uns selbst, über andere oder über die Welt, in der wir leben, sagen. Stattdessen entscheiden wir uns dafür zu glauben, was der Geist Gottes uns sagt, der zu unserem Herzen und unserer Seele spricht und nicht unser menschliches Denken fördert.

Gib, was du wahrlich bist

Heute stehen wir für ein umfassendes Lernen bereit, das uns weit über das bisher gedachte herausführen wird. Wir sind dazu aufgefordert, die Gaben des Überflusses der Freude und des Glücks weiterzugeben, damit wir lernen, was wahrhaft unser ist.

Gib dir selbst die Erlaubnis nicht mehr deinen Schmerz, deine Sorgen oder deinen Mangel weiterzugeben. Verschreibe dich dem Leben im Himmel, gib die Gaben, die dir anvertraut wurden, und siehe, wie reich du bist. Du willst das Geheimnis wahren Erfolges kennenlernen, hier ist es: Gib von dem, was dir von Gott gegeben wurde.

Sei ein leuchtendes Beispiel für die Gegenwart des Lichtes, indem du gibst, was du bist. Wenn du beginnst dieses Licht zu repräsentieren, werden sich die Menschen gerne an dich erinnern und es dir gleichtun, um zu heilen.

Bist du bereit, frei zu geben?

Wenn du deine Berufung als Wunderwirkender vertiefst, wirst du feststellen, dass du gerne bereit bist, frei zu geben, denn wer von der Liebe Gottes umgeben ist, hat nichts mehr zu verlieren, sondern mit allem, was er gibt, nur noch freudig zu empfangen.

So bleiben wir in der Freude! Das stärkt uns in ihrem Bewusstsein! Das ist die Auflösung des Ich-Konzepts, das sich in einem geschlossenen Kreis bewegt. Es ist das Ende des Austauschs, des Verhandelns und des Wettbewerbs. Es scheint eine ganz andere Art zu leben zu sein, radikal für die Welt, aber es ist tatsächlich natürlich.

Wunder zeigen, dass alles ohne die Notwendigkeit persönlicher Kontrolle oder persönlicher Anstrengung bereitgestellt wird. Alles geschieht mühelos. Das ist göttliche Leichtigkeit. Fühle diese Leichtigkeit jetzt in dir und du wirst sie in allem erfahren.

„Jeder wird das erhalten, wonach er verlangt." Was will ich wirklich? Bin ich bereit zu vertrauen?

Säe das aus, was du ernten willst

Es ist unmöglich, den Himmel ohne göttliche Mittel zu erleben. Diese göttlichen Mittel wurden dir seit Anbeginn der Zeit überreicht.

Durch den ewigen Geist wird alles leicht und perfekt gehandhabt, ohne jegliches Gefühl von „Arbeit" oder „Kampf". Es gibt auch keine Konflikte mehr, weil du die Lektion der Vergebung gelernt hast und Wunder dein Leben erfüllen. Wunder können nur segnen, wenn sie sich ausbreiten, und es wird nie eine Gegenleistung verlangt.

Schaue nicht mehr auf irgendetwas in der Welt, um dein Leben zu erhalten oder deine Zukunft zu sichern, denn alle Bedürfnisse werden in der Nachfolge des Heiligen Geistes erfüllt. Die Strukturen der Welt, die Unterstützung zu bieten scheinen, werden verblassen und aus dem Bewusstsein verschwinden, wenn das Licht im Geist dämmert.

Es wurde gesagt, wenn du einen Menschen ernähren willst, lehre ihn das Fischen. Wenn du Frieden im Geist finden willst, lehre deinen Geist zu vergeben. Erlaube deinem Leben Zeuge und Beweis dafür zu sein, dass du dem Heiligen Geist zuhörst und ihm folgst. Der Friede, die Freude, die Liebe und das Glück, die du entdeckst, wird mehr sagen, als Worte jemals vermitteln können.

Erwachen

Erwachen in die Ganzheit

Ein Teil der Ganzheit hat sich entschieden, nicht ganz zu sein und schien sich in viele verschiedene Identitäten (Egos) zu zersplittern, um den Eindruck zu erwecken, dass die Einheit überwunden wurde.

Deine Individualität ist ein Teil dieses Mosaiks. Aber das ist keine Realität. Du bist immer noch EINS, immer noch ein Teil Gottes. Die Wahrnehmung vom persönlichen Individuum ist das, woraus wir gemeinsam erwachen werden.

Es gibt kein „mein" oder „dein" Ego, denn alles was nicht Einheit ist, ist unwirklich. Wenn je eine blaue und eine rote Tasse mit Orangensaft gefüllt wären, würde dann eine der Tassen etwas anderes als Orangensaft enthalten, nur weil die Tassen unterschiedlich aussehen?

Ausgeprägte Persönlichkeiten verändern den Inhalt des Egos von einer Form zur anderen nicht.

Das Erwachen ist ein Prozess des Erkennens und Erinnerns

„Die Reise zu Gott ist nur das Wiedererwachen des Wissens darüber, wo du immer bist und was du für immer bist. Es ist eine Reise ohne Distanz zu einem Ziel, das sich nie geändert hat." EKIW

Im Wesentlichen ist das spirituelle Erwachen ein Prozess des Erkennens und Erinnerns. Genauso wie wenn du nachts schläfst und erwachst, um festzustellen, dass du trotz deiner Träume nirgendwo hingegangen bist. Während du schliefst, wanderte dein Verstand nach hier und nach da, das ist alles. Obwohl es zu dieser Zeit real schien, ist nichts Wirkliches passiert. Du bist unverändert LICHT. Das Ego versucht uns im Traum ständig einzureden, dass wir etwas sind. Es sagt uns, dass wir ein jemand mit besonderen Eigenschaften, Vorzügen und Fehlern sind. Nichts davon jedoch ist in einem Traum wahr!

ERMÄCHTIGUNGSIMPULS:
Sei still und wisse, dass du in Gott bist.
Es gibt keine andere Identität und keinen anderen Ort,
an den du gehen kannst.

Erwachen aus dem Traum

Die meisten Menschen sind hervorragend darin ausgebildet, die Schuld und die Fehler im anderen zu sehen. Wir erwachen nicht aus einem Traum, indem wir tiefer in ihn eindringen, um die Motivationen anderer zu analysieren. Dies bestätigt nur, dass für uns das Ego real ist. Wenn wir das „Ich-lein" aber nur als einen Identitätsfehler begreifen, würden wir sofort die Finger von diesem heißen Eisen lassen. Die Loslösung von der Welt und ihrem Drama wird ganz natürlich, wenn wir mehr und mehr Zeit mit dem

Heiligen Geist verbringen. Das bedeutet, dass man sich jeden Tag Zeit nimmt, um ruhig zu sitzen und den Geist für Gott zu öffnen. Es bedeutet auch mehrmals am Tag bewusst „einzuchecken" und sich daran zu erinnern, wer wir sind. Es bedeutet auch der Welt in allen Situationen eine neue Antwort des Lichtes zu geben.

Das Zeitalter des Lichtes findet nicht außerhalb von dir oder unter gewissen Bedingungen statt, sondern genau jetzt in dir oder nie.

Eine Situation an den Heiligen Geist weiterzugeben, bedeutet den Verstand an den Heiligen Geist weiterzugeben. Es bedeutet auch, dass du bereit bist, die Vergangenheit loszulassen.

Der Frieden und die Freude, die mit der Loslösung von der Welt einhergehen, ist alles was wir wirklich wollen. Das gilt es zu erkennen und nur hierin ist Erlösung zu finden.

Erwachen durch die Erinnerung was wir sind

Wenn sich Menschen bestimmte Dinge wünschen oder sich besondere Ziele setzen, bitten sie nach Erfahrungen, von denen sie glauben, dass diese die gewünschten Dinge bringen werden:

> Sie wünschen sich die Zerstörung ihrer „Feinde" und denken, dass es ihnen Frieden bringen wird.
> Sie wünschen sich ein neues „Ding" und denken, dass es ihnen Glück bringen wird.
> Sie wollen den perfekten Partner und denken, dass dieser dauerhafte Liebe bringen wird.

In unseren Herzen haben wir alle ein gemeinsames Ziel: Frieden, Glück, Liebe. Aber in unseren Köpfen stellen wir uns verschiedene Dinge vor, wie wir dies erreichen können. Am Ende wollen wir also alle erwachen, aber nur durch die Erinnerung an das, was wir wirklich sind, werden wir dauerhafte Liebe, Frieden und Glück finden.

Und das, was wir wirklich sind, wird sich uns zeigen können, wenn wir all unsere Ziele und Wünsche IHM übergeben, damit das Erwachen sehr sanft in unser Bewusstsein gelangt.

Die Schwelle zur Wahrheit

Wir bewegen uns weg von Geschichten, linearen Wahrnehmungen und Missverständnissen hin zu einem allumfassenden holografischen Verständnis, indem wir uns als ganz, vollständig und unschuldig begreifen. Es ist wirklich spannend zu beobachten, dass wir gerade an der Schwelle dazu stehen.

Es gibt nichts, worauf wir warten müssen. Die Wahrheit ist genau jetzt und sagt geduldig: „Hier bin ich". Das Erwachen ist in der Tat eine herrliche Reise von Wundern und Entdeckungen. Auch du bist hierin ein Mitreisender und dein „Ja" hierzu kann eine immense Welle der Liebe und des Glücks verursachen.

Erwachen aus dem Traum einer realen Welt

Die meisten Ideen, die darum kreisen ein spiritueller Mensch zu sein, Wunder zu wirken oder zu Erwachen sind von dem Glauben durchdrungen, dass Opfer erforderlich sind und Verzicht unabdingbar ist. Diese Ideen werden von der Welt stark gefördert und einige von uns sind zunächst beleidigt, wenn sie lernen, dass diese geschätzten Ideen nichts damit zu tun haben, um in Kontakt mit der Schöpfung zu gelangen.

Ein wahrer spiritueller Weg ist der des Erwachens aus dem Traum, dass diese Welt real ist. Die Veränderungen, die eintreten, wenn wir unsere Identität in die Wahrheit verlagern, manifestieren sich nach außen als Ausdruck von Fülle, Liebe, Harmonie, Glück, Überfluss und innerem Frieden.

Dies nimmt jede Form an, die für dich von Bedeutung ist. Andere können es erkennen oder auch nicht. Solange du dir Sorgen um die Form deiner Persönlichkeit oder deines „Lebens" machst, um spiritueller zu wirken, erwachst du nicht, sondern versuchst einen anderen Traum zu träumen.

Seine Wunderwirksamkeit anzunehmen, die uns von Gott gegeben wurde, ist ein großartiger Weg in das Erwachen aus dem Traum, der ohne Hoffnung ist.

Der erwachte Zustand ist immer da

In der Gegenwärtigkeit gibt es überhaupt keinen Zweifel daran, was Gott ist. Es ist so echt, so einfach und friedlich, dass es selbsterklärend und vollkommen ohne Zweifel ist. Tatsächlich ist dieser erwachte Zustand immer da und er ist nichts, was erlernt, gemacht, erreicht oder verstanden werden kann, eben weil er immer da ist, weil er das Leben selbst ist.

In diesem Zustand erleben wir uns nicht nur selbst so, sondern auch alle anderen. Alle leben darin, nur sie bemerken kaum etwas davon.

Will jeder erwachen?

Wenn ich sage, dass jeder erwachen will, wette ich, dass du an Menschen denken kannst, die so sehr in die Welt und dem Ego eingetaucht sind, dass du denkst, dass das Erwachen das Letzte ist, was sie wollen.

Aber ich bin sicher, dass du zustimmen würdest, dass jeder dauerhafte Liebe, Frieden und Glück will.

Wenn wir uns dafür entscheiden, die Liebe zur Wahrheit unserer Basis zu machen, werden wir aus dem Traumschlaf erwachen. Wir werden zu einem Teil der Lösung, auch wenn die meisten noch an Problemen festhalten wollen. Lasst uns heute mutig in der Liebe sein, auch wenn die Menschen um uns herum immer wieder ihr Leid klagen wollen.

Im Hier und Jetzt bist du erwacht

Erinnere Dich einfach daran, mit dem präsent zu sein, was jetzt präsent ist und du bist wenigstens in diesem Augenblick frei. Jeden Moment, in dem du dich vollständig im Hier und Jetzt befindest, bist du erwacht. Du bist erleuchtet.

Jeden Moment, den du nicht im Hier und Jetzt erlebst, bist du nicht erwacht. So einfach ist das. Also ist das Erwachen ganz einfach. Man trägt keine Sandalen und kein Gewand. Man erscheint stattdessen an seinem Arbeitsplatz, wenn man eine Arbeit hat, badet das Kind, wenn es gebraucht wird, pflegt den Körper, so gut man kann – also alles ganz normal.

Ein jeder ist Wegweiser zur Quelle

Die Wahrheit ist wie ein Diamant mit vielen Facetten. Wenn wir durch eine dieser Facetten eintreten, werden wir schließlich in seinem Zentrum ankommen und mit allen verbunden sein. Wenn ich geheilt bin, bin ich nicht allein geheilt. Wenn wir wirklich anfangen in unserem Christus-Sein aufzuwachen und zunehmend von dort ausagieren, werden wir kein Urteil mehr über das Ego oder die Welt haben. Vielmehr werden wir, weil die Liebe unsere Natur ist, in sie eintreten, sie umarmen und die „Dunkelheit" aus ihr heraus lieben. Denn wir werden sehen, dass andere nicht von uns getrennt sind, sie sind ein Teil von uns. Das getrennte Ego-Selbst muss nicht gehasst oder verurteilt werden, es wird einfach „durchschaut und transzendiert". Das ist der kürzeste Weg zu unserem Erwachen in Gott!

Bist du bereit dem Ruf des Erwachens zu folgen? Alle sind berufen, wenige wählen zuzuhören. Von denen die zuhören, sind noch weniger bereit dem Ruf des Erwachens zu folgen. Von denen, die folgen, sind noch weniger bereit vollständig zu folgen. Es ist die Angst vor der Liebe des Ewigen/Gottes, die Angst in der Alleinheit aufzuwachen. Doch die Erlösung ist sicher, denn sie bleibt von der Zeit und den illusorischen Sorgen und Krankheiten der Zeit unberührt. Bleibe zufrieden in der Tatsache, dass nichts die ewige Liebe ändern kann. Die Geschichte der alten Erde geht vorüber und wird durch ein Erwachen in Freude und Ganzheit ersetzt.

> Warum bist du wirklich hier?
> Wie willst du das erleben?

Das sind die einzig sinnvollen Fragen. Nichts anderes ist auch nur im Geringsten von Bedeutung oder hat irgendeinen Wert. Lasse alle fiktiven Traumschlösser hinter dir. Lasse die Rollen und die Eitelkeiten des Persönlichkeitsspiels beiseite. Es gab nie eine Zeit, in der du Körper warst. Die Gegenwart/Christus ist vor der Zeit gewesen, dies bleibt in der heiligen Vereinigung mit der Ewigkeit unangetastet.

ERINNERUNG:
Durch die heilige Vereinigung in der Ewigkeit bist du immer vollkommen ganz.

Was bedeutet Erwachen?

Zu Erwachen bedeutet, sich den Umständen zu entziehen, die die „Kindermenschen" für unumstößliche „Wahrheiten" halten und sie in mir selbst zerstören. Sogenannte „Kindermenschen" sind Erwachsene, die als acht- bis zwölfjährige Kinder aufgehört haben, sich geistig weiterzuentwickeln und die nun so tun, als seien sie erwachsen. Unmoralisch zu werden bedeutet nicht, kriminell zu sein oder nur noch dem Eigennutz zu dienen. Im Gegenteil: man erkennt, dass die Gesetze, nach denen die sozialen, geistigen, emotionalen Strukturen der „Kindermenschen" (Wilhelm Reich nennt sie „Neurotiker") mehr schlecht als recht funktionieren, für mich persönlich nicht mehr gültig sind. Und um das tun zu können, ist es erst einmal nötig, aus dem Stadium der menschlichen Kindheit zu erwachen und in das menschliche Erwachsensein zu wechseln.

Erwachen bedeutet das Beurteilen loszulassen

Erwachen bedeutet das Urteilen loszulassen und nicht zu versuchen, die Motive anderer zu diagnostizieren und zu beurteilen, denn sie sind eine Projektion des Egos und das ergibt niemals Sinn. Eine Lieblingsablenkung ist es, die Motive anderer zu beurteilen oder sich auf bestimmte Verhaltensweisen zu konzentrieren und zu versuchen, einen Körper oder eine Sache richtig oder falsch zu sehen.

Versuche nicht mehr alles in der Welt in Begriffen von richtig und falsch zu denken, denn dadurch versuchst du Bedeutungsloses bedeutungsvoll zu machen. Wer nicht weiß, was er ist, kann auch nicht beurteilen, was er wahrnimmt. Woher ich von innen komme, bestimmt sozusagen, was ich von außen wahrnehme. Erwachen erfordert den Blick nach innen, auf die eigenen Überzeugungen und Gedanken, denn die Korrektur kann nur im eigenen Denken, im eigenen Geist erfolgen.

Anstatt zu versuchen die Form zu beurteilen, ist die wichtige Frage, die es zu stellen gilt:

> Bin ich bei klarem Verstand, das heißt ausgerichtet auf Liebe?
> Bin ich bei falschem Verstand, das heißt ausgerichtet auf Angst?

Wenn du glücklich sein willst, mobilisiere deinen Willen andere nicht mehr zu beurteilen. Ich habe gelernt, dass es eine Vollzeitbeschäftigung ist, mit dem Licht in Kommunikation zu sein und aufmerksam auf den eigenen Geist zu achten. Das erfordert gerade zu Beginn höchste Aufmerksamkeit und Wachsamkeit. Es lohnt sich jedoch immens, denn wir geben meist unbemerkt unsere Ideen, die wir in der Welt sehen wollen, vollkommen auf!

Unsere fünf Sinne können nicht erfassen, was wir und die anderen wirklich sind, geschweige denn was sich ereignet oder was die Dinge bedeuten. Jedoch durch unsere geistigen Sinne, die der Quelle entstammen, wird die Wahrheit sichtbar.

Sobald wir die Liebe willkommen heißen, die sich hinter dem Schleier des Vergessens befindet, werden wir über unser Dramaland hinwegschauen und die Wahrheit erkennen.

Wir sind ein Gefäß Christi

Wenn wir uns umschauen und unsere geistigen Augen öffnen, sehen wir, dass sich mächtige Gefährten neben uns für diesen Aufstieg zum „Ewigen" versammelt haben. Die heilige Beziehung ist ein Werkzeug hierzu, das uns mit Freude und Dankbarkeit erfüllt.

Unsere Beziehungen sind die Tempel der Seele. Die Begrüßung der Seele im anderen wird niemals enden, sie kündet ohne Worte in stillem Gewahrsein: Wir sind „Eins" im Ewigen.

Die Zeugen des glücklichen Traums sind überall, in jede Richtung, in die wir schauen und zu jeder Zeit zu sehen, sobald wir alles als ein Gefäß Christi betrachten. Das sanfte, wärmende Licht des Friedens wird sich daraufhin über die ganze Erde ausbreiten. Die Stille fließt in jeden Winkel.

Es bleibt nichts anderes übrig als zu feiern, sich zu freuen und zu segnen. Alle Dinge bzw. Schmuckstücke der Welt, die einst ins Auge fielen, verlieren ihre Anziehungskraft und werden wertlos vor der Weite dieser gegenwärtigen Erfahrung. Aller Ehrgeiz und alles Streben nach zukünftigen Zielen werden verschwinden. Alle Neugierde auf die Welt und ihre Wege werden sich auflösen.

Durch die Christustherapie ruhst du in einer Stille, die so tief und unergründlich ist, dass die Zeit vorbeizieht, ohne dass sie den Geist berührt. Wir hören zu. Wir hören. Wir freuen uns.

Es gibt keine vorgetäuschte Freude. Es gibt keine Freude, die man macht. Nur Erlauben. Erlaube, dass alles genau so ist, wie es ist. Erlaube die Stille und das Sein. Ruhe dich eine Weile aus. Sei zufrieden. Lache viel, ruhe dich aus. Der lange dunkle Weg ist zu Ende.

Erwachen ist keine intellektuelle Anstrengung. Lehren ist Denken mit Gott. Es gibt keinen Täter im Sein. Du wirst nicht gebeten, ständig über Erleuchtung zu lesen oder sie verstehen zu wollen, sondern sei heute einfach bereit dazu, indem du die einfache Wahrheit annimmst: Du und ich sind ein Gefäß Christi.

Der Zweck unseres Daseins

Unser Ziel ist es, aus der Welt zu erwachen, denn es ist nicht unser Zuhause. Welcher andere Zweck könnte unser Dasein sonst haben? Welchen anderen Fehler gibt es noch zu beheben? Eine leichtere Aufgabe kann man sich nicht wünschen, denn alle anderen Ideen werden scheitern.

Auch nach Jahren des Studiums sprechen einige Kursschüler immer noch davon, die Welt zu verändern oder zu glauben, dass hierin etwas falsch ist. Aber die ganze Welt ist ein Fehler. Sie ist ein Fehler in unserem Geist, sodass die Korrektur dieses Fehlers auch in unserem Geist stattfinden muss. Wie macht man einen solchen Fehler rückgängig? Da der Fehler darin besteht, dass wir unseren Geist von unserem Selbst getrennt haben, ist die Korrektur mit unserem Geist wieder zu unserem Selbst zurückzukehren.

Überlasse hierbei deinen Verstand deinem Heiligen Geist. Wie einfach ist doch deine einzige Verantwortung und mit welcher Erleichterung kannst du sie annehmen! Dein Glück liegt hierin, denn du beginnst den wahren Grund des Daseins zu erfahren.

Lernen durch eine neue Brille zu sehen

„Du willst die Welt nicht. Das einzig Wertvolle in ihr ist der Teil, auf den man mit Liebe schaut. Das gibt ihr die einzige Wirklichkeit, die sie je haben wird." EKIW

Wenn du dieses Kurszitat liest, könntest du mit der Idee, die Welt nicht zu wollen, im Konflikt sein. „Was ist mit den Dingen, die ich in der Welt liebe? Der Strand? Die Berge? Die Tiere? Meine Kinder? Kunstwerke oder ein schöner Sonnenuntergang? Ich will diese Dinge!"

Die gute Nachricht ist, dass wir im Prozess des Erwachens aus der Angst zur Liebe nichts aufgeben. Das Einzige, was wir verlieren, ist die Angst. Wir lernen einfach durch eine neue Brille zu sehen. Die Schönheit und Liebe, die wir um uns herum sehen, rührt von der Liebe Gottes her, die durch uns strömt und diese Formen erhellt. Wenn wir beginnen aufzuwachen, geschieht diese Ausdehnung der Liebe häufiger!

Die Erwachten und Erleuchteten sind Botschafter der Liebe

Die Erleuchteten sagen dir nicht: „Hey, sieh mich an, ich bin erleuchtet!" Sie prahlen nicht damit kein Ego zu haben. Sie sind nicht auf der Suche nach Ruhm oder Anerkennung oder Vermögen oder den Versionen des Erfolgs der Welt. Sie starten keine Bewegungen oder gehen in die Politik. Sie sind nicht daran interessiert „die Welt zu retten". Sie gehen nicht auf dem Wasser oder gehen umher und heilen die Kranken, um ihre Macht zu „demonstrieren".

Sie sind ruhig, weil sie Illusionen nicht beurteilen. Sie wissen, dass nur Gott real ist. Sie haben ihre einzige Verantwortung erfüllt und die Korrektur der Gedanken für sich selbst angenommen, was bedeutet, dass sie das Ego losgelassen und gelernt haben, nur dem Heiligen Geist in ihrem Geist zu folgen. Sie sind ruhig inmitten des Chaos der Welt. Ihr Leben ist einfach friedlich und fröhlich. Manchmal lehren sie formell, aber immer lehren sie mit gutem Beispiel. Sie lehren nicht „Folge mir", sondern „Folge dem Ewigen in dir". Sie sind nicht unbedingt beliebt, weil sie das Ego nicht verherrlichen.

Die Erleuchteten aus der Vergangenheit, von denen wir wissen, waren nicht die Rockstars ihrer Zeit. Sie waren stille Lehrer deren Ideen ewig waren, sodass die Ideen Bestand hatten. Das Ego hat sie zu Götzen gemacht, um dich von ihrer Botschaft abzulenken. Indem du den Boten anbetest, verlierst du die Botschaft: Gott ist in dir.

Erwachte sind Botschafter der Liebe. Ihre Augen sind ruhig, ihr Geist still. Sie stellen sich nicht zur Schau und sammeln Menschen. Das „Ewige" ist es, was durch sie wirkt.

Heilung

Nimmst du das Geschenk der Heilung an?

Kein Therapeut, Arzt oder Heiler sollte enttäuscht sein, wenn er seine Hilfe anbietet und in seinem Gegenüber noch keine Anzeichen der Heilung sichtbar sind. Es liegt an den jeweiligen Menschen, die zu dir kommen, wann sie dein Geschenk annehmen. Immer dann, wenn du dich als göttlicher Kanal vergebend für die Heilung zur Verfügung stellst, wird all das gelingen, wozu der andere bereit ist zu empfangen. Letztendlich heilst du dich immer selbst.

Du heilst dich immer nur selbst und das ist es, was du tust, wenn du jeder Person vergibst, die zur Heilung zu dir kommt. Das ist alles, wofür du verantwortlich bist. Du musst dich nicht an ein Ergebnis für deine „Patienten" binden. Es liegt an ihnen zu entscheiden, was sie für sich selbst akzeptieren können, so wie es an dir liegt zu entscheiden, was du für dich selbst akzeptieren kannst. Du kannst nicht scheitern, wenn du auf das „Ewige" vertraust, anstatt auf das, was du wahrnimmst. Das ist der Auftrag.

ERMÄCHTIGUNGSIMPULS:
Heiler, heile dich selbst – dadurch bist du der Welt ein Segen.

Die Heilungserfahrung des Segnens annehmen

Es ist die Berufung des Herzens, die Heilungserfahrung des Segnens anzunehmen. Die unbewussten Fehler der Trennung, der Besonderheit und des Stolzes werden hierin aufgehoben und dem ewigen Geist dargebracht. Unser Seelenfrieden bleibt nun erhalten.

Das bedeutet, dass hundert Prozent Selbstverantwortung für unseren Geisteszustand erforderlich sind. Es bedeutet, dass die Ausrichtung auf die Wahrheit die einzige Priorität ist. Verschenke dich heute im Segnen, damit deine Gaben zum Leben erwachen. Es ist das Natürlichste überhaupt. Die Phase des Nicht-Segnens soll nun vorbei sein, denn du willst zum Frieden erwachen und die Erfahrung der vollständigen Heilung machen.

Trete zurück und erlaube dir, nichts mehr in der Welt in Ordnung bringen zu wollen, sondern verstehe stattdessen, dass der Segen, den du in jede Situation einfließen lässt, dich selbst segnet und somit heilt.

Dein unveränderlicher Geisteszustand ist das von Gott geschaffene, für immer perfekte Selbst. Wenn man das Selbst demonstriert, gibt es keine Fehler, keine Ratschläge und keine Fehlerbehebung. Das ist die Bedeutung von: Ich segne die Welt, weil ich mich selbst segne.

Eine heilsame Perspektive einnehmen

„Heilung erfolgt in dem Augenblick, in dem der Leidende keinerlei Wert mehr im Schmerz sieht. Wer würde Leiden wählen, wenn er nicht denken würde, dass es ihm etwas bringt, und zwar etwas, das für ihn einen Wert hat?" EKIW

Um zu bemerken, dass unsere Probleme schon gelöst sind, sind wir aufgefordert, die Liebe wieder in unser Leben zu lassen. Dort wo Liebe ist, können Sorgen, Konflikte und Probleme nicht existieren. Anders formuliert: Solange wir diese Zustände erfahren, haben wir uns von der Liebe distanziert.

Um zu verstehen, dass wir keine Probleme außer in unseren Fieberträumen haben, müssen wir eine andere heilsame Perspektive einnehmen, die es uns erlaubt die Lösung anstatt die alten Überzeugungen zu sehen. Dies kann erreicht werden, indem wir die Stimme des Egos zum Schweigen bringen und uns an unseren göttlichen Geist erinnern, der manchmal unerreichbar zu sein scheint.

Auch wenn wir gegenwärtig vielleicht nicht in der Lage sind, die Welt ohne Probleme zu sehen, können wir uns in der Zwischenzeit der Liebe hingeben und die Erfahrung machen, dass unsere Konflikte wie das Eis in der wärmenden Sonne hinwegschmelzen. Probleme, Sorgen und Schmerzen sind Geisteszustände, die wir gewählt haben, und erst wenn wir etwas anderes wählen, können wir eine andere Erfahrung machen.

Heilung durch Vergebung

Es gibt keine Teilheilung und deshalb schaue über alles Wertlose hinaus. Alles ist Liebe oder ein Aufruf zur Liebe. Ein glücklicher Schüler ist ein williger Schüler. Es gibt keine andere Möglichkeit, Frieden und Glück zu erfahren als: *„Ich bin mit allem verbunden in der Absicht, zu heilen und zu verzeihen."*

Nimm das Geschenk der Vergebung für dich selbst an und sei gesegnet in der Annahme dessen, was ist. Steige in der Liebe auf, indem du der vollständigen Vergebung den Vorrang vor allem gibst, was die Welt des Egos zu bieten scheint. Alles ist bereits vollbracht und so beobachte den Traum in der Glückseligkeit mit dem Heiligen Geist und lass alle Dinge genau so sein, wie sie sind.

Der schlafende Geist möchte lieber klein bleiben und ein Zeugnis der Krankheit hervorrufen, um zu beweisen, dass er mit seiner Winzigkeit recht hat. Das ist der Wahnsinn des Egos. Es wird niemals einen Sinn ergeben, aber es kann vergeben werden.

Heilung ist sehr sanft

Der Zweck unseres Daseins besteht immer darin die Wurzel des Problems zu lokalisieren: Es ist unsere Verwechslung mit der Vorstellung wir seien getrennt und nur ein Körper mit einem Gehirn. Ich bin nicht Gottfried. Du bist nicht [dein Name hier].

Wir sind heilige Kinder des Lichtes, die träumen und die Kraft unseres Geistes missbrauchen, um den Traum (der Dunkelheit) real erscheinen zu lassen.

Gegenseitiges Heilen

Wir befinden uns hier auf dieser Erde, um uns gegenseitig zu heilen, und nicht, um uns vor unserer göttlichen Macht der Liebe zu verstecken. In Gott gibt es nichts, was wir nicht erreichen können. Wir sind hier, um seinen Willen zu erfüllen und um seiner Führung zu folgen. Sobald wir das tun, heilt das, was bisher in Unordnung war.

Heilung durch Erkenntnis

Eine der hilfreichsten und notwendigsten Erkenntnisse um unser Leben und unseren Geist zu heilen, besteht darin anzuerkennen, dass uns nicht gefällt, was wir in unserem Leben sehen oder fühlen und dann zu erkennen, dass wir dies nur aufgrund unserer Fehlurteile über uns selbst und/oder unsere Mitmenschen erleben.

Diese Erkenntnis schafft für uns einen Wendepunkt, einen heiligen Augenblick. Dieser Wendepunkt ist die „bedingungslose Verantwortung" für das, was wir erleben, was uns letztlich zu einer Entscheidung für bedingungslose Heilung führen kann. Bis dieser Punkt erreicht ist, leben wir in karmischen Mustern und erfinden eine Welt des Leidens. Als Gegenleistung dafür, dass wir unsere Fehleinschätzungen verantwortungsbewusst aufgeben, erhalten wir von Gott die unbegrenzten Gaben der Liebe, des Friedens, der Freude und der Fülle.

Wenn wir uns dafür entscheiden bedingungslose Verantwortung für unser Leben und unsere Empfindungen zu übernehmen, lernen wir ohne Urteil oder Unterschiede auf diejenigen zu schauen, die uns verletzt zu haben scheinen und zu ihnen zu sagen: *„Ich habe nur einen kleinen Ausschnitt meines ‚Selbst‘ betrachtet, ‚Du und Ich‘ sind in Wahrheit vollkommen!"*

Wenn wir dies mit Überzeugung und Aufrichtigkeit sagen, wird unsere Wahrnehmung eines jeden Menschen, von der eines „Widersachers" in die eines Christus verwandelt.

Heilen und geheilt werden

Der Weg des universellen Lehrplans ermöglicht es uns, über alle Probleme und Sorgen hinauszugelangen. Wir sind hier, um glücklich zu sein und unsere Ansichten über die Welt und somit über uns selbst aufzugeben. Wir sind hier, um Heilung zu erlangen, zu dienen, das innere Licht zu finden und dieses der Welt zur Verfügung zu stellen. Das ist es, was uns glücklich macht, alles andere sind Kompensationen.

Das Himmelreich ist in uns. Hier liegt das Glück. Wir sind hier, um zu heilen und geheilt zu werden. Dies ist der einzige Zweck der Welt. Das ist wozu die Welt dient. Deshalb sind wir hier. Lassen wir heute unsere Sicht erheben, damit wir auf eine vergebene Welt schauen, die unser Licht widerspiegelt.

Wirkliche Heilung

Du kannst versucht sein, die Situation eines anderen zu betrachten und glauben, dass sie repariert oder geheilt werden muss. Wenn du das tust, greifst du dich selbst an.

Die Wahrnehmung von Körpern/dem Ego als real zu betrachten ist ein Angriff auf deine eigene Psyche. Wir sind reiner Geist. Das Verlangen nach Heilung außerhalb des eigenen Geistes ist eine Möglichkeit, dieses Bedürfnis zu unterbinden, damit du keine wirkliche Heilung erreichst. Wirkliche Heilung wird erreicht, indem man die Projektion zurücknimmt und erkennt, dass du es bist, der geheilt werden muss.

„Schwere Energien" transformieren

Wenn du schwere Energien wahrnimmst oder du plötzlich ohne jeden Grund von einer Stimmung zur anderen wechselst, dann versuche mal folgendes zu sagen oder zu denken: „Alles, was hier nicht meins ist und alles, in das ich mich als meines eingekauft habe, was es nicht ist, sende ich jetzt mit Bewusstsein angehängt zurück an die Absender."

Jeder liebevolle Gedanke öffnet die Tür zur universellen Heilkraft. Wenn du herausfindest, wie du diese mobilisierst, steht dir nichts mehr im Wege. Die Wunder, die du hierdurch empfängst, sind unbegrenzt. Möge heute der Tag sein, an dem dieser göttliche Strom deinen Spirit und dein Leben erhellt.

Gib der Welt, was ihr zusteht

Wenn ich sage, dass jeder erwachen will, wette ich, dass du Menschen in deinem Geist findest, die so tief in die Welt und das Ego eingetaucht sind, dass du denkst, dass das Erwachen aus diesem Traum der Trennung das Letzte ist, was sie wollen.

Aber ich bin ebenso sicher, dass du zustimmen wirst, dass jeder dauerhafte Liebe, Frieden und Glück will. In unserem Herzen bitten wir alle um die gleichen Erfahrungen. Aber in unserem Kopf stellen wir uns verschiedene Dinge vor, wie wir dies erreichen können. Jeder will erwachen, jeder will Frieden, jeder kann heilen und jeder kann jeden lieben. Ja, das geht und wenn du in diese Erfahrung gelangen willst, bist du eingeladen, dich an den Plan der Liebe zu halten, um dich daran zu erinnern, wer du wirklich bist.

Durch die Erinnerung an das, was wir wirklich sind, werden wir zu einem Kanal für Glück und Liebe. Das Faszinierende dabei ist, dass wir diese Gaben mühelos in alles ausdehnen werden und somit der Welt das geben, was ihr zusteht. Das ist Heilung.

Ein gutes Heilungsumfeld

Ein gutes Heilungsumfeld ist die Umgebung, die wir als Seelengeist brauchen, um zu wachsen und sich zu dem zu entwickeln, was er werden kann. Sie muss ein Empfinden von Sicherheit und Geborgenheit erhalten. Unser Seelengeist braucht eine Umgebung, die verlässlich und beständig ist, die auf unsere Bedürfnisse abgestimmt ist und die uns auf eine Art und Weise versorgt, die beständig ist. Dies ist die ideale Umgebung für spirituelles Wachstum. Wenn die Umgebung ein gutes Fundament hat, werden wir Urvertrauen erfahren. Wie du diese Umgebung herstellst, wird dir in meinen Kursen und Podcast vermittelt.

Heiler, heile dich selbst

Unsere erste Aufgabe im Heilsplan Gottes besteht darin glücklich zu sein und dies erreichen wir, indem wir das Glück ausnahmslos jedem geben. Erst wenn wir die Gaben, die wir vom Himmel empfangen haben, weitergeben, werden wir bemerken, dass wir sie haben.

ERMÄCHTIGUNGSIMPULS:
Heiler, heile dich selbst, indem du das Licht überall dorthin bringst, wo Dunkelheit, Verzagen und Einsamkeit vorherrschen.

Die Macht des Heils

„Das ist das Einzige, was du dafür zu tun brauchst, damit dir Schau, Glück, Befreiung von Schmerz und das vollständige Entrinnen aus der Sünde gegeben werden. Sage nur dies, aber meine es ohne Vorbehalt, denn hierin liegt die Macht des Heils:

Ich bin verantwortlich für das, was ich sehe.
Ich wähle die Gefühle, die ich erfahre,
und ich entscheide mich für das Ziel, das ich erreichen möchte.
Ich bitte um alles, was mir zu widerfahren scheint,
und ich empfange, wie ich gebeten habe.

Gib dich nicht länger der Täuschung hin, dass du hilflos bist angesichts dessen, was dir angetan wird. Erkenne nur an, dass du dich geirrt hast, und alle Wirkungen deiner Irrtümer werden verschwinden". EKIW

Die Gaben des Himmels annehmen

Wenn wir uns entscheiden die Gaben des Himmels anzunehmen, anstelle der Gaben, die wir für uns selbst gemacht haben, finden wir Heilung. Es ist an der Zeit die Vergangenheit ruhen zu lassen, damit unser Geist den Körper nicht mehr als Symbol der Trennung und des Konflikts benutzen kann, sondern als Manifest der Liebe, Freude und des Überflusses.

Heilung durch Liebe

„Wie GOTT denken heißt, SEINE Gesundheit mit IHM zu teilen, was IHR seid. Und wie er erschaffen, heißt, die vollkommene Liebe zu teilen, die ER mit EUCH teilt. Dahin führt EUCH der Heilige Geist, auf dass EURE Freude vollkommen sei, weil das Reich Gottes ganz ist." EKIW

Wir brauchen nur zu akzeptieren, dass wir vollkommene Liebe sind. Probleme, die vorher unlösbar erschienen, werden darin verschwinden und grenzenlose Freude sich in alles ausdehnen können.

Wir heilen nur gemeinsam

Jemand, der nur an sich selbst denkt und sich nur um sein eigenes Überleben sorgt, hat das Vertrauen in ganzheitliche Gesundheit verloren. Für diese Selbstvergessenen gibt es kaum einen Grund sich in das Unbekannte vorzuwagen, in dem Erlösung auf sie wartet.

Gemeinsam heilen, danke!

Willst du das fühlen: „Ich bin vollständig, geheilt und ganz?"

Du kannst heute die Bedeutung des Lebens in allem finden, was du siehst oder in Gedanken betrachtest. Einfach deshalb: Weil Gott alles ist. Es ist die Natur des Geistes, sich selbst überall zu sehen und zu reflektieren.

Der *Kurs* bezieht sich diesbezüglich auf die Schau: das „Ewige" kann in allem gesehen werden. Die Wahrheit dessen was wir sind, können Worte nicht beschreiben.

„Ich bin ... vollständig, geheilt und ganz."

Diese Worte sind hilfreich, weil sie bedeuten, dass alles, was wir in uns selbst finden, was nicht „vollständig, geheilt und ganz" ist, nicht das ist, was wir sind. Wir müssen es (noch) nicht glauben, sondern fühlen wollen, damit die Erkenntnis darin wächst.

Heilige Begegnung und Heilige Beziehung

Die Entscheidung für eine Heilige Beziehung

Wenn du dich für eine Heilige Beziehung entscheidest, wird die Struktur oder Dynamik der Beziehung in dir beeinflusst. Du wirst dich vom Drama des Egos lösen: Angriff, Verteidigung, Angst und Schuld werden nicht mehr als erstrebenswert erachtet. Wenn der andere das gleiche Ziel hat und ihr euch gegenseitig durch diese Veränderungen unterstützt, wird die Beziehung in ungeahnte Höhen gehoben. Es wird eine glückliche Beziehung sein, weil der andere für die Veränderungen in dir dankbar ist, auch wenn er nicht versteht, woher sie kommen.

Aber wenn der andere davon abhängig ist, dass du Teil des Ego-Dramas bist, dann ist es wahrscheinlich, dass er die Veränderungen in dir nicht akzeptieren kann. Einer oder beide von euch können daraufhin die Entscheidung treffen, die Beziehung abzubrechen.

Dies ist kein Fehler. Was in der Welt erscheint ist nicht das Maß für den Erfolg oder Misserfolg eurer Entscheidung. Alles was zu tun ist, ist den Segen deiner Wahl anzunehmen, um seine Gaben von Frieden und Freude zu erfahren, egal ob die andere Person physisch noch in deinem Leben ist. Es ist die Entscheidung, die Heiligkeit, und nicht den Ausdruck der Beziehung, zu erfahren. Das ist der Segen.

Solange wir in Beziehungen nicht das erleben, was wir erleben wollen, liegt es an uns, dies zu korrigieren. Letztendlich bedeutet dies die Angst vor der LIEBE/GOTT aufzugeben, welche all das unerledigte Zeug in unserem Geist heilt.

Was die Heilige Beziehung dich lehrt, ist, dass du die ganze Zeit nur dein eigenes Spiegelbild in anderen gesehen hast. Aus dieser einen Beziehung lernst du die Heiligkeit auf alle deine Beziehungen auszudehnen, egal wie sie in der Welt erscheinen. Und so lernst du, dass alle Beziehungen „Eins" sind, weil sie deine Beziehung zu deinem Wahren Selbst widerspiegeln.

„Der Heilige Geist lehrt, dass du immer dir selbst begegnest, und die Begegnung ist heilig, weil du es bist." EKIW

ERINNERUNG:
Der Turbo spirituellen Wachtsums ist die Entscheidung für eine Heilige Beziehung.

Jede Begegnung ist eine heilige Begegnung

„Wenn du jemandem begegnest, so erinnere dich daran, dass es eine heilige Begegnung ist. Wie du ihn siehst, wirst du dich selbst sehen. Wie du ihn behandelst, wirst du dich selbst behandeln. Wie du über ihn denkst, wirst du über dich selbst denken. Vergiss dies nie, denn in ihm wirst du dich selbst finden oder verlieren." EKIW

Als ich diese Zeilen zum ersten Mal las, durchströmte mich eine tiefe Freude. Ich wusste, dass hier etwas ausgesprochen wird, was Wahrheit ist.

Immer wenn ich geneigt bin, jemanden wegen seiner Fehler zu beurteilen, mache tatsächlich ich einen Fehler, denn ich kann im Anderen nur das sehen, was ich über mich selbst denke.

Es ist stattdessen weitaus intelligenter und befreiender dem Anderen zu danken und ihn dafür wertzuschätzen, was er mir aufzeigt.

Hierbei ist es unwichtig es zu verstehen oder gar analysieren zu wollen, um dabei vielleicht festzustellen, dass diese oder jene Eigenschaft unmöglich in dir sein kann. Das sind die Schutzmechanismen des Egos.

Für uns ist nur wichtig zu wissen: Aha, da passiert etwas in meinem Geist (du bist alles), das mir zwar nicht gefällt, ich möchte es aber dennoch durch den Heiligen Geist in mir klären lassen. Nur das! Füge dem nichts mehr hinzu, sonst verirrst du dich erneut in den Wirren des Verstandes!

Um den Wirren des Verstandes zu entgehen, ist es wichtig zu begreifen, dass es noch ein weitaus größeres Verständnis außerhalb deines Denkens gibt.

Wir müssen nicht jeden Menschen mögen, aber wir können ihn lieben

> Wem wir heute begegnen, den werden wir in Stille segnen.
> Wenn wir einen Raum betreten, können wir die Liebe vorausschicken.
> Wenn wir an einen bestimmten Menschen denken, können wir dessen Vollkommenheit annehmen und unsere Beziehung in die Hände des Ewigen legen.
> Wir können immer wieder eine neue Wahl für den Frieden treffen.

Wir müssen nicht mit allem, was ein Mensch tut oder denkt, übereinstimmen, aber dennoch können wir ihn durch eine Metaperspektive lieben. Jedes Mal, wenn wir eine höhere Daseinsebene einnehmen und den anderen aus dieser Perspektive sehen, werden wir das, was in allem gleichermaßen wahr ist, erkennen.

Wann bist du bereit für die Heilige Beziehung?

Unser Verstand teilt die Welt zwischen uns und anderen auf. Liebe auf andere auszudehnen ist ein Wunder, das den Prozess einleitet, unseren Geist wieder zur Einheit zurückzubringen.

Anstatt einen Körper zu sehen und ein Ego darauf zu projizieren, entscheidest du dich stattdessen dafür das „Ewige" aus deinem Inneren heraus auszudehnen. Dann werden Körper zu einem Mittel, um Licht anstelle der Illusion des Egos zu sehen. Anstatt dich für die Trennung zu entscheiden werden „die anderen" nun die Einheit für dich repräsentieren.

Das beginnt damit, dass du dich bemühst dies so oft wie möglich mit „den anderen" zu tun, die deinen Seelenfrieden stören. Sie können deinen Seelenfrieden nur stören, weil du eine besondere „Formbeziehung" zu ihnen aufgebaut hast oder weil sie nicht mit deinem Denken übereinstimmen. Du bist aufgefordert dies bei jeder Beziehung zu praktizieren, sei sie flüchtig und vergänglich oder sehr intim und lebenslang.

Dann, eines Tages, wirst du dein „Selbst" in einem anderen reflektiert sehen, ohne dass du dir Mühe gibst dies zu tun. Das ist eine heilige Beziehung. Der andere mag diese Erfahrung mit dir teilen oder auch nicht, aber du kannst sicher sein, dass du nie wieder derselbe sein wirst!

Am Ende ist alles Liebe und wenn es noch nicht Liebe ist, ist es noch nicht das Ende.

Die Heilige Beziehung als Erfahrung der Einheit

Die Heilige Beziehung ist die Erfahrung der Einheit in der Welt, die deinen Geist vereint und die Einheit mit dem Ewigen widerspiegelt. Sobald du die Heilige Beziehung mit einer Person erlebt hast, kann sie sich natürlich auf alle deine Beziehungen erstrecken. In der Tat, sobald du einmal erlebt hast, wie sich dein Selbst in einem „anderen" widerspiegelt, wirst du dir in jeder Beziehung darüber bewusst, dass du die Wahl hast, das Licht auszudehnen oder dein Ego zu projizieren.

Indem du wieder alle Beurteilungen in die Einheit durch Vergebung zurückbringst, wirst du bemerken, dass die geheilte Beziehung dich überall reflektiert. Wenn dies abgeschlossen ist, ist dein Verstand bereit für die Einheit Gottes.

Jedes Mal, wenn du Licht anstelle der Projektionen des Egos bewusst manifestierst, kannst du dir vorstellen, dass es ein weiterer Schritt ist, der deinen Geist zurück zur Ganzheit bringt. Der *Kurs* betont Beziehungen, weil sie für dich wichtig sind und sie vom Ego sehr effektiv genutzt werden, um dich in der Trennung vom Ewigen zu halten. Andere Menschen sind also Gelegenheiten dazu deinen Geist zu heilen, um dich in der heilenden Seele wieder zu erkennen.

ERINNERUNG:
Der Heilstrom deiner allumfassenden Seele steht dir unmittelbar zur Verfügung.

Beziehung als Gelegenheit, um Vergebung auszudehnen

Letztendlich läuft die Reise mit all ihren Intrigen, ihrer Metaphysik und ihrem Drama auf Folgendes hinaus: Wir sind hier, um Heilige Beziehungen und NUR Heilige Beziehungen zu allen Wesen zu schaffen. Und wir werden uns weiter inkarnieren, bis dieses Ziel erreicht ist. Wir sind nicht hier, um Karriere zu machen, zu heiraten, Kinder zu bekommen oder kreativen Ausdruck zu finden. Wir sind nur hier, um zu lernen und zu heilen und alles Lernen und Heilen führt uns zu einem einzigen Ort: zu Heiligen Beziehungen.

Alle Beziehungen (unabhängig von ihrer Form oder ihrem Titel) sind eine Gelegenheit die Vergebung auszudehnen. Wenn wir uns dafür entscheiden, unsere Urteile und Meinungen über andere aufzugeben und sie durch die Liebe und das Wissen Gottes zu ersetzen, betreten wir den heiligen Altar Gottes, der symbolisch in unserem Herzzentrum bleibt.

Lade jeden ein mit dir die Liebe zu teilen, deine Gedanken hierzu genügen:

„Ich nehme deine LIEBE an, mein Freund, denn mit dir möchte ich diese erfahren."

Es gibt nur eine Beziehung und die ist mit Gott

Dies ist eine zentrale Botschaft, die wir zu lernen haben. Sobald wir Gott in allem sehen wollen, werden wir unsere persönlichen Ideen über Beziehungen beenden können und uns nur noch auf die Wahrheit ausrichten. Alles und jeder bietet dir heute wieder genügend Möglichkeiten, diese Heilige Beziehung zu Gott herzustellen.

Beziehungen in dieser Welt sollten deine Beziehung zu Gott ersetzen. Sie können bei deinem Erwachen als heilige Beziehungen von Nutzen sein. Die Vision der Heiligen Beziehung, in der du die Einheit anstelle von Körpern und Persönlichkeiten siehst, verlangt nicht, dass andere die Erfahrung gleichzeitig mit dir teilen.

Deine einzige Verantwortung ist, diese Wahrheit für dich selbst zu übernehmen. Durch diese Erfahrung wirst du erkennen, dass es nur eine einzige Beziehung gibt, und du wirst nicht verlangen, dass andere etwas für dich sind, außer dem, was sie sind: LICHT in GOTT.

Zwischen Gott und der Welt gibt es keinerlei Beziehung. Das ist Befreiung!

Der Heilige Augenblick und Heilige Beziehung als Werkzeug

„Diesen heiligen Augenblick möchte ich dir geben. Hab du die Führung. Denn dir möchte ich folgen, gewiss, dass deine Anleitung mir Frieden bringt." EKIW

Der Heilige Augenblick und die Heilige Beziehung sind die beiden „Werkzeuge", die der *Kurs* dir anbietet, um sie im Namen des Erwachens einzusetzen. Es sind die gleichen Erfahrungen, denn die Heilige Beziehung ist der Ausdruck der Einheit mit Gott, die wir im Heiligen Augenblick erleben. Das bedeutet du entscheidest dich, die Welt nicht mehr als Bruchstücke und im immerwährenden Stau zu erleben, sondern Ganzheit zu repräsentieren.

Letztendlich gibt es nur einen Heiligen Moment, nämlich den Moment des Erwachens, der sich ewig ausdehnt. Dies ist wichtig, um zu verstehen, was Erwachen bedeutet. Der Heilige Augenblick ist ein Blick in die Wahrheit, eine kleine Reise in den Himmel, die sich in die Zeit schmiegt. Ohne diese Erfahrung werden wir befürchten, dass Gott und der Himmel erschreckende fremde Erfahrungen sind. Wir werden an den Heiligen Augenblick herangeführt, um uns daran zu erinnern, dass es sehr vertraute Erfahrungen sind. Wenn wir dazu bereit sind, können wir den Heiligen Augenblick – die Erfahrung der Ganzheit – in der Zeit erleben, wann immer wir wollen.

Der Heilige Augenblick ist ein Blick in die Wahrheit, deine Ganzheit, eine kleine Reise in den Himmel, die sich in die Zeit schmiegt. „Diesen heiligen Augenblick möchte ich dir geben, um mich als GANZ zu erfahren." Sobald wir uns dafür entscheiden, die Dinge anders sehen zu wollen, kann das Ewige durch uns wirken und uns behutsam an das Unausweichliche heranführen: Die wahre Schau, die nur lichtvoll ist. Der Heilige Geist ist für den Heiligen Augenblick verantwortlich. Wir können jetzt nach innen gehen und den Heiligen Augenblick (das Licht) einladen. Der Heilige Geist wird erkennen, wann du bereit bist ihn zu erleben: *„Lass mich die Dinge anders sehen."*

Das Ewige

Was braucht es, um sich an das „Ewig Ganze" zu erinnern?

Nichts. Wir müssen nichts tun, um zu sein, was wir sind. Vertraue nicht auf das Ego und seine Gesetze der Wirtschaft, der Medizin, der Ernährung, der Physik, der Freundschaft und seinen Überzeugungen, sowie Ritualen und Glaubensbekenntnissen, die dir sagen, dass du „kämpfen" musst, um zu überleben.

> Lasse den Glauben los, dass du auf einen Körper beschränkt bist.

> Lasse den Glauben los, dass du eine Vergangenheit oder eine Zukunft hast.

> Lasse von der Idee ab, dass du dich noch um eine Zukunft kümmern musst.

Beobachte nun, wie deine Sorgen und Zweifel aus deinem Bewusstsein verschwinden. Sieh stattdessen das funkelnde Licht deiner wahren Identität in Gott, unveränderlich und zeitlos. Die Wahrheit ist der gegenwärtige Augenblick, frei von allen illusorischen Einschränkungen und Begrenzungen.

Die Wahrheit ist jetzt – der gegenwärtige Moment, frei von allen illusorischen Einschränkungen und Begrenzungen. Im Erwachen zu Gott wirst du zuerst einen glücklichen Traum haben, der von Urteilen und Beschwerden bereinigt ist. Freude und Lachen werden Trauer und Kummer ersetzen. Der Verstand wird vollständig geklärt und „geordnet", die innere Antwort wird erscheinen und deinen Geist erleuchten.

Jetzt ist die Zeit der Befreiung, denn glückliche Träume führen zum Erwachen zur Liebe, zum Licht und zum ewigen Frieden. Willkommen zu Hause, vollkommene Seele des lebendigen Gottes!

Erinnerung an das Ewige

Für den Menschen ist die Welt zu real. Nur das ewig Stille kann uns von dieser hypnotischen und starren Sicht befreien, um damit Zugang zu einer weicheren, liebevolleren und friedlicheren Weltsicht zu erhalten.

Die Welt wird anders sein, wenn du dich veränderst. Du wolltest sie so wie sie jetzt ist. Deshalb braucht es nur das eine, um alles zum Besten zu verändern: deine Erinnerung an das EWIGE! Lass los, es ist ganz und gar an der Zeit, dich dem vollkommenen Therapeuten anzuschließen.

Das Ewige in dir

Wenn wir uns für das Ewige als unseren Lehrer, Führer und Heiler entscheiden, wird unser Leben mit dem Geist Gottes in Einklang gebracht. Wenn wir in Ausrichtung und Übereinstimmung mit dem Bewusstsein Gottes leben, wirken die Welt und all ihre Begrenzungen nicht mehr in gleicher Weise auf uns ein. Alles nimmt eine andere Bedeutung an, weil sich unsere Wahrnehmung vom Trennen zum Verbinden und vom Grollen zum Wunderwirkenden verändert hat.

Wir fühlen uns nicht mehr dazu gezwungen, unser Leben zu schützen oder Abwehrmechanismen einzusetzen, um unser „Ich-lein" (oder falsches Selbst) zu beschützen, weil wir uns an unser unschuldiges und wahres Selbst erinnern. Auch fühlen wir nicht mehr das Bedürfnis uns erklären oder rechtfertigen zu müssen, weil wir in unserem Herzen wissen, dass das was wir tun, nicht aus eigenem Antrieb (oder aus dem individuellen Selbst) geschieht, sondern dass der Geist Gottes durch uns wirkt. Und es mangelt uns nie an Sicherheit, weil wir im Licht der Liebe wandeln.

„Um euch herum schweben liebevoll Engel, um alle verdunkelten Gedanken von [Schmerz und Hass] fernzuhalten und das Licht dort zu halten, wo es eingetreten ist. Deine Fußabdrücke erhellen die Welt, denn wo du wandelst, geht Vergebung gerne mit dir." EKIW

Akzeptiere alle gegebenen Dinge als ein Geschenk unseres „Ewigen Geistes" zum Zwecke der Freude, des Friedens und des Erwachens zur Liebe.

Alles ist bereits da

Es gibt keine Notwendigkeit, irgendetwas selbst zu erzeugen. Durch das Ewige wurde schon alles erschaffen und was dir hilfreich ist, das kannst du nicht verändern. Du wirst nur dazu aufgefordert, den Schöpfungen der Liebe nicht im Weg zu stehen.

Auf dieser Ebene fangen wir damit an, den Himmel auf Erden zu erfahren und unsere wahre und perfekte Zukunft entfaltet sich durch den Königsweg des Augenblicks in der Gegenwart.

Sei präsent und renne nicht mehr von hier nach da. Sei einfach vollkommen da mit dem, was ist, und mit dem, was nicht ist, damit Freude und Frieden deinen Geist erreichen. Es ist unausweichlich, wenn du deiner Bestimmung ein „Ja" gibst.

Seine Ganzheit anzunehmen heißt, das Leben unaufhörlich in seiner Gesamtheit zu feiern.

Stelle deine Überzeugungen auf den Kopf, damit du aufrichtig deine wahre Größe und Erhabenheit erleben kannst.

Dem Ewigen in sich folgen

Die Welt, wie du sie siehst, ist deine Wahrnehmung und der verrückte Gedanke, dass du vom Ewigen getrennt bist. Das Ewige anzurufen und dich darin leiten zu lassen korrigiert diese Fehleinschätzung. Wenn du dem Ewigen in dir folgst, lernst du, dass Trennung unmöglich ist.

Was du das Licht in dir fragst und was es dir antwortet, ist gerade zu Anfang nicht wichtig. Wichtig ist, dass du gefragt hast und dass du offen für eine Antwort bist. Wenn du dem Ewigen folgst, wird jede Situation zu einer Möglichkeit, um Glück zu erfahren. Die Welt der Trennung wird nun zu einem Mittel, um sich daran zu erinnern, dass nur Einheit existiert.

Ein Grund, warum du hier bist, ist Frieden zu erlernen. Wenn es dir unwichtig ist im Frieden zu sein, dann hast du keinen Grund zu lernen, zu lauschen oder zurückzutreten, um dich schließlich mit dem Ewigen zu identifizieren. Deshalb nutze alle Situationen, um dich nicht mehr als außerhalb Gottes zu erfahren.

Durch diese Verbindung wird der Teil deines Geistes, den du der Illusion überlassen hast, in die Wahrheit zurückgeführt. So heilst du alle Schmerzen, Einsamkeit, Leere und Ziellosigkeit. Das ist deine einzige Verantwortung.

Entziehe dich nicht deiner Verantwortung, Schmerzen, Leiden, Sorgen, Mangel und Krankheit in dir heilen zu lassen. Mach das Licht an und lasse nicht zu, dass Dunkelheit dein Herz beschwert.

Vertrauen in das Ewige

Wir alle sind gerufen. Obwohl alle gerufen sind, scheinen nur wenige zuzuhören und zu antworten. Antworten bedeutet, einfach glücklich zu sein, denn der Wille des Ewigen ist vollkommenes Glück. Das Zeit-Raum-Gefüge wurde als ein Mechanismus geschaffen, um das vollkommene Glück des Himmelreichs zu vermeiden. Doch wenn man auf den Ruf antwortet, kann es nur Glücklichkeit geben.

Das Vertrauen in das Ewige ist der Schlüssel zum Erwachen. In dem Maße, in dem du vertrauen kannst, wirst du dir zunehmend bewusst, dass du keine Probleme hast. Dieses Vertrauen wird jetzt jedes Problem lösen. Es wird dich von der Idee der Krankheit befreien und alle Selbstangriffe beenden. Ein einfaches Leben des Vertrauens wird unmittelbare Ergebnisse in Form von Seelenfrieden bringen. Sanftmütige sind dem Himmelreich sehr nah.

Erkenntnisse durch die Beziehung zum Ewigen

Die Beziehung zum Ewigen/zu Gott hat bei mir überraschende Ergebnisse hervorgebracht:

> Beziehungen, die ich bisher aus Angst vor weiteren Verletzungen vermieden habe, sind nun willkommene Gelegenheiten mich im Geist Gottes zu erfahren.

> Mein bisheriger Blick auf Mangel ist geheilt, stattdessen bietet sich Überfluss in allen Lebensbereichen an.

> Geborgenheit und Vertrauen sind zu meiner Lebensgrundlage geworden, „Ungewissheit über…" ist verschwunden.

> Zweifel, die bisher meinen Geist zermürbten, haben ihre Anziehungskraft verloren.

> „Das Schlechte ist das Gute, das noch nicht transzendiert wurde" ist zu meinem Slogan geworden.

> Ich lasse mir vom Ego nicht mehr die Nebelschwaden der Zeit vorhalten, die mir suggerieren, dass es in der Zukunft noch etwas zu finden gibt.

> In allem was ich wahrnehme, lasse ich Transzendenz wirken, was sofortige Ergebnisse hervorbringt. Die Zeit der Transformation ist vorbei.

> Ich bin geduldig geworden, weil ich erkannt habe, dass unendliche Geduld sofortige Ergebnisse hervorbringt.

> Die Vergangenheit zerfällt zu Staub und verliert immer mehr ihren Einfluss auf mich.

> Was ich empfange, habe ich gegeben, deshalb achte ich sehr darauf, was ich heute empfangen möchte.

> Mein Schicksal ist vom Grad meiner Integrität abhängig und jeder Versuch dem zu entkommen, ist ein ungehörtes Klagelied an das Universum.

> Je mehr ich gebe, desto mehr empfange ich.

> Alle Ressourcen sind in mir.

> Mir wurde klar, dass es nur eine Art zu verlieren gibt: nicht an sich und seine wahre Stärke zu glauben.

> Schlussendlich bin ich ein glücklicher Schüler der Liebe. Mein einziges Interesse liegt nur noch darin, der Stimme des Ewigen meine Aufmerksamkeit zu schenken und durch diese wirksam zu sein. Es ist mir eine große Freude dies alles mit dir zu teilen.

Die Führung durch das Ewige

Bei jedem Schritt auf dem Weg bietet das Lächeln des Ewigen Geistes sanfte Führung an: in dem was zu denken, zu sagen und zu tun ist. Es gibt ein Gefühl der Ruhe und Leichtigkeit, das entsteht, wenn man Entscheidungen mit dem inneren Lächeln, dem Ewigen Geist trifft und damit die Freisetzung von Ich-Zielen und Ich-Erwartungen aufgibt. Es gibt eine große Wende von der Verfolgung zukünftiger Ego-Ziele hin zur Feststellung, dass es durchaus Sinn macht die Zukunft in „Gottes Hände" zu legen.

Die Verfolgung zukünftiger Ego-Ziele wird als absurd erkannt, stattdessen wird der große Plan als wahr und wirklich angenommen. Vom Heiligen Geist kommt die Führung, um die Maske, die Persona und alles von der Maske zu lösen, einschließlich des Konzepts eines „persönlichen Lebens". Das Empfangen bedingungsloser Freude wird zu unserer Führung, weil wir diese bereitwillig in allem geben.

Das kleine Selbst hat nie existiert, weil kein Selbstkonzept jemals im Licht der Wahrheit bestehen könnte. Wenn wir uns nicht außergewöhnlich freudig fühlen, benutzt der Betrüger (das Ego) die „Führung", um uns davon abzuhalten, die unaussprechliche Freude des Seins zu empfinden. Welcher Geisteszustand würde entstehen, wenn diese Zeit stattdessen dem ewigen reinen Geist zur Verfügung gestellt würde? Investiere in dein Lächeln und der Lohn ist groß und ewig.

Menschen, die an die Selbstkonzepte von „Lehrern, Autoren, Eltern, Speakern oder Schreibern" glauben, haben weder das Geistestraining angenommen noch die wahre Freiheit erfahren, die über Konzepte hinausgeht. Deshalb bringt es nichts, zu ihnen aufzuschauen, um Klarheit und Weisheit zu erlangen. Versuche nicht dem Körper zu folgen. Lasse dich stattdessen von den Früchten des Geistes und der Freude inspirieren, die in der wahren Weisheit und Freude offensichtlich sind.

ERINNERUNG:
Du bist das, was du bist, weil du nach wir vor „Eins in Gott" bist, dem Ewigen Geist der Liebe.

In der Liebe des ewigen Gottes ruhen

Der Funke des Ewigen reflektiert die immerwährenden großen Strahlen des Lichtes der Wahrheit. Ewiger Friede, Ewigkeit und Verstehen sind eins, obwohl Zeit im Verstehen dessen, was ist, unmöglich ist. Das Nichtwissen über Zeit und Raum ist die höchste „Errungenschaft" beim Verlernen oder Schälen der Zwiebel des Bewusstseins.

Nichts über die Welt zu wissen und alles in die Hände Gottes zu legen, ist das Höchste, was wir tun können. Alle Beurteilung wird enden und Vergebung auf allem ruhen. Diese Perspektive öffnet den Weg für die Erinnerung an den Geliebten in uns, der alles Verstehen und ewiges Wissen ist. Nur Gott und das göttliche

Selbst können erkannt werden. Alles andere wird zu verschwinden scheinen! Welche Erleichterung, sanfte Gelassenheit und süße Ruhe in der Liebe des ewigen Gottes zu ruhen!

Die Gaben des Ewigen

Während das Vertrauen in die Führung des Ewigen heranwächst, wird deutlich, dass die einzigen Gaben, die es wert sind, geteilt zu werden, die Segnungen sind, von denen Christus gesprochen hat, und die für immer Bestand haben. Unser eigenes Wesen ist die Gabe, der Friede, die Liebe, der Überfluss und die Freude, die Christus ausstrahlt. Sie werden für immer und ewig andauern.

Wenn das Nichts des Egos freigelegt worden ist, bleibt aller Wert und Sinn für immer. Die „Gaben" des Egos befriedigen nie die Sehnsucht in das Licht zu gelangen. Lehne dich heute zurück und lass das Wunder der Genesung geschehen. Gib das Wunder der Heilung und empfange es. Jeder ist in dem heiligen Augenblick gesegnet, in dem Christus im Bewusstsein geboren wird.

Erlebe wie wunderbar es sich anfühlt, alles zu sein und alles, ohne jegliche Grenzen, zu erweitern. Der ewige Geist erwartet nichts und bietet alles an, indem er einfach ist. Das ist geben, wie Gott gibt. In Gott gibt es keinen Mangel. Wenn das Nichts des Egos offenbart wird, offenbart sich die Schuld als unmöglich. Kein Schmuckstück kann die Gabe des Vergebens anbieten. Empfange heute das Wunder, das dir vom Segen Christi offenbart wird.

Das Ewige an die erste Stelle setzen

Wenn du Überfluss, Glück, Frieden und Freiheit erfahren willst, dann setze „Gott das Ewige" wieder an die erste Stelle. Unsere gesamte menschliche Erfahrung eröffnete sich mit dem Glauben, dass wir uns entschieden hätten, uns von Gott zu trennen, was jedoch eine Unmöglichkeit ist. Danach begannen wir uns mit unserem daraus resultierenden Selbsturteil zu identifizieren. Diese falsche Identifikation kann durch die Entscheidung für Gott wieder rückgängig gemacht werden.

Wir beginnen mit dieser Umkehrung, indem wir das Ewige wieder an die erste Stelle setzen.

Dies wird erreicht, indem wir nicht mehr an unsere Schöpfungen, unsere Urteile und Projektionen glauben, sondern uns stattdessen für Vergebung entscheiden und den Christus in jedem Menschen sehen.

Durch Vergebung lösen wir unsere (meist unbewusste) Schuld und Scham und unsere Investition in die Welt der Illusion. Auf diese Weise kehren wir wieder zu unserem Flow der Liebe zurück. Glückseligkeit und der majestätische Ausdruck des Überflusses werden die Geschenke sein, die wir hierdurch empfangen werden.

Wahrnehmung

Das Wirken der wahren Wahrnehmung

Solange wir unsere wahre Natur verleugnen, wollen wir aus Zitronen Orangensaft herstellen, was logischerweise immer zu Konflikten führt.

Die wahre Wahrnehmung erkennt zunächst an, dass das, was die Augen des Körpers aufzeigen, neutral ist und die Art und Weise wie du es erlebst von deinem eigenen Lernziel bestimmt wird und nicht von der Person, dem Ding, der Situation oder dem Ereignis selbst. Die wahre Wahrnehmung erkennt weiterhin an, dass der einzige Wert der Welt darin besteht, dass man sich in einem Klassenzimmer befindet und man wählen kann, was man darin lernen möchte. Sie interpretiert die Welt als ein Mittel, um sich daran zu erinnern, dass man immer „Eins mit Gott" ist, indem man dieses Bewusstsein auf die Welt ausdehnt.

Wenn wir die Welt durch unsere Ganzheit sehen, verliert sie nach und nach die Bedeutung, die wir ihr gegeben haben. Was am Anfang einen hohen Grad an Aufmerksamkeit erfordert, wird mit der Zeit immer müheloser und du wirst friedlich durch diese Welt gehen und ein Zeugnis für die Macht des inneren Lichtes sein, weil die Welt keine Macht mehr über dich hat. Solange sie diese noch über dich hat möchtest du dich als Opfer in ihr erfahren.

Wer sich mit seinen tiefen wahren Wünschen und Bedürfnissen verbindet, wird unweigerlich mit seinen blockierten Gefühlen in Berührung kommen. Die Angst davor zeigt sich durch ein überhöhtes Maß an Wehklagen. Wir wollen dann lieber, dass sich die andere Person verändert, weil wir uns nicht verändern wollen. Das äußert sich dann in einem Klagelied der Hoffnungslosigkeit. Die Entscheidung, seinem wahren Weg zu folgen, was Veränderung mit sich bringt, wird hinausgeschoben. Die persönlichen Gesetze und Regeln sind wichtiger als ein Erblühen in der Seele.

Wer stattdessen Verantwortung dafür übernimmt, sich zu verändern, indem er seine Fehlwahrnehmung durch eine ganzheitliche Wahrnehmung ersetzt, der wird den Erfolg und das Glück erfahren, nach dem er sich so sehr sehnt.

Wir müssen keine Angst vor Größe, Licht und Freude haben. Wir müssen nicht im Beklagen über den anderen oder die Welt stecken bleiben. Wir können stattdessen in allem den Christus einladen, der um uns bis in die letzte Pore weiß. Es muss sich verändern, was stagniert. Sei in Fürsorge und Sanftmut mit dir. Beende das Klagen, es kann nichts geschehen. Unsere Sinne sind Boten unserer Fehlwahrnehmung. Wer diese durch die Ganzheit korrigieren lässt, findet das, wonach er wirklich sucht.

Wahrnehmen ohne Gefühl?

Wir haben es uns nicht mehr erlaubt, bestimmte Wesenszustände aus der Kindheit wahrzunehmen und sind infolgedessen zu Verstandsmenschen mutiert.

Das hatte Folgen, denn unsere Bewusstseinszentren wurden in ihrer Funktion unterbrochen, was dazu führte, dass unser Energielevel nach unten geregelt wurde und das Wissen um unser wahres Sein verloren ging. Krankheit, Krieg, Depression und derlei Dinge mehr konnten sich daraufhin ausbreiten. Falls du mit dieser Information etwas anfangen kannst, hast du schon einen großen Schritt in die heilige Ordnung unternommen.

Mal ehrlich, konntest du jemals über deine fünf Sinne – sehen, riechen, schmecken, hören, fühlen (kinästhetisch) – hinaus irgendetwas erfahren, wenn kein Gefühl zugeschaltet wurde? Selbst ein guter Kinofilm erreicht uns nur über die ausgelösten Gefühle, ansonsten hat er für uns keinen Wert. Einen schönen Sonnenuntergang, Zärtlichkeit oder ein wohltuendes Essen erfahren wir nur zu gern. Aber wie sieht es mit den unangenehmen, noch nicht integrierten Gefühlen aus, die sich zu starken Emotionen entwickeln können? Wir wollen Unliebsames nicht mehr wahrnehmen und schalten diese Eindrücke dementsprechend aus. Das können wir und dies war auch ein bewährter Überlebensmechanismus, der uns oftmals über das eigene Unverständnis, unsere Kindheit und die Erfahrung von Schmerz hinwegtröstete. Der Preis ist hoch, hält er uns doch von unserer Quelle des Glücks in Distanz. Deshalb wählen wir heute die Liebe Gottes zu erwidern.

Das Erleben der Welt hängt von unserer Wahrnehmung ab

Die Welt, so wie wir sie sehen, hängt von unserer Wahrnehmung ab. Es gibt keine Schwierigkeiten in Wundern, sondern nur in unseren Gedanken. Sobald wir uns für das Himmelreich öffnen, ändert sich unsere Wahrnehmung. Dort, wo vorher noch auf konfliktreiche Situationen geschaut wurde, wird die Korrektur angenommen und unser Geist in die universelle Ordnung zurückgeführt. Dies führt dazu, dass sich die Konflikte auflösen, weil wir nicht mehr daran festhalten wollen. Lauf nicht mehr dem Glück nach, es ist in dir selbst. Suche nicht mehr nach Wohlstand oder anderen Dingen, alles ist in dir selbst und wird sich mühelos durch deine dankbare Anbindung zu deiner wahren Größe zeigen können. Die einzigen Grenzen sind die, die wir uns durch den Glauben an ihre Existenz selbst setzen. Wir sind jetzt schon vollwertig vollendet. Das Universum hat uns dies bereits von Anfang an mitgegeben.

Eine neue Art die Welt zu sehen

„Sei still und lege alle Gedanken darüber, was du bist und was Gott ist, alle Konzepte, die du über die Welt gelernt hast, alle Bilder, die du von dir selbst hast, beiseite." EKIW

Wir haben viele falsche Wahrnehmungen und Vorstellungen im Kopf. Diese sind zielgerichtete Blockaden für unseren Seelenfrieden. So paradox es auch erscheinen mag, wir halten an falschen Sichtweisen fest, weil sie uns unglücklich machen. Wir alle sind bis zu einem gewissen Grad süchtig danach, Angst zu haben und unglücklich zu sein. Aber normalerweise sind wir uns dieser Sucht nicht bewusst, und das ist es, was die Welt grausam oder beängstigend erscheinen lässt. Wir denken unsere Probleme oder Feinde sind „da draußen" in der Welt, aber in Wirklichkeit sind sie in unseren eigenen gewohnten, unproduktiven Sichtweisen. Glücklicherweise haben wir einen wirksamen Weg unsere Sichtweise zu ändern, und zwar durch die QUELLE in uns.

Wahrnehmung ist eine Wahl

Die Wahrnehmung ist eine Wahl dessen, was du sein und wie du dich erfahren willst. Der *Kurs* verwendet das Wort „Wahrnehmung" sehr häufig und bezieht sich sowohl auf das, was wir physisch sehen, als auch darauf, wie wir sehen, angetrieben von unseren Gedanken. Viele wissenschaftliche Untersuchungen bestätigen, dass wir Elemente in unserer Welt sehen, die auf dem basieren, was wir glauben und was wir erwarten zu sehen. Das nennt man „selektive Wahrnehmung", was impliziert, dass wir alle Dinge sehr unterschiedlich sehen. Das bedeutet, dass das, was wir in unserer physischen Welt wahrnehmen immer mit den inneren Gedanken übereinstimmt, die für uns relevant sind.

Wir alle erleben unterschiedliche Welten, je nachdem wie unsere Gehirne programmiert wurden. Wir müssen verstehen, dass uns diese Gehirnwäsche in eine Trance versetzte, die unvollständig ist und keinerlei Wahrheitsgehalt hat. **Wir sehen und erfahren immer das, was wir zu sehen und zu erfahren erwarten.**

Die Unterschiede in dem, was wir selbst unter den gleichen Umständen erleben, entstehen aufgrund unserer jeweiligen Überzeugungen, Gedanken und Konzepte. Nichts davon ist jedoch wahr!

„Die Wahrnehmung scheint zu lehren, was du siehst. Dennoch zeugt sie nur von dem, was du gelehrt hast. Sie ist das äußere Bild eines Wunsches, ein Bild, das du wahrhaben willst." EKIW

Selbstfülle wahrnehmen und erleben

Wir wurden konditioniert zu glauben, dass wir Körper sind und nichts mit dem zu tun haben, was um uns herum geschieht. Außer es gefällt uns mal ausnahmsweise gut. Wer sich selbst auf diese Weise verleugnet, bleibt ein unbewusstes, getrenntes Ding, das sich nach Liebe sehnt. Die Gabe schöpferischer Manifestation wird unterdrückt und das Wissen nicht beachtet, dass du in jedem Augenblick als geistiges Wesen deine Welt erschaffst. Deshalb kommt es uns auch nicht in den Sinn, Verantwortung für unsere Erfahrungen zu übernehmen.

Wer nicht erkennen kann, dass alles eine kreative oder fehlkreative Wahrnehmung seines Geistes ist, projiziert in unverantwortlicher Weise seine Unzufriedenheit und löst sich unbedacht von allem. Das nennt man naiv und Ganzheit bleibt hierbei ein fernes Gefühl. Verbinde dich mit dem Christus, der du bist, und lass dich an die Einheit mit Gott erinnern. Aktiviere deinen Willen, durch den du zu deiner Stärke zurückfindest.

Begebe dich in Selbstfülle und dehne deinen wahren Reichtum, die Liebe in alles aus. Dann wirst du sehen, wie kostbar du bist, wobei all das was dich ängstigt, verschwindet. Selbstfülle ist mehr als ein Wort. Es beinhaltet all das, was du wirklich bist.

Sobald du dich mit Selbstfülle auseinandersetzt, wird dein Bewusstsein diesbezüglich erweitert. Das Wort Selbstfülle hat es in sich. Es kann deiner Einstellung und somit deinem Leben vollständigen Überfluss bescheren. Fühle, rieche, atme es. Selbstfülle ist für den, der sich hiermit auseinandersetzt, nicht nur ein Wort, sondern ein Wunder. Das Ego kennt nur endliche Lebensabschnitte. Auf der materiellen Ebene besteht ein Kuchen nur aus einer begrenzten Anzahl von Stücken, doch auf der geistigen Ebene gibt es keine Begrenzungen. Sieh das Ganze und nicht nur einzelne Bruchstücke.

Jedes Problem wird durch eine falsche Wahrnehmung erzeugt

Wahrnehmung wird durch Projektion erzeugt. Jedes Problem ist folglich ein Problem der Wahrnehmung. Anders zu sehen heißt, Illusionen hinter sich zu lassen, bis schließlich nur noch die Wahrheit übrigbleibt. Bis dahin sind wir aufgefordert unseren Fokus nach „innen" zu richten, wodurch wir Heilung und Freiheit erlangen und die Dinge ganzheitlich sehen können.

Die goldene Regel

Du reagierst auf das, was du wahrnimmst, und wie du wahrnimmst so wirst du dich verhalten. Nach der Goldenen Regel sollst du anderen das tun, was du willst, dass sie dir tun. Das bedeutet, dass die Wahrnehmung beider akkurat sein muss. Die Goldene Regel ist die Regel für angemessenes Verhalten. Du kannst dich nicht angemessen verhalten, wenn du nicht richtig wahrnimmst.
„Da du und dein Nächster gleichwertige Mitglieder einer Familie seid, wirst du beide so behandeln, wie du beide wahrnimmst. Du solltest von der Wahrnehmung deiner eigenen Heiligkeit aus zur Heiligkeit der anderen schauen." EKIW

Wunder

Wundergesinnte erkennen in allem eine Gelegenheit

Wenn es dein Ziel ist, viel Geld zu verdienen, Anerkennung zu erlangen oder Macht in der Welt zu haben, dann hast du viele Modelle in der Welt, aber wenn dein Ziel das Ewige ist, gibt es kein Modell, dem du folgen kannst. Denn das Ewige ist nicht etwas, das du in der Zukunft erreichst. Das Ziel ist jetzt hier.

Du musst ganz in der Gegenwart leben, wenn dein Ziel deine Ganzheit ist. Das bedeutet, dass das, was du in der Welt tust, kein Selbstzweck ist, sondern ein Ausdruck deiner Beziehung zum Ewigen. Manchmal wirst du die Dinge auf konventionelle Weise tun, oftmals nicht. Deine Aufmerksamkeit konzentriert sich im Inneren auf die Aufrechterhaltung deines Friedens oder deines Gefühls der Verbindung zum Heiligen Geist. Hierbei wirst du dir der Wunder hinter allen Dingen gewahr.

Wenn dein Ziel die Welt ist, dann ist dein Ziel die Trennung vom Frieden und deine Aufmerksamkeit konzentriert sich darauf von der Welt das zu „bekommen", was dich scheinbar glücklich macht. Wunder sollen sich dann durch besondere Dinge äußern, indem du erhältst, was du dir wünschst.

Es ist aus Sicht der Welt sicherlich unpraktisch in der Gegenwart zu leben und nur der Führung des Ewigen zu folgen, aber es ist auch völlig befreiend. Es gibt keine größere Freiheit als die

Freiheit, die dadurch entsteht, dass man jetzt lebt und sich des gegenwärtigen Friedens in sich bewusst ist.

ERINNERUNG:
Es gibt nichts Schöneres als wundergesinnt zu sein und Wunder in jeder Lebenssituation zu empfangen.

Durch Wunder aus dem Chaos emporsteigen

Unser Groll ist der Weg des Egos zur Erlösung, aber es ist ein Weg nach nirgendwo. Wunder sind der Weg, der uns durch den großen Plan gereicht wird, um uns aus dem Chaos zu befreien, das wir angerichtet haben. Es gibt kein Problem, das nicht auch Groll in sich birgt. Selbst in unserem größten Chaos bietet uns die Liebe ein Wunder an. Greif zu! Erkenne die Ordnung der Liebe. Es gibt eine größere Ordnung, die all das zusammensetzt, was jetzt noch als Chaos erscheint.

Das Wunder bringt unseren Geist in einen klaren Fokus

Das Wunder ist die Option. Es gibt Unterdrückung oder das Wunder, das wir in alles einladen können, um unseren Spiegel zu reinigen. Die Unterdrückung oder die Ungerechtigkeiten gehen nirgendwohin. Sie bleiben horizontal, aber das Wunder geht nach oben. Wir schauen vertikal, das heißt immer in der Gegenwart.

Wir gehen zurück zur Quelle und sind somit heilsam in allem. Solange wir unsere Bereitschaft für Wunder offenhalten, werden wir in allen Belangen zur Lösung geführt, die zum Besten für alle Beteiligten existiert. Geben wir uns nicht mehr mit Kleinheit zufrieden, das ist unter unserer Würde. Öffnen wir uns stattdessen in unsere wahre Größe.

Wir können in jeder Situation Wunder wählen

Wunder sind natürlich und sehr gewöhnlich. Wir brauchen keine außergewöhnlichen Zeichen und Symbole. Wir müssen nur das beruhigende und friedliche, noch immer bestehende Bewusstsein erleben, das immer in uns ist. Es ist, wer wir sind. Wir sind die lebendigen Darstellungen von Liebe, Licht und Freude.

Es ist das brennende Feuer in deinem Herzen und das, was dich im Herzen mit deinen Schwestern und Brüdern verbindet. Wohin du auch gehst, du kannst Wunder wirken, indem du freundlich lächelst, die tiefe Verbindung der Liebe fühlst oder einfach dein Herz dorthin öffnest, wo Ungewissheit herrscht.

Fühle eine tiefe Verbindung zu allem, damit sich der größere Plan in deinem Geist erfüllen kann. Gib dich hin und erfahre hierin deine Freiheit. Dein Leben ist dafür bestimmt!

ERMÄCHTIGUNGSIMPULS:
Folge deiner Bestimmung, sie ist es, die deine tiefe Sehnsucht erfüllt.

Wunder machen Kontrolle überflüssig

Wunder zeigen, dass alles ohne die Notwendigkeit persönlicher Kontrolle oder persönlicher Anstrengung bereitgestellt wird. Alles geschieht mühelos und wird durch deine Großzügigkeit erweitert. Das ist göttliche Leichtigkeit. Somit machst du die Welt von allem los wofür du sie hieltest und der Leitstern der Wahrheit wird dich führen können.

Probiere es aus, was hast du zu verlieren?

Das bedeutendste Wunder ist immer der eigene Geisteszustand

Wunder sind der sanfteste Weg, um den Geist zum Bewusstsein des Ewigen zurückzuführen und das bedeutendste Wunder ist immer das Leuchten des Geistes.

In einer Welt der Schuldgefühle wird deine Freude wie ein heller Stern am dunklen Himmel auffallen. Ein Zeichen von Wundern ist das Gefühl der Synchronizität, wo Dinge mühelos und ohne Planung geschehen. Es ist, als ob du nur beobachtest, ohne dass du dich persönlich bemühst, es geschieht einfach. Das Leben fühlt sich wie ein Fluss an.

Sobald wir die Investitionen in das Ego losgelassen haben, sehen wir, dass wir keine Kontrolle über die Ergebnisse haben und brauchen. Wir versuchen dann nicht mehr Personen, Ereignisse oder Situationen zu kontrollieren. Wir erkennen die Perfektion, die immer vorhanden ist und in allem wirkt.

Je mehr wir uns in diesem Fluss befinden und uns dem Leuchten des Geistes gewahr werden, desto natürlicher fühlt es sich an, dass die alte Art der Wahrnehmung weggespült und vergessen wird. Es fühlt sich an, als wäre die Vergangenheit nie geschehen. Der Gedanke an einen Missstand kommt nie auf, denn du bist zu Hause in Gott.

Um ein göttliches Wunder bitten

Wenn du in deinem Leben Prüfungen erlebst, beanspruche ein Wunder. Das kleine Selbst mag sagen: „Nein, nein, nein", aber das Wahre Selbst sagt: „Ja", damit jede Gelegenheit wahrgenommen werden kann.

Einige von uns entscheiden sich für die Verwirklichung durch ein Trauma oder eine Krise, um ein tieferes Verständnis dafür zu entwickeln, dass das kleine Selbst nicht die Mittel haben kann, um eine Situation zu beheben, und, dass das Vertrauen auf das

Göttliche wesentlich ist. Das Göttliche in uns ist in der Lage, jede x-beliebige Situation durch ein Wunder zu ersetzen. Wir brauchen nur zu sagen und zu meinen:

„Ich komme mit dieser Situation nicht klar und brauche stattdessen ein göttliches Wunder."

Wenn du verstehst, dass dies eine Reise, eine Ausbildung, eine Gelegenheit und Verwirklichung eine Etappe davon ist, wirst du verstehen, dass Verwirklichung einfach eine andere Art des SEINS ist. Es ist eine Reflexion des Ewigen SELBST und wir werden so lange nicht ruhen, bis wir dieses Erbe angenommen haben.

Die Erde ist eine Ausbildungsstätte für den wahrnehmungsgestörten Christus.

Ein Wunder ist Licht, welches illusionäre Schatten auflöst

Schau nach innen und du wirst dich in deiner ganzen Schönheit wiederfinden.

Du träumst einen Traum der Fragmentierung. Der ewige Geist hat diesen Traum nicht gemacht, es ist eine Projektion. Das Erste was man tun muss, ist Ursache und Wirkung umzukehren. Wir glauben das Opfer dieser Welt zu sein, die wir erfunden haben. Solange wir weiterhin glauben, ein Opfer ohne Macht zu sein, stecken wir fest.

Wir müssen Ursache und Wirkung umkehren, um dem „Heiligen Geist" Einlass zu gewähren. Der „Heilige Geist" weiß, dass es keine wirkliche Ursache in dieser Welt gibt, weil das Ego nicht real ist. Gott hat das Ego nicht erschaffen. Was wir also tun müssen, ist das Ego zu entlarven. Jedes Mal, wenn wir versucht sind, irgendjemanden zu beschuldigen – den Ehepartner, den Job, die Politik – können wir ein Wunder wählen und uns neu entscheiden. Ein Wunder ist Licht, welches illusionäre Schatten auflöst.

Das Wunder erinnert uns daran, dass nichts die Kraft hat, den Frieden wegzunehmen und dass das, was uns Sorgen zu bereiten schien, an Realität verliert. Je mehr wir dies auf die Welt übertragen und in unserem täglichen Leben praktizieren, desto schneller wird uns klar, dass es auf dieser Welt nichts gibt, was uns den Frieden nehmen kann, weil die Welt nicht real ist.

Wähle die Wunder des geheilten Augenblicks.

ERMÄCHTIGUNGSIMPULS:
Es gibt nichts was dich bedrohen kann, außer deinen eigenen Gedanken.

Wunder – Inspiration für dein tägliches Weihnachten

Das Leben kann voller Wunder sein, wenn du die folgenden Hinweise beachtest:

> Öffne dein Herz und deinen Geist.
> Lasse die Wolken an dir vorbeiziehen.
> Lasse alles genau so sein, wie es ist.
> Lass die Flut kommen und die Ebbe gehen.
> Lasse die Blätter fallen, wohin sie wollen.
> Versuche nicht etwas zu verändern oder anders haben zu wollen.
> Lass los von den Ideen, du könntest in deinem Seelenplan, den du vor deiner Zeit gewählt hast, noch irgendetwas umformen.
> Deine Befreiung liegt darin zu beobachten und alles genau so sein zu lassen, wie es ist, ohne etwas zu wollen, zu brauchen oder zu beurteilen.
> Lehne dich zurück, chille das Leben, leuchte von innen und ruhe in der Anwesenheit des LICHTES, das du bist.

Durch Vergebung geschehen Wunder

Wunder können definiert werden als ein Wechsel vom Ego-Bewusstsein zu Gott oder Christus-Bewusstsein, ein Wechsel von der Angst zur Liebe, vom Schmerz zur Heilung und vom Trauma zur Freiheit. Eine solche innere Verschiebung der Wahrnehmung oder des Bewusstseins führt in der Regel zu einem inneren Wunder, das sich gewöhnlich auf unsere inneren Gefühle und Wahrnehmungen auswirkt. Wunder werden durch Vergebung erlangt und es werden auf einzigartige Weise sowohl die Wirkung als auch die Empfindungen zur jeweiligen Situation verändert. Diese Verschiebung verwandelt deine Wahrnehmung und somit deine Welt! Mit anderen Worten, wahre Heilung und Wunder müssen im „Inneren" stattfinden, bevor sie den Körper und deine Welt tatsächlich erreichen. Der zerbrechliche, sterbliche Körper ist an sich schon eine begrenzte Sache. Dies wird durch die Tatsache bestätigt, dass das, was der Körper tun kann, immer begrenzt ist und am Ende stirbt der Körper, obwohl er in Wahrheit nie gelebt hat.

„Wer die Freiheit in einem Körper sucht, sucht sie dort, wo sie nicht zu finden ist." EKIW

Da wir unserem Geist erlauben, sich mit dem Körper zu identifizieren, sind wir in der Illusion gefangen und glauben, dass wir ein Körper sind und daher begrenzt leben.

Die Wirkung von Wundern

Einige Schüler des *Kurses* versuchen ihr Selbstgelerntes zu nehmen und auf den *Kurs* zu übertragen – oder besser gesagt den *Kurs* so anzupassen, wie sie bereits glauben zu wissen. Dies begrenzt die transformative Kraft des *Kurses*.

Ein neues Lernen ist erforderlich, durch das wir verstehen, dass das, was wir bereits in der Welt erleben, nicht die Wahrheit ist. Es sind unsere eigenen Bilder bzw. geistigen Kinder, die wir erfahren wollen und deshalb immer wieder reproduzieren. Das Wunder löst dies alles auf.

Das Wunder hebt unseren Geist aus Zeit, Raum und Form heraus. Es verbindet uns mit der ganzen Schöpfung. Ohne das Wunder ist die Wissenschaft des *Kurses* bedeutungslos. Es ist eine universelle Erfahrung, die notwendig ist, um die Wahrnehmung der Trennung von der Schöpfung rückgängig zu machen.

Wunder werden im Licht und in der Liebe gesehen

Möchtest du ein Wunderwirkender sein? Nichts leichter als das, es gibt allerdings ein paar Regeln zu beachten. Wenn wir ein Wunder erfahren wollen, bitten wir in der Regel um Linderung der äußeren, manifesten Symptome von Problemen, die wiederum in unserem Denken begannen. Äußere Wunder scheinen daher begrenzt und hinsichtlich des Zeitpunkts oder der Form ihrer Manifestation nicht vorhersehbar zu sein. Die Manifestation von Wundern ist eine Wiederherstellung der göttlichen Ordnung. Unser freier Wille besteht darin, diese göttliche Ordnung wiederherzustellen. Wenn wir um schnelle Lösungen oder allzu konkrete Antworten, die von unserem Ego entworfen wurden, bitten, sind die daraus resultierenden äußeren Wunder oder Verschiebungen vage – manchmal werden sie erkannt, meistens nicht. Umgekehrt, wenn unser Geist offen ist und wir keine Angst mehr vor der Lösung, das heißt vor der Liebe haben, dann können wir die größtmöglichen Wunder erleben. Wenn wir „wunderwirkend" sind, sollten wir daher um ein Gefühl oder eine Bewusstseinsverschiebung bitten und nicht um eine Sache (äußeres Wunder).

ERMÄCHTIGUNGSIMPULS:
Wunderwirkende verlangen nicht nach konkreten Dingen.
Sie verlangen immer nach einer inneren Erfahrung.

Wir verdienen Wunder

Es gibt Menschen, die glauben sie müssten nur Gott um ein gelegentliches Wunder bitten und auf das Beste hoffen. Wunder werden nicht von Gott gesandt, wie etwa Care-Pakete, obwohl nichts Falsches daran ist, sie als solche zu sehen. Wunder kommen zu denen, die im Bewusstsein von Wundern sind. Es ist wie „den Geist Christi anziehen".

Um ein Wunder zu manifestieren, müssen wir lernen und akzeptieren, dass wir ein solches Wunder verdienen. Und das erreichen wir am schnellsten, indem wir uns erinnern, dass wir von der Liebe Gottes erhalten werden. Dies ist letztendlich das Einzige, was wir begreifen müssen, damit unser irdisches Dasein einen Sinn ergibt! Wunder helfen uns zu heilen und die Art und Weise, wie wir die Sicht auf die Welt verändern, beinhaltet eine „Wundermentalität" aufzubauen und einen Bewusstseinswandel vom Opfer zum Mitschöpfer. Wunder bewirken eine Veränderung unserer Lebensumstände, die von einem Wechsel unseres Bewusstseins herrühren, welche durch Heilung und Vergebung auf der Seelenebene entstehen.

Definition von „Wunder"

Um Wunder definieren zu können, könnte man sagen, dass ein inneres Wunder gewöhnlich innerhalb unseres Herzens bzw. unserer Seele geschieht. Das Wunder kann das, was als schädlich oder einschränkend empfunden wird, unterbrechen und löst dadurch ein (äußeres) Wunder aus. Das (äußere) Wunder, das sich aus einer inneren Verschiebung ergibt, lässt sich grob als ein Wunder mit drei Stadien beschreiben:

1. Wir scheinen eine Krise oder ein Problem zu haben.
2. Es kommt zu einer inneren Verschiebung, die unsere Gedanken verändert, welche sonst zu einer größeren Krise geführt hätten.

3. Dank der internen Verschiebung in der Wahrnehmung erfahren wir ein anderes oder erhebenderes Ergebnis als erwartet.

Ein Wunder geschieht, wenn ein (bevorstehendes) Problem durch die Anrufung des Ewigen korrigiert wird.

„Es gibt nichts, was [durch Wunder] nicht getan werden kann, aber sie können nicht im Geiste des Zweifels oder der Angst vollbracht werden. Wenn du dich vor etwas fürchtest, erkennst du seine Macht an, dich zu verletzen." EKIW

Die Manifestation von Wundern

Die Manifestation von Wundern kann als eine Wiederherstellung der göttlichen Ordnung angesehen werden. Zum Beispiel sind die Erfahrungen der Seele bei einem gesunden Menschen eine von Flow, Leben, Liebe und Vertrauen geprägte Wahrnehmung.

Bei einem ungesunden Menschen oder jemandem, der sich in einer ungesunden (traumatischen) Umgebung befindet, stoppt jedoch der natürliche Fluss, der Rhythmus wird unregelmäßig, Leben und Liebe werden eingefroren und Vertrauen wird begrenzt und bedingt erfahren.

Dies ist nicht die Art und Weise, wie unser Leben sein sollte. Wir haben einen freien Willen, aber Heilung und Wunder können nur geschehen, wenn wir unseren Willen dazu einsetzen die göttliche Ordnung dem auf dem Ego basierenden Chaos vorzuziehen. Diese Wiederherstellung des Friedens und der Liebe ist das, was man als „Wunder" bezeichnet.

Wenn du Wunder willkommen heißt

Wenn wir anfangen uns auf Wunder einzustellen – wenn wir den reinen Geist durch uns kommen lassen und uns mit ihm verbinden – beginnen wir eine solche innere Freude zu erleben. Die Freude beruht aber nicht darauf, etwas Äußeres zu bekommen, um uns zu befriedigen oder befriedigen zu lassen. Wir geben uns nicht mehr damit zufrieden, andere Menschen oder Dinge zu beurteilen. Wir lieben, weil wir nur Liebe sind.

Durch die Freude beginnt eine lebendige Dynamik zu wachsen und wir haben das Gefühl, dass wir unsere Funktion erfüllen. Es ist wie: „Oh, deshalb bin ich hergekommen. Oh ja, jetzt erinnere ich mich." Dann beginnen die Freude und der Frieden aus dem Herzen zu sprudeln und das andere Zeug, wie Süchte und was auch immer, fallen einfach weg, weil die innere Fülle die Oberhand gewinnt.

Freiheit

Wie findest du die Freiheit in dir?

„Diejenigen, die die Freiheit erlernt haben, sind es, die du fragen solltest, was die Freiheit ist. Frage nicht den Spatzen, wie der Adler sich in die Lüfte schwingt, denn jene, die kleine Flügel haben, haben für sich selbst die Macht nicht akzeptiert, um sie mit dir zu teilen." EKIW

Frage nicht die Experten der Illusion, was Glück ist. Sie kennen nur ihr eigenes schwankendes Glück und können es deshalb nicht mit dir teilen. Lass ab von der Idee, dass irgendwelche Erfolgsverkäufer und Coaches dir noch irgendetwas zu bieten haben. Sie schauen nur auf sich und können dir deshalb nichts von ihrem Reichtum abgeben. Lass dich nicht mehr von Lemmingen führen, die sich nur innerhalb ihrer eigenen Grenzen auskennen.

Frage das „Ewige" in dir, wie du die Freiheit findest, die du mit jedem teilen kannst. Frage die Quelle des Glücks in dir nach der grenzenlosen Freude, die sich liebevoll in all das ausdehnt, woran du denkst. Wende dich an den göttlichen Überfluss, um diesen mit allen zu teilen, und je mehr du davon gibst, desto mehr an Überfluss erfährst du. Bleib bei dir, denn dort draußen gibt es nichts, was dich nur im Entferntesten glücklich macht. Schenke den inhaltslosen („Erfolgs"-) Geschichten keine Aufmerksamkeit mehr. Sie sind schal und riechen langweilig, egal wie verführerisch sie dir verkauft werden.

Die Freiheit nicht zu urteilen

Glück, Freude, Erlösung, Überfluss sind so einfach, wenn du sie richtig verstehst. Die Dinge sind wie sie sind und wir haben sie nicht zu beurteilen. Darin liegt die große Freiheit.

Der Weg in die Freiheit

Der Weg in die Freiheit ist übersät mit Paradoxa, die aus der Sprache und den dahinterstehenden Begriffen entstehen. Sie stammen alle aus dem Objektbewusstsein, der Benennung von Formen, also dem Herrschaftsbereich des Egos. Wir bewegen uns jedoch im Bereich des Nondualen, der Erkenntnis des Formlosen. Deshalb berufe dich nicht so sehr auf die Worte, sondern auf den offenen Raum dahinter.

Willst du Recht haben oder frei und glücklich sein?

Jahrelang lehnte ich die Freiheit ab. Ich wollte recht behalten, anstatt glücklich zu sein. Ich wollte den Frieden Gottes, aber ich wollte auch die Welt. Ich dachte, man kann diese beiden „Realitäten" miteinander in Einklang bringen.

Ich wollte den „richtigen" Weg finden, um in der Welt zu leben, um mir in jeder Situation die „richtige" Meinung zu bilden und nach den „richtigen" Lösungen für die Probleme der Welt zu suchen. Ich kaufte Bücher und besuchte Seminare bei den Experten der Illusion. Ich dachte, wenn ich nur die richtige Formel für Gedanken und Einstellungen finden könnte, hätte ich dauerhaft Gesundheit, Glück, Wohlstand und die perfekten Lebenspartner. Bis ich dann selbst zu einem Experten der Illusion mutierte.

Ich tat all dies in dem Gedanken, dass es einen Weg gibt, mich mit Gott in der Welt in Einklang zu bringen. Es war sehr anstrengend und zum Wohle des Egos sehr ablenkend und verwirrend. Ich war so sehr mit der Welt beschäftigt und versuchte Frieden zu finden, indem ich „gut und richtig" war, sodass ich Gott ganz aus den Augen verlor!

Ich wollte nicht akzeptieren, dass, so lange meine Ziele in der Welt sind, mein Ziel nicht gleichzeitig Gott sein kann. Solange die Welt meine Realität ist, kann Gott nicht meine Realität sein. Puh, das war hart für mich.

„Alle anderen Ziele gehen auf Kosten Gottes." EKIW

Zu erkennen, dass Gott und die Welt nicht in Einklang gebracht werden können, bringt dich auf eine ganz andere Ebene des „Ich brauche nichts zu tun". Es gibt nichts, was getan werden muss. Wenn du das wirklich annimmst, wirst du zu einem leeren Gefäß, in dem das „Ewige" wohnen kann, und dann wird die Welt in deinem Geist zur Wahrheit gebracht und verschwindet in dem Nichts, aus dem sie kam.

ERMÄCHTIGUNGSIMPULS:
Werde zu einem leeren Gefäß, lass dich vom Ewigen ausfüllen und erkenne deine wahre Natur.

Grenzenlose Freiheit

Das Leben ist nicht im Jenseits zu finden, es ist diese Welt ohne Grenzen. Du befindest dich in einem großen Abenteuer und stehst immer wieder vor derselben Entscheidung: Grenzenlose Freiheit oder das Nachahmen der veralteten Paradigmen.

Heiliger Geist

Lass dich vom Heiligen Geist führen

Es hat keinen Sinn eine Beziehung zu Gott aufzubauen, wenn man von Gott getrennt bleiben will. Du magst Momente des Friedens haben, aber die meiste Zeit wirst du immer noch im Konflikt sein. Die Entwicklung dieser Gewohnheit erfordert größtes Vertrauen, da du nicht gewohnt bist dich führen zu lassen. Du musst deine persönlichen (Ich-)Ziele loslassen und alle Urteile und Entscheidungen dem Heiligen Geist überlassen. Wenn du daran denkst, dich vom Heiligen Geist führen zu lassen, kannst du sicher sein, dass du geführt wirst, auch wenn du es nicht zu spüren scheinst.

Wenn du verwirrt bist, denk daran, dass du nur diese vier Gewohnheiten zu üben brauchst und nichts anderes. Egal was in deinem Leben vor sich geht oder in welcher Phase des Erwachens du dich befindest. Wenn du den Frieden, den sie bringen, erlebst, wirst du immer motivierter sein, sie in den Mittelpunkt deines Lebens zu stellen.

Wer seine Gewohnheiten dem Ewigen widmet, begibt sich auf einen wilden Ritt in eine Welt voller Wunder.

Die Liebe kennt kein Gegenteil

Folge dem tiefen inneren Wissen, damit du fühlen kannst, was richtig ist. Dieses Gefühl von Orten, Menschen oder Ideen angezogen zu werden, IST die Führung des Heiligen Geistes und deshalb scheint die Ausübung so zwingend zu sein. Die Führung des Heiligen Geistes befiehlt oder fordert nie und doch wird sie als stark, klar und zwanghaft erlebt, weil die Führung von der Gewissheit kommt und daher sogar als autoritär empfunden wird.

Sie kann sich wie Eisen anfühlen, der von einem Riesenmagneten angezogen wird, denn das Anziehen des Heiligen Geistes wirkt sehr stark im Bewusstsein. Wenn es deine Absicht ist, mit GANZEM HERZEN zu hören und der Angst keine Aufmerksamkeit zu schenken, wird dir offenbar, was dein nächster Schritt ist.

Öffne heute deinen Geist und biete der ganzen Erde deinen Segen an, indem du nichts von ihr willst. Sie hat nie etwas von bleibendem oder wahrem Wert angeboten. Sie war nie des Besitzes, der Sammlung oder der Anhäufung würdig, denn es war eine Fata Morgana der Trennung und der Angst.

Der heilende Geist ist das sich regulierende Sein

Synchronizität stellt sich ein, sobald wir zurücktreten und der Liebesintelligenz erlauben, unser Leben in die Hand zu nehmen. Dies wird uns im richtigen Moment die richtige Erkenntnis bringen, um einen Schritt auf dem Weg weitergehen zu können. Der wirkliche Lehrer, der „Heilende Geist", ist das sich selbst regulierende Sein. Diese Intelligenz arbeitet auf eigenen Wegen, die unseren Vorstellungen von Ursache und Wirkung nicht mehr entsprechen. Wenn wir sie einladen in unserem Leben zu wirken, beginnt das Leben selbst Entscheidungen zu treffen.

Daher ist es wichtig, unsere Widerstände gegenüber dem Leben zurückzunehmen, denn sobald wir uns gegen die Entscheidungen dieser höheren, göttlichen Intelligenz zu wehren beginnen, zieht sie sich wieder zurück.

Lass deinen Heiligen Geist dich zu deiner Bestimmung führen

Jesus sowie Buddha und einige andere haben ihre Heiligkeit angenommen. Sie haben eine ganz besondere Aufgabe übernommen, um uns in unserem Tiefschlaf zu erreichen.

Es wird so sein, dass auch du einen Zustand erreichst, der frei von des Egos Gedanken ist, und in der Welt lehrst. Lass deinen Heiligen Geist dich zu deiner Bestimmung führen. Gott braucht dich dort, wo du bist.

Verzweifle nicht wegen der Einschränkungen, die du erfährst. Es ist deine Aufgabe sie aufzulösen, aber nicht ohne sie zu sein. Wenn du von den Leidenden gehört werden willst, musst du ihre Sprache sprechen. Du musst wissen, von was wir erlöst werden wollen. Erlösung ist keine Theorie. Betrachte das Problem und frage nach der Antwort. Alle Hilfe, die du annehmen kannst, wird geleistet, und keine einzige Antwort, die du geben kannst, wird unerfüllt bleiben.

Beschäftige dich nicht zu sehr mit Zielen, für die du nicht bereit bist. Der ewige Geist führt dich dorthin, wo du deine Heiligkeit erfährst.

Das Verbindungsglied zur Quelle

Wir haben uns nicht wirklich von unserer Quelle getrennt, wir glauben nur von ganzem Herzen, dass wir es getan haben. Unsere Verbindung ist das, was der *Kurs* den Heiligen Geist nennt. In jedem Augenblick, in dem wir die „winzige, verrückte Vorstellung" haben, dass wir getrennt von der Liebe Gottes als Egos existieren können, ist das Licht da, um uns daran zu erinnern, dass wir nicht dauerhaft im Traum verloren sein müssen.

Jetzt können wir die eine verbleibende große existentielle Frage beantworten: „Warum sind wir hier?"

Der Heilige Geist spricht zu dir

Gib alle Hoffnung auf, dich selbst durch Denken zu mir zu führen. Verbinde dich mit mir in dem einfachen Verständnis, dass **du von dir aus nichts tun kannst.** Verbinde dich mit mir in der Hingabe an die Wahrheit einer Einheit jenseits **allen** Verstehens.

Lass dich tief nieder in das stille Heiligtum des Herzens, **das wir teilen.** Dieses Herz ist die Tiefe und die Essenz des Schöpfers **einziger** Schöpfung. Diese Schöpfung ist purer Geist, pures Sein, pure Intelligenz, die Erfüllung aller Weisheit, die Tiefe allen Mitgefühls und die **Gewissheit** jeder Bestimmung unter dem Himmel.

Mach eine Pause mit mir, verbinde dich mit mir und erkenne, dass unsere Geister verbunden sind. Während du in dir ruhst, wirst du wieder bemerken, dass Gedanken zu kommen und zu verschwinden scheinen. Aber fühlst du nicht jetzt, dass sie von einem Ort kommen, an dem du nicht bist, als ob du tiefer gesunken wärst, an einen Ort der Stille, unterhalb der Oberfläche, von der Gedanken ohne Unterlass vor und zurückfließen?

Das Selbst

Das selbstgeschaffene Selbst

Das Selbst, das du geschaffen hast, existiert zu keinem Zeitpunkt. Folglich ist alles Tun und Denken, von dem du glaubst, dass es wirklich ist, eine Illusion. Wer Verletzung erfährt, tut sich das selbst in einer falschen Vorstellung darüber an, wer er ist.

Du hast nie etwas falsch gemacht. Du hast nur einen Fehler in Bezug auf deine eigene Identität unternommen, aber das ist korrigierbar. Und es ist dein Heiliger Geist, der ihn korrigiert. Du musst nichts tun, außer die Korrektur durchführen zu lassen.

Lasse dich von den Kleinigkeiten dieser Welt nicht mehr ablenken oder stören. Die einzige adäquate Antwort auf all das ist: „Na und?"

Nichts davon bedeutet etwas! Es ist nicht real. Die richtige Antwort ist: „Hoppla, ich mache es schon wieder". Und dann, wenn du kannst, geh nach innen, zentriere dich und besinne dich wieder auf die Antwort, die du den Dingen geben willst, weil du Frieden erfahren möchtest. Lass dich dann von der Vergebung lehren was du bist!

Sich als Selbst in der Schöpfung erkennen

Erfolgreich zu sein hängt nicht von deinen Fähigkeiten ab, sondern von deiner Entschlossenheit, die dir gebotenen Möglichkeiten zu nutzen.

Das Leben ist eine interessante Aufgabe, die du dir selbst kreiert hast. Es wurde von dir entworfen und ist kein Zufall, alles hängt zusammen. Erfolgreich zu sein bedeutet auch, sich der Schöpfung hinzugeben und anzuerkennen, dass du durch diese existierst.

Du kannst deinem Leben einen „Quantum Shift" verleihen, wenn du anerkennst, welche wahren Kräfte in dir weilen und du all deine geistigen Fähigkeiten dazu nutzt, um diese zu erforschen. Du bist aufgefordert die Gaben zu entwickeln, die das Ewige in dir angelegt hat und die aus dem innersten deines Seins erblühen wollen. Sei heute tief verwurzelt in der Schöpfung.

Wer sich als Selbst in der Schöpfung erkennt, dem kann es an nichts mehr mangeln.

Unser kleines Selbst gegen unser wahres SELBST eintauschen

Wenn wir nur noch Liebe wollen, geben wir unser Egobasiertes Denken auf. Wir tauschen unser Selbst gegen unser SELBST ein. Wir finden die Freude, die jenseits unserer Selbstvorwürfe existiert. Wir lassen die Furcht hinter uns und ersetzen sie mit Freude. Wenn wir nur Liebe wollen, verändert sich unsere Wahrnehmung und gibt uns die Möglichkeit, die wirkliche Welt zu erfahren.

Akzeptiere das Eine Selbst

Man muss das „Eine Selbst" akzeptieren. Der eine Schritt dazu ist die Erkenntnis, dass die Welt sich nicht verändern kann, denn sie ist eine unwirkliche Auswirkung einer unwirklichen Ursache. Zu verlangen, dass die Dinge anders sein sollen als sie sind, ist eine unmögliche Idee. Corona, Mangel, Geld und der Tod sind wie alle Wirkungen niemals wahr.

Das sinnvollste Gebet ist: Die Welt anders sehen zu wollen und somit die Tatsache zu akzeptieren, dass es nur eine Quelle gibt. Gott ist die EINZIGE Quelle. Das einzige Problem, das wir haben, ist somit eine Frage der Identität und die hat absolut nichts mit der Welt zu tun.

Vertrauen würde jetzt jedes Problem lösen, denn Vertrauen ist von Gott. Die Umkehrung des Denkens, die notwendig ist, um Gottes Vertrauen zu erfahren ist sozusagen eine volle 360-Grad-Drehung und das bedeutet die Erkenntnis, dass diese Welt nur unseren Geisteszustand widerspiegelt. Nur darauf kommt es an!

Unser heiliges vollkommenes göttliches Selbst

Das, was wir sind, macht uns selbstbewusst. Unser heiliges Selbst hat nichts mit den Grenzen zu tun, die wir uns selbst auferlegt haben. So wie das Ewige in uns lebt, so sind wir auch von Liebe und einer unendlichen Macht durchdrungen. Eigne dir dieses Wissen an und lasse dich vom göttlichen Geist erfüllen, erlange die Frequenz Christi und deine Auferstehung ist gewiss. Die Erfahrung von Wundern ist natürlich, korrigierend, heilend und steht dir zur Verfügung.

Wir müssen uns unser göttliches Selbst nicht erarbeiten, denn wir wurden aus dessen Quelle erschaffen. Gott hat sich in Liebe durch uns ausgedehnt. Das vollkommene Selbst ist die Liebe in uns. Gestatten wir heute dieser Quelle ängstliche Gedanken aus unserem Geist zu befreien, damit wir das Licht, das wir sind, ohne Mühe weitergeben.

Das von der Quelle erschaffene SELBST

In der Stille erkennen wir uns wieder und haben keinen Wunsch mehr nach einer Identität oder anderen Götzen. Wir haben nur noch den Wunsch, das von der Quelle erschaffene SELBST zu sein. Darin finden wir Licht, Stärke und Ausgeglichenheit. Es ist der Wille Gottes, dass wir erfolgreich sind, und das bedeutet, dass wir in „Ihm" nicht scheitern können.

„Wir sind EIN SELBST, vereint mit der Schöpfung."

Wir sehen uns als Gefangene in dieser Welt und versuchen durch selbstgemachte Konzepte dem zu entfliehen, was wir gemacht haben. Wir können uns auch an die Wahrheit in uns wenden, die uns zielgewiss in den Frieden führt. Wir stehen diesbezüglich vor keinem großen Hindernis, weil es natürlich ist, dass wir uns in Christus wiedererkennen.

Liebe

Die menschliche Liebe vs. Liebe der Schöpfung

Die menschliche Liebe wird meist als eine körperliche Empfindung in der Brust und/oder im Magen des Körpers empfunden. In der Brust kann es zu einem Gefühl von Wärme oder Brennen, Ausdehnung oder Fülle kommen. Das ist wahrscheinlich der Grund, warum wir das Herz mit der Seele verbinden.

Es kann eine starke Anziehung geben, die dich in die Richtung des geliebten Menschen schiebt: du möchtest ihn berühren oder in die Arme nehmen und ihn an Brust und Bauch spüren. Die menschliche Liebe ist ein extremes Gefühl der Zuneigung, das dich mit einem anderen verbindet.

Wenn wir uns für die Wunder öffnen, das heißt für die Freude, Schönheit und den Überfluss, entscheiden wir uns für die Liebe der Schöpfung. Diese Liebe kann zunächst auch ein starkes Gefühl in unserer Brust hervorrufen. Aber dann hebt es uns aus dem Körper und befreit uns von allen Formen und Anhaftungen. Du fühlst dich hierin grenzenlos und vollständig.

Wenn du dann zum Erleben deines Körpers zurückkehrst, hast du vielleicht den ekstatischen Drang, jeden zu umarmen und jeden an der Erfahrung von Frieden, Freude und Liebe teilhaben zu lassen. Die menschliche Liebe und die Bindungen, die sie schafft, sind nur ein Schatten der Liebe und Einheit Gottes. Obwohl es angenehm ist, ist es flüchtig.

Gottes Liebe ist ewig und beständig. Menschliche Liebe kann die Freude Gottes nicht ersetzen, denn sie ist nicht die Wahrheit, sondern ein Hinweis. Die Liebe des Ewigen ist, wer du bist, und es ist die einzige Liebe, die dich jemals befriedigen wird.

Alles was du siehst, ist eine Manifestation der Liebe

Wenn man versteht, dass alles heilig ist, braucht man aus sich selbst nichts Besonderes zu machen. In den meisten Fällen denkt man nicht an das Atmen und man vertraut darauf, dass das Herz weiterschlägt. Du musst dich auch um das „Christus-Sein" nicht kümmern, denn es währt ewig.

Stelle dir vor wie es wäre, wenn das, was du um dich herum siehst, eine Manifestation der Liebe wäre? Und genau dorthin führt dich diese Lehre. Es gibt keine Anstrengung im Sein. Du beendest alles Streben. Man kann nicht danach streben zu sein. Du bist. **Du bist bereits der Ausdruck des Göttlichen, in dem das Licht alle Form ersetzen wird.**

Die Liebe ausdehnen

Die Liebe, die uns umgibt, reicht nicht aus, um die Welt zu retten. Es ist das offene Herz und die verkörperte, gelebte und ausgedehnte Liebe, welche Dunkelheit in Licht verwandelt.

Jedes Herz ist aufgefüllt mit der Gnade der Liebe und jeder von uns trägt den gleichen Funken des Lichtes in sich. Auf dem Grunde der Wahrheit sind wir alle gleich.

Mögen wir heute jeden als unseren Begleiter in das Glück erkennen. Empfangen wir heute, damit wir geben können, was uns und unsere Welt vollkommen heilt.

Dehne die Liebe in deinem Herzen aus

Dehne die Liebe in deinem Herzen ohne Vorbehalt oder Zögern all jenen gegenüber aus, die der göttliche Geist zu dir sendet. Halte dich nicht mehr zurück, diese göttliche Liebe zu teilen und du wirst niemanden mehr als vom Geist getrennt oder anders sehen.

Beziehungen, die bisher nicht funktioniert haben, werden geheilt. „Opferitis" wird beendet und Mangel wird endgültig aus deinem Geist verschwinden.

Falls das für dich erstrebenswert ist, halte dich an die folgenden Regeln:

> Sei in jeder Begegnung vollkommen präsent.
> Dehne Liebe aus.
> Segne jede Situation.

Unsere göttliche Liebe transzendiert die Wahrnehmung von Körpern und Unterschieden. Liebe ist universell. Liebe ist gütig. Liebe besitzt nicht. Liebe ist allgegenwärtig, lässt los und ist großzügig.

Gott ist Liebe

Als wir beschlossen haben, uns von der Liebe abzuwenden, um Besonderheit zu beanspruchen, hatte diese Entscheidung einige unangenehme Nebenwirkungen. So wie ein Welpe den Schwanz zwischen den Beinen einzieht, wenn er merkt, dass er etwas falsch gemacht hat, fühlen wir uns massiv schuldig, weil wir uns von unserer Liebenden Quelle abgewandt haben.

Unmittelbar nach diesen extremen Schuldgefühlen bekamen wir Angst, dass unsere liebende Quelle wütend wird und uns dafür bestraft, dass wir uns abgewandt haben. Das kann nicht geschehen, denn Gott ist Liebe und nur Liebe. Gott ist unfähig etwas anderes als Liebe zu sein.

Liebe ist Freiheit

Sobald wir uns dazu entscheiden, nicht mehr derjenige zu sein, der wir gestern waren, sondern vollständig frei zu sein, haben wir uns für die Liebe entschieden. Liebe ist Freiheit. Wir legen hierbei unser Leben in Gottes Hände, durch den wir Zugang zum tieferliegenden Segen neuer Möglichkeiten erkennen. Unser Herz wird von den Lasten schmerzhafter Erinnerungen befreit, denn in Ihm können wir unser Leben neu beginnen.

Wenn sich das Herz öffnet, wird die Liebe im Inneren offenbart. Während man einst glaubte, dass das Herz geschützt werden muss, sieht man plötzlich, dass sich das Herz in seiner Ausdehnung dreht. Mit dieser Öffnung strömt die Liebe aus und fließt ohne Bedingung oder Begrenzung. Die Erinnerung an die wahre Liebe – die immer wieder Liebe ausdehnt – wird im Bewusstsein wiederhergestellt.

Die Liebe ist nie abwesend, die einzige Wahl ist, ob man sich ihrer bewusst sein will oder nicht. Die einzige Wahl ist, ob man sich der Liebe stellt oder weiterhin das alte Zeugs wahrmachen will.

Der freie Wille ist frei für immer und „Eins" mit Gott. Wahl und Urteil entstanden aus dem Glauben, dass es möglich sei, sich zu trennen. Eine Voraussetzung jeder „Wahl" ist die Dualität und die Korrektur des Fehlers sieht die Unmöglichkeit der Dualität. Was jetzt „Eins" ist, ist für immer „Eins" und kann nie getrennt werden. Während wir nach innen schauen, werden wir durch die Angst und Schuld geführt, die wir einst zu verbergen und zu beschützen suchten, wobei sich das Licht hierin offenbart.

Liebe lässt dich reifen

Liebe ist die Lebenskraft für den Menschen. Sie ist eine Kraft, die ihn reifen und zu einem echten Erwachsenen werden lässt. Sie wird durch Wahrheit entfacht und birgt unbegrenztes Potenzial. Liebe lässt uns reifen, indem sie unsere urteilende Starrheit aufweicht und öffnet. Der innere Richter – das Ego – wird hierbei transzendiert und schließlich durchlichtet.

Wenn diese Ich-Strukturen weichen, müssen wir uns dem stellen, was sich hinter den Wunden und den Ängsten des inneren Richters verbirgt. Er hat etwas zu verstecken und wenn wir es finden, ist sein Spiel vorbei. Wir müssen ehrlich zu uns sein. Selbstehrlichkeit ist wesentlich, um sich der ganzen Wahrheit bewusst zu werden!

Wir wollen nicht leiden, obwohl wir manchmal denken uns durch Leiden etwas erkaufen zu können. Das ist ein schlechter Handel. Werde ein echter Erwachsener und stelle infrage, was du bisher geglaubt hast, und öffne dich in den Frieden. Die Kraft der Liebe – Wärme und Sanftheit – ist für diesen Prozess wesentlich.

Die Barrieren vor der Liebe auflösen

Wir benutzen unsere Traumata oder Probleme nicht mehr, um vor unserer Lebensaufgabe wegzulaufen, sondern sind standhaft in der Demonstration der Liebe. Das Ego will uns glauben machen, dass wir dem nicht gewachsen sind. Hören wir nicht mehr auf diese kleine piepsende Stimme, sondern erheben uns aus dem eigenen Morast. Unsere Lebensaufgabe wird mühelos vollbracht, wenn wir bereit sind vorzutreten und unser Licht leuchten zu lassen.

„Deine Aufgabe besteht nicht darin, nach Liebe zu suchen, sondern nur darin, alle Barrieren in sich selbst zu suchen und zu finden, die du gegen sie errichtet hast." EKIW

Egal, was dich beunruhigt, verwirrt oder verängstigt, es entspringt aus deinen vergangenen Gedanken. Die Vergangenheit ist jedoch vorbei und nur noch eine Erinnerung, die du nicht länger konsultieren musst. Wisse, dass es nichts an dir gibt, das repariert, verbessert oder versteckt werden muss. Es sind lediglich alte Vorstellungen, die du einst für wahr hieltest, die du dir vorgeworfen hast und die verhindert haben, dass du dich sicher und glücklich fühlst.

Ein Kurs in Wundern ist das tiefgründigste, effektivste und umfassendste System auf dem Planeten, um diese wesentliche Aufgabe zu erfüllen! Die sanfte Anleitung, wie du ängstliche, defensive Gedanken gegen liebevolle, friedenstiftende Gedanken eintauschst, wird zu einer willkommenen Lebensweise.

Nach und nach werden alte Programme (Barrieren) durch neue, bessere ersetzt, genau wie bei der Aktualisierung deines Computers. Das Bewusstsein erweitert sich und es wird immer deutlicher, dass du über alle Maßen gesegnet, mächtig und geliebt bist.

Dein Glück liegt in deinen eigenen Händen und in deinem Herzen – für immer. Durch die Anwendungen der Prinzipien des *Kurses* in Wundern richtest du dich majestätisch auf. Du wirst dich wertvoller, größer, klarer, ruhiger und allgemein bewusster fühlen.

Die Liebe ergießt sich in deinem Geist

Wenn die Liebe wieder in unserem Herz leuchtet, werden wir durch die scheinbar getrennten Augen hinausschauen und doch nur das „Eine Selbst" sehen!

Endlich werden wir die unendliche Kraft der Liebe in unserem Selbst entdecken. Wir werden erstaunt sein, dass es doch wahr ist, was uns seit Anbeginn der Zeit zugerufen wird: „Der Himmel ist hier, es gibt keinen anderen Ort. Der Himmel ist jetzt, es gibt keine andere Zeit."

Wenn du deine Angst losgelassen hast und die Liebe sich in deinem Geist ergießt, bleibe in diesem Bewusstsein. Dann kann Christus kommen, um durch Dich noch mehr für alle Wesen zu leben. Wir sind in der Tat die Hüter unserer Welt und unserer Schwestern wie Brüder.

Bedingungslose Liebe ist ein göttlicher Seinszustand

Solange wir uns noch nicht vollkommen an unseren göttlichen Geist erinnern, ist es am besten, bedingungslose Liebe auf einer Ebene zu praktizieren, die dem Göttlichen so nahe wie möglich kommt. Mit anderen Worten, auch wenn wir gegenwärtig vielleicht nicht in der Lage sind, die bedingungslose Liebe vollständig zu verstehen (es sei denn, wir sind in unserem Göttlichen-SELBST verankert), können wir in der Zwischenzeit Einblicke in ihre Essenz praktizieren und erfahren.

Bedingungslose Liebe ist keine Emotion – sie ist ein göttlicher „Seinszustand". Bedingungslose Liebe bedeutet so zu lieben wie Gott liebt. Deshalb ist bedingungslose Liebe (im wahrsten Sinne des Wortes) nicht die Liebe zu nur einigen Menschen oder bestimmten Eigenschaften einiger Menschen (z.B. Persönlichkeit, Aussehen, Ruhm usw.), während man andere Menschen ungeachtet ihrer Eigenschaften nicht liebt. Bedingungslose Liebe ist nicht an manchen Tagen da und an anderen verschwunden, sondern sie währt ewig in unserem Geist.

Wir können diese Liebe erfahren, indem wir unsere „Heilige Sicht" auf allem ruhen lassen und die Dinge als in sich erlöst betrachten. Dann kommen wir dem nahe, was wir wirklich sind und verwenden das Mittel (Liebe), um unseren Zweck (Erlösung) hier zu erfüllen.

Wir werden von der Liebe Gottes erhalten

„Ich will dem Wertlosen keinen Wert beimessen, und nur was einen Wert hat, suche ich, denn dieses nur verlange ich zu finden." EKIW

Wenn jemand das Gesetz der Schwerkraft nicht kennt und beschließt von einem hohen Dach zu springen, anstatt die Treppe hinunterzugehen, wissen wir, dass diese Person sterben wird. Die Unkenntnis der Schwerkraft schützt nicht vor den Folgen des Sturzes. Dasselbe gilt, wenn wir unseren Finger in eine Steckdose stecken. Wir werden einen Schock bekommen, weil wir das Gesetz des elektrischen Stromes missachten. Wenn wir in die Sonne starren, erblinden wir, wenn wir Gift trinken, werden wir uns schwer verletzen oder töten. Wir müssen nicht nur die physikalischen Gesetze kennen, an die wir uns halten müssen, sondern es gibt auch universelle Gesetze, die unseren Frieden und unser Glück bestimmen: Wir werden von der Liebe Gottes erhalten.

„Hier ist die Antwort auf jedes Problem, dem du – heute und morgen und in aller Zeit – begegnen wirst." EKIW

Es gibt einen Ausweg und der heißt Liebe

Die meisten von uns befassen sich mit ungenauen, wenig hilfreichen Gedanken. Mit anderen Worten, sie machen die Programmierung und Konditionierung unseres Gehirns immer wieder wahr. Diese geistige Verdrahtung führt uns wie Roboter und wir müssen davon befreit werden, wenn wir jemals Seelenfrieden und all die anderen Belohnungen haben wollen, die damit einhergehen. Diese programmierten Überzeugungen in unseren Gehirnen spielen die zentrale Rolle in all unserer Not.

Was sind meine Programmierungs- und Konditionierungsprobleme und woher kommen sie? Diese Frage ist der Beginn unserer Heilungsreise.

Wir wurden in unserer Kindheit programmiert, konditioniert und verdrahtet. Alles lief automatisch ab und wir hatten keine Möglichkeit zu entscheiden, ob diese Konditionierung hilfreich ist oder nicht. In diesen frühen Jahren, als unsere Grundüberzeugungen festgelegt wurden, hatte unser Gehirn nicht die Fähigkeit, diese Wahl zu treffen und so ging alles ungefiltert und unhinterfragt hinein.

Tatsächlich haben wir auch viele der Ideen und Überzeugungen, von denen wir annehmen, dass sie richtig und wahr sind, vor unserer Geburt über die DNA geerbt. Das ist es, was die Epigenetik entdeckt hat. Ohne die Fähigkeit der Unterscheidung was richtig und was falsch ist, wurde alles in unser Unterbewusstsein heruntergeladen, wohin es bis heute unsere Erfahrung vorantreibt.

Solange wir selbst aus diesem Schlamassel herauskommen wollen, drehen wir uns immer nur im Kreis und leiden weiter vor uns hin.

Das Mittel, das alle Illusionen beendet, ist:

„Gott ist die Liebe, in der ich dir [Name] und mir vergebe."

Was ist Liebe?

> Liebe nimmt alle Dinge an.
> Liebe erlaubt alle Dinge.
> Liebe vertraut allen Dingen
> Liebe überwindet alle Dinge.
> Liebe ist niemals besitzergreifend.
> Liebe ist niemals ängstlich.
> Liebe ist einfach Liebe.
> Liebe ist die Wahrheit und umhüllt alles.

Liebe kann nicht zu irgendeiner Zeit unterschiedliche Meinungen haben oder Besonderheiten wahrnehmen. Die eigenen Überzeugungen und die eigene Besonderheit sind die Einschränkung und der Versuch, Liebe zu nehmen und sie nur auf das eine Objekt, die eine Person, das eine Wesen und nur innerhalb eines Universums scheinen zu lassen – das ist der Fehler.

Wann immer du daher erkennst, dass du jemanden oder etwas herausgesondert hast und sagst: „Er oder sie hat einen höheren oder niederen Wert", dann sei versichert, dass du überhaupt nicht in der Liebe bist – du bist in der Angst. Gott hat keine Angst und somit keine bedeutungslose Welt erschaffen!

Wenn du in Liebe bist, dann bist du wie das Sonnenlicht. Es können alle Wesen auftauchen und verschwinden und du wirst sie auf ihrer Reise segnen. Du wirst dich daran erinnern, dass du dort verweilst, wo Gott dich hingesetzt hat. Und Gott hat dich in sein Herz gesetzt. Wenn du wählst, nur die Gegenwart von Liebe zu sein, dann wird sogar der Traum von Verlust aus deinem Bewusstsein verschwinden.

Liebe vorurteilsfrei geben

Die Liebe erwartet in der Tat nur unsere Bereitschaft. Doch kann die Liebe nicht kommen, indem wir darauf warten, dass sie von jemand anderem zu uns gebracht wird. Wir können auch die Wahrheit nicht willkommen heißen, indem wir Unterschiede weiterhin wahr machen oder unsere Vorlieben in Geschichten verpacken. Liebe und das Glück erfahren wir, indem wir es vorurteilslos geben.

Wahrheit

Wahres Sehen

Wir haben uns in eine holografische Welt projiziert, die das Gegenteil der Realität ist. Wir haben uns dafür entschieden zu glauben, dass Wahrheit Illusion und Illusion Wahrheit ist. Alles, was die Augen des Körpers wahrnehmen, ist ein Fehler – ein Wahrnehmungsfehler, ein verzerrtes Fragment der Wahrheit. Und wir denken und glauben, je mehr wir etwas berühren und sehen können (einschließlich der Menschen in unserem Leben), desto realer muss es sein. Aber in Wirklichkeit ist es umso weniger real, je fester es sich anfühlt und erscheint. Es sind Bilder in unserem Traum der Trennung, unsere Gitterstäbe in unserem Geist, unsere Fesseln, an denen wir festhalten und allen Wert gegeben haben, den es für uns hat. Es ist bedeutungslos.

Mit anderen Worten: Wir können unseren menschlichen Augen oder Sinnen einfach nicht trauen. Diese Augen wurden von unserem Ego so gestaltet, dass sie zwei an der Zahl sind, als Symbol des dualistischen Denkens. Dies ist das Gegenteil der spirituellen Vision, die von unserem „dritten Auge" in der Mitte unserer Stirn ausgeht. Es ist dieses „dritte Auge" (das die spirituelle Vision symbolisiert), das geöffnet werden muss, damit unser rechter Verstand die spirituelle Welt – die Welt der Liebe und des Einsseins – wahrnehmen kann. Lass dein geistiges Auge sich öffnen, damit Licht deinen Verstand korrigiert und Liebe dein Herz erfüllt.

Vollendung – ein unbeschreibliches Lebensgefühl

Lass dich von der Vollendung berühren und erkenne, dass du in Wahrheit göttliche Anwesenheit bist. Dazu braucht es keine Zeit, sondern die Bereitschaft das Unvermeidliche – die Liebe – anzunehmen.

Das mystische Leben ist ein Leben der Hingabe und die Liebe zum Ewigen und damit zu allem. Es ist eine Disziplin, die den Geist schult, nur die Stimme des Ewigen zu hören und ihr zu folgen. Das Ziel ist ewiger Seelenfrieden und Kreativität, Humor, Sanftheit, Freiheit und Freude fließen aus einem solchen Geisteszustand. Durch diesen lebendigen Augenblick angeregt, fällt das Bedürfnis nach Ritualen, Regeln, Konzepten und Strukturen vom Verstand ab. Die grundlegende Übereinstimmung besteht darin, Vollendung im Geist zu akzeptieren und bereit zu sein das zu tun was nötig ist, um zu vergeben.

ERINNERUNG:

Das Orchester der Liebe ist ohne deine Vollendung unvollständig.

Erfolg ist, wenn die Wahrheit dein Herz erfüllt

Die tägliche Bejahung der Wahrheit setzt eine Kraft frei, die das hervorbringt, wovon du lebenslang geträumt hast und noch weitaus mehr. Die Dinge werden sich erfrischend neu ordnen. Sorgen und Probleme werden sich auflösen.

Kriege, Konflikte, Streiks und jeder Versuch, dem menschlichen Wesen Gerechtigkeit zu verschaffen, haben versagt, weil sie auf dem Glauben beruhen, es gäbe ein Übel zu bekämpfen, das außerhalb liege. Stattdessen genügt es die Welt von all dem loszumachen, wofür du sie hieltest.

Die Wahrheit leuchtet

„Einfachheit ist für verdrehte Gemüter sehr schwierig. Nichts ist solchen Menschen so fremd wie die einfache Wahrheit. Aber die Wahrheit leuchtet wie Licht in dunkle Orte hinein und diejenigen, die es gewohnt sind, im Dunkeln zu leben, werden ärgerlich, wenn das Licht ihre Augen zum Sehen bringt, so dass sie die Hände heben müssen, um ihr Gesicht vor dem Licht zu schützen, denn für sie ist das Sehen eine schmerzhafte Erfahrung. Sie wären lieber in der Dunkelheit.“ EKIW

Ursache und Wirkung sind gleichzeitig

Unsere Gewissheit, dass wir eigene echte Entscheidungen treffen können, basiert auf unserem Glauben an Ursache-Wirkungsbeziehungen. Die Newtonsche Physik lehrt, dass Ursache und Wirkung zeitlich verschoben sind – die Ursache kommt zuerst und die Wirkung kommt danach. Es besagt, dass es auf jede Aktion eine Reaktion gibt. Der *Kurs in Wundern* lehrt uns jedoch, dass Ursache und Wirkung gleichzeitig sind.

Schau dich um und du siehst jetzt in allem die Ursache, die aus deinem Geist erscheint! Das kannst du verändern, indem du dich wieder mit der „einen Wahrheit" verbindest und die illusorischen Bilder wieder korrigieren lässt. Wenn wir beginnen dies wirklich zu verstehen, können wir erkennen, dass die Art wie wir bisher diese Welt betrachtet haben, keine Gültigkeit oder Realität hat. Wir können erkennen, dass alles, was uns gelehrt wurde, falsch ist. Die Erscheinungen der Welt kommen alle aus einer unechten Annahme: dem Glauben, dass wir uns von unserer Quelle getrennt haben. Aber Ideen können ihre Quelle nicht verlassen, deshalb können Ursache und Wirkung nicht getrennt werden und du kannst nur in der Wahrheit Frieden finden.

ERMÄCHTIGUNGSIMPULS:
Wer die Ursache begreift, hat die Lösung in der Hand.

Die Wahrheit in unseren Geist einladen

Die Schönheit des *Kurses in Wundern* ist, dass er eine sanfte Abkürzung zum Erwachen ist, die jetzt genau dort wo du bist verwendet wird. Du kannst in einem Augenblick das üben, was andere ein Leben lang praktiziert haben und die gleichen Ergebnisse erzielen.

Der Heilige Augenblick ist ein Moment, in dem man nichts tut und die Wahrheit sich zeigen kann. Alles Tun ist vom Körper/Ego. In der Wahrheit treten wir aus der Zeit in die Zeitlosigkeit, um uns daran zu erinnern, wer wir sind. Dann kehren wir mit anderem Geiste in die Welt zurück.

Die Wahrheit in unseren Geist einzuladen ist wichtig, um aus dem Traum der Trennung von unserem SELBST zu erwachen. Auf diese Weise gehen wir einen schnelleren und leichteren Weg nach Hause.

Die Wahrheit wartet geduldig und dennoch ist da ein stilles Drängen, das nicht unterdrückt werden kann. Denn wenn wir genau hinschauen, sind wir ermüdet von der Idee, dass noch weitere schale Bedürfnisse zur Erfüllung gelangen müssen.

In der Wahrheit werden alle Bedürfnisse unmittelbar erfüllt!

In der inneren Wahrheit den Seelenfrieden finden

Die Botschaft, die ich mit dir teile, lautet, dass die Wahrheit in dir liegt und ein beständiger Seelenfrieden unser Ziel ist, den wir erreichen können und unweigerlich erreichen müssen, denn er ist die einzige Realität. Ein tiefer Frieden kommt in unser Bewusstsein, wenn man sich auf die kleine, stille Stimme im Innern einstimmt und die Stimme des Egos loslässt – die Stimme des Konflikts, der Angst und des Todes.

In diesem Sinne lässt sich unsere Aufgabe so beschreiben: Es gibt zwei Stimmen, die im getrennten Geist wirken. Eine, die immer zuerst antwortet, oftmals irrational schreit und die stille Stimme der Liebe, des ewigen Lebens, die uns antworten kann, wenn wir unseren Fokus darauf richten.

Die Stimme für Gott oder für den Frieden könnte man Intuition oder innere Führung nennen. Sie steht für die Klarheit des Geistes und unseren Seelenfrieden. Du kannst dir diese Stimme als „Inneres Wissen" oder „Höhere Macht" vorstellen. Diese innere Macht, führt uns über die Symbole der Angst hinaus in unsere Bestimmung.

Wir wollen zum gegenwärtigen Augenblick kommen und zu der Erkenntnis, dass man gerade jetzt in diesem Augenblick vollkommen ist. Es geht nicht darum zu versuchen sein kleines Selbst aufzubauen und zu verbessern, sondern das „Eine Selbst" anzuerkennen.

Gegenwärtiges Glück steht jedem von uns jederzeit zur Verfügung. Es ist eine Wahl, die wir treffen müssen. Jetzt ist das Tor zum Ewigen. Denn Zeit und Ewigkeit können nicht gleichzeitig existieren. Alles ist "Eins" in deinem Glück. Jetzt ist die Zeit der Erlösung!

Was wählst du heute?

Deine Wahl ist wichtig, denn sie entscheidet, ob du noch weiter der Selbsttäuschung oder deiner Ganzheit folgst. Die „Höhere Führung" ist klar in ihrer Absicht, die nur eines für uns will: Klaren Geistes zu werden und Seelenfrieden zu erfahren. Seelenfrieden ist dein natürlicher Zustand, der still auf dich wartet.

Die innere Wahrheit

Sobald wir uns der inneren Wahrheit hingeben, verlieren unsere Lebensumstände ihre Attraktion.

Nick Vujicicic wurde ohne Arme und Beine geboren; ein Zustand, den die meisten Menschen als äußerst beängstigend empfinden würden. Doch Nick hat es nicht zugelassen, dass seine körperliche Verfassung ihn besiegt, sondern er hat sich dafür entschieden, in einem Zustand des Wohlbefindens und seiner inneren Wahrheit zu leben. Er schuf eine phänomenal erfolgreiche Karriere als Motivationsredner, heiratete eine reizende Frau, hat eine Familie und ein außergewöhnlich glückliches Leben aufgebaut.

Die Anzahl der Gliedmaßen, die wir haben bestimmt also nicht unsere Erfahrung, ebenso wenig wie das Bankkonto, Corona, die Anzahl der Kunden oder die Nachrichten, die wir lesen. Nur die Gedanken und Gefühle, auf die wir uns jetzt konzentrieren, bestimmen unsere Erfahrung. Geben und Empfangen ist „Eins".

Auf was kannst du vertrauen, außer auf die Wahrheit in dir?

Verberge nicht mehr das Licht der Wahrheit

Erhebe dich heute in der Gegenwart der Liebe und lache über die Welt, die geschaffen wurde, um das Licht der Wahrheit zu verbergen. Es gibt keinen Grund über etwas Bestimmtes zu lache. Denn die ganze Welt, die von oben gesehen wird, ist so lächerlich wie der Glaube, der sie erschaffen hat und ihre Existenz für eine Weile aufrechtzuerhalten schien.

Sei froh, dass die Furcht ein Ende hat, ersetzt durch die Liebe, die die Welt nie wirklich verbergen konnte.

Sei froh, wenn du dich heute wieder erinnerst, dass es keinen weiteren Grund gibt, dich in Ungewissheit zu verbergen. Du bist geführt, sobald du der Liebe wieder Einlass gewährst. In dieser Führung ist Scheitern in jeglicher Form unmöglich.

Erhebe dein liebendes Herz, dehne dich aus bis zum Himmel und sei dir gewahr, dass du Christus „Eins" in Gott bist. Erlange hierin die Kompetenz und erfahre welch strahlendes Glück du in Wahrheit bist!

Die Wahrheit führt dich in den Frieden

Die Wahrheit zu fühlen heißt, deine Selbstliebe und Glückseligkeit zu vergrößern. Die Wahrheit führt dich in den Frieden und bringt dich mit großen Schritten deinem Ziel der Erlösung näher. Die Dinge der Welt rücken in den Hintergrund und die LIEBE wird zum einzigen Verlangen, das von Bedeutung ist.

Hinterfrage alles

> Hinterfrage was du glaubst oder was du für wahr hältst.
> Hinterfrage deine Wahrnehmungen und das Verlangen nach den Dingen der Welt.
> Hinterfrage den Glauben, der in das Ego gesetzt wurde.
> Frage dich, ob es etwas gibt, das es wert ist, daran festzuhalten, nur damit Schuld, Angst und Hass weiterhin fortbestehen können.

Das Ego hat diese Welt gemacht. Anstatt die scheinbaren Auswirkungen des Irrtums, die Personen, Ereignisse und Umstände der Welt infrage zu stellen, ist es gut, den zugrunde liegenden Irrtum zu hinterfragen.

Warum Symptome wirklich machen, wenn ihre „Ursache" unwirklich ist und keine Grundlage hat? Gott hat das Ego nicht erschaffen, es hat also keine Quelle. Gott hat dich als Geist erschaffen und somit ist deine Identität Geist. Kein Traum von Angst kann die Wahrheit unseres ewigen Seins verschleiern.

Es kann nicht schwer sein die Wahrheit zu akzeptieren. Illusionen hingegen sind schwer aufrechtzuerhalten, denn sie haben nichts, worauf man sich stützen kann. Sehen wir zu, wie unsere Sandburgen in der riesigen Flut des Ozeans verschwinden!

Der Anspruch der Wahrheit

Der Anspruch der Wahrheit – „Ich weiß, wer du bist" – ist die Übereinstimmung mit dem innewohnenden Göttlichen, dem großen Gleichmacher. Ihr seid alle von einer Quelle im Ausdruck in wunderbarer Einzigartigkeit. Und das manifeste Selbst wird alle in Übereinstimmung mit dem Willen unterstützen, weil das Göttliche, wie die Wahrheit, nicht in Egoismus handeln kann und will.

Die Umstände und Ereignisse deines Lebens sind eine perfekte Reproduktion deines Geistes. Sie folgen sinnlosen Überzeugungen, die es in Wahrheit nicht gibt, von denen du dich aber befreien kannst, indem du dir erlaubst zu fühlen, wer in Wahrheit mit dir geht.

Finde es heraus und das Licht wird dein Leben heilen.

Nur die Wahrheit ist wahr und macht frei

Wir selbst und die Welt werden geheilt, indem wir die Welt nicht mehr dazu benutzen unseren Denkfehler wirklich machen zu wollen, sondern indem wir das innere Licht finden. Nur die Wahrheit ist wahr und nur die Wahrheit macht frei!

Öffnen wir uns heute dieser Erkenntnis, damit wir nicht mehr von unseren Erfahrungen und Wahrnehmungen getäuscht werden.

Ich denke und glaube zu wissen ...

Dein Wissen über ... stimmt das?

Kein Virologe, Politiker, Mediziner, Banker, Therapeut, Quantenphysiker, Nachbar, alter und junger Mensch weiß irgendetwas. Sie stützen sich auf angelernte Modelle. Sie wissen nicht, ob es besser wäre links oder rechts abzubiegen, dies oder jenes zu tun. Auch du weißt es nicht!

Ein gelerntes, von außen auferlegtes Bücherwissen erstickt die Essenz. Wahres Wissen besteht bereits in jedem von uns. Wissen heißt erinnern. Es ist eine Reise zurück ins vertikale Sein, das durch die innere Führung hervorgerufen wird.

Falls du der Ansicht bist wirklich etwas zu wissen, dann hast du ein Problem, das du nicht lösen kannst, denn dein Wissen hindert dich daran die Lösung zu erkennen. Sei heute ganz ehrlich und überprüfe deinen „Glauben zu wissen" bis auf die Grundmauern. Sei ein Detektiv und du wirst dich über das, was du herausfinden wirst, wundern können.

„Ah, welch ein Segen endlich nichts mehr wissen zu müssen", endlich das zu tun, wonach dir wirklich ist, anstatt ängstlich abzuwägen, welchen Weg du einschlagen sollst.

Selbstversuch: Sage dir zu allem was dir begegnet: „Ich weiß nicht." Morgen kannst du wieder durch die Welt rennen und dir immer wieder erzählen: „Ich weiß." Was sich besser anfühlt wirst du unmittelbar bemerken.

In Anbetracht der Lösung, die dir heute zur Verfügung steht, ist dein Wissen bedeutungslos.

Unterschätze nicht den Glauben

Erlebst du immer nur Frieden und Glück? Wenn nein, dann fürchtest du dich vor Gott. Es ist besser zu akzeptieren, dass du dort bist, wo du ehrlich bist. Nur dann kannst du dich entscheiden einen anderen Weg einzuschlagen.

Es nützt uns nichts so zu tun als hätten wir einen Zustand erreicht, den wir noch nicht erreicht haben. Solange wir noch eigene Wünsche oder Ergebnisse wahrhaben wollen, solange verweigern wir uns der Schau, weil wir uns vor Gott fürchten. Wir glauben dann immer noch, und unterschätze diesen Glauben nicht, dass wir vor dem Ewigen auf irgendeine Weise schuldig sind.

Glücklicherweise haben wir einen wirksamen Weg unsere Sichtweise zu ändern, und zwar durch unseren inneren Lehrer. Immer wenn du dir sagst, dass du vor allem sehen willst, kann dieser dir eine neue Sicht auf deine Kümmernisse geben und nur das ist erforderlich, um die Angst vor dem Ewigen zu verlieren. Alles, was wir aus einer persönlichen Motivation tun, tun wir deshalb, weil wir uns vor Gott fürchten.

Ein Glaubenssystem der Täuschung?

Es gibt ein Glaubenssystem, das Täuschung erzeugt. Es ist ein Zustand des Unbewussten, der das Bewusstsein der Wahrheit verdunkelt. Wir haben die Gelegenheit auf die Hindernisse gegenüber der Liebe zu schauen und den Geist zu bitten, Erleuchtung zu bringen.

Der Geist, der sich selbst in einer Welt der Dualität existierend wahrnimmt, geht immer von einem dualistischen Glaubenssystem aus. Dieses dualistische Glaubenssystem ständig infrage zu stellen, wird oft als beunruhigend und überwältigend empfunden, dennoch ist dieses Hinterfragen notwendig, wenn man einen ständigen Zustand des Friedens erreichen will.

> **Befinde ich mich im Frieden?**
> **Ist das wirklich wahr?**

Das sind Fragen, die wir uns ständig stellen sollten.

Es gibt nur den reinen Geist, aber es scheint viele Gedanken, Emotionen und Wahrnehmungen zu geben, die das Bewusstsein dieser Stärke verbergen. All dies sind Versuchungen, das Selbst und Gott zu vergessen. Solange diesen Illusionen Glauben geschenkt wird, gibt es keine Bereitschaft den zugrundeliegenden falschen Glauben infrage zu stellen, der die Wurzel aller Fehlwahrnehmungen ist.

ERMÄCHTIGUNGSIMPULS:
Es ist sehr wichtig, aufgeschlossen und bereit zu sein und uns vom reinen Geist helfen zu lassen, diesen falschen Glauben zu enthüllen.

Ich weiß nicht was zu meinem Besten ist

Um sich zum Lehrer Gottes auszubilden zu lassen, muss man akzeptieren, dass man nicht wissen kann, was zu seinem Besten ist. Ohne dies bewusst anzuerkennen, wirst du die Trennung von Gott weiterhin wertschätzen. Alle deine „persönlichen Ziele" waren bisher auf dieses Ziel ausgerichtet. Da das „Ich-lein" alles auf den Kopf gestellt hat, müssen wir durch diese Geistesschulung ein neues Denken erlernen, das unserer wahren Quelle entspricht.

Wir können nicht davon ausgehen, dass wir wissen, was unser Bestes ist und gleichzeitig erwarten glücklich zu sein. Unser Superbewusstsein, das sich unendlich ausdehnt, wird durch diese geistige Hypnose zu einem Rinnsal degradiert.

Sobald wir uns wirklich eingestehen, dass wir völlig ahnungslos gegenüber dem Leben sind, wird sich alles zu unserem Besten wenden. Erst dann kann die schöpferische Intelligenz das Steuer übernehmen und dir in jedem Augenblick eine neue Wahrnehmung, das heißt den Himmel, anbieten können.

Begrenzende Glaubenssysteme

Die Gesetzmäßigkeiten dieser Welt sind Glaubenssysteme, die uns begrenzen und uns weismachen wollen, dass die Lösung unserer Probleme außerhalb von uns selbst liegt. Was außerhalb von uns liegt, ist Magie, die manchmal zu funktionieren scheint, und manchmal nicht. Diese Ablenkungen können wir aufgeben und uns getrost nach „innen" wenden, dort, wo wir uns als reinen Spirit wiedererkennen.

Die Welt gibt vor zu wissen

Sowohl die Wissenschaft als auch die Religionen wissen wenig über die SEELE und diese Welt. Sie geben vor zu wissen, aber sie wissen nicht. Wir können die Wahrheit nur durch persönliche Erfahrung erkennen und nicht durch Raten, Analysieren, Theoretisieren oder von „äußeren" Autoritäten erlangen. Wir sind dazu aufgefordert, unser scheinbares vergangenes Wissen aufzugeben, damit beständige Gegenwärtigkeit durch uns zu leuchten beginnt.

Und selbst dann werden diejenigen von uns, welche die Erfahrung der Gegenwärtigkeit gemacht haben, es schwer haben, ständig in dieser absoluten Klarheit zu bleiben, denn diese neigt dazu zu kommen und zu gehen, zumindest solange wir in menschlicher Gestalt sind.

Dennoch werden wir ermutigt, nicht in Verzweiflung über die zahlreichen Begrenzungen dieser Welt zu verfallen, wie Krankheit, Corona, Finanzen, herausfordernde Beziehungen oder andere schmerzhafte Illusionen. Irgendwann werden wir alle in Frieden leben und immun gegen die Herausforderungen des Lebens sein - aber nicht, ohne sie zu sein - zumindest nicht, solange wir uns hier erfahren.

Gedanken / Denken / Verstand

Durch göttliches Gewahrsein denken

Unsere Heiligkeit vermag es, dass unsere Gedanken zu Mitschöpfungen Gottes werden. Wenn wir aus der wahren „SELBST-Präsenz" im Inneren fühlen, sind unsere Emotionen freudig und inspirierend. Angst verschwindet und die Zeit vergeht. Wenn wir aus dieser Wahrheit sprechen, sind unsere Worte süßer als der süßeste Nektar. Sobald wir anfangen durch göttliches Gewahrsein zu denken, eilt das gesamte Universum zu uns, um unseren Anweisungen zu folgen. Und wenn wir aus dem göttlichen Bewusstsein heraus handeln, durchdringen Engel diese Dimension, um unsere liebenden Handlungen zu unterstützen. Es ist ein Erwachen im Geiste Gottes, dass sich in der Ausdehnung der Liebe selbst wiederfindet. Was braucht es mehr?

„Es gibt ein Licht in dir, das nicht sterben kann; dessen Gegenwart so heilig ist, dass die Welt deinetwegen geheiligt wird. Alle Dinge, die leben, bringen dir Geschenke und bringen sie in Dankbarkeit und Freude zu deinen Füßen dar. Der Duft der Blumen ist ihr Geschenk an dich. Die Wellen verneigen sich vor dir. Die Bäume strecken ihre Arme aus, um dich vor der Hitze zu schützen, und legen ihre Blätter vor dir auf den Boden, damit du in Sanftheit wandeln kannst, während der Wind zu einem Flüstern um dein heiliges Haupt sinkt." EKIW

Selbstkonzepte lassen uns vergessen, wer wir sind

Erinnere dich, dass das Christus-Licht, die „ICH BIN"-Gegenwart Gottes, im Herzen von uns allen ist. Doch in der Illusion unserer Traumwelt ist um das Christuslicht ein dünner, dunkler Schleier gewickelt, der die scheinbare Trennung von Gott repräsentiert.

Obwohl der Schleier dünn ist, hält er uns davon ab, das nach außen strahlende Licht wahrzunehmen. Zusätzlich sind um diesen dünnen Schleier unsere verschiedenen Wunden und Glaubenssysteme gewickelt, die aus uns allen eine fremde Persönlichkeit machen.

Immer wenn wir durch diesen Schleier in die Welt schauen, wollen wir besondere Dinge erreichen, um eine besondere Liebe zu erfahren. Diese Selbstkonzepte führen dazu, dass wir vergessen, wer wir sind. Wunderwirkende wollen sich nur noch durch das „Herz Gottes" führen lassen und alle Besonderheit ablegen.

„Wunder fallen wie Tropfen heilenden Regens vom Himmel auf eine trockene und staubige Welt, wohin hungernde und dürstende Kreaturen kommen, um zu sterben. Jetzt haben sie Wasser. Jetzt ist die Welt grün. Und überall sprießen die Lebenszeichen, um zu zeigen, dass das, was geboren ist, nie sterben kann, denn was Leben hat, hat Unsterblichkeit."
EKIW

Das Resultat unserer Gedanken und Überzeugungen

Das, was du in der Welt siehst, ist das Resultat von Gedanken und Überzeugungen. Wir haben es mit einer Welt voller Ideen zu tun Der *Kurs in Wundern* lehrt uns, dass die Gedanken, von denen wir denken, dass wir sie denken und die Welt, von der wir denken, dass wir sie sehen, die gleichen sind. Die Überzeugungen, die wir haben und die Welt, von der wir glauben, dass sie außerhalb liegt, sind tatsächlich die gleichen. Also tun wir uns buchstäblich alles selbst an. Die gute Nachricht ist, dass wir, wenn wir vergeben, nicht etwas vergeben, was uns angetan wurde. Wir vergeben etwas, was nie passiert ist. Trennung ist eine Halluzination. Es ist keine Realität, es ist nicht die Wahrheit. Es ist ein erstaunlicher Moment der Hingabe, in der wir diese Erkenntnis haben. Das Glück Gottes ist jenseits all dieser verqueren Träume, die uns in Trennung halten und in der wir Opfer sind und leiden können. Finde heute deine einzige Funktion, nämlich glücklich zu sein!

ERMÄCHTIGUNGSIMPULS:
Verändere deine Überzeugung, das ist eine wirkliche Tat. Alles andere sind nur Nebelkerzen.

Denken erzeugt Form

Das Unterbewusstsein kann nicht zwischen Realität und Einbildung unterscheiden. Die Bilder, die wir unserem Verstand einprägen, vor allem wenn sie von Emotionen begleitet werden, ergeben die gleichen Erfahrungen, ob sie nun wirklich erlebt wurden oder erfunden sind.

Wenn Hypnotiseure einen Kugelschreiber an den Unterarm einer hypnotisierten Person halten und ihr sagen, dass der Stift eine angezündete Zigarette ist, dann bekommt der Arm Blasen. Wenn eine brennende Zigarette am Unterarm berührt wird, aber als Kugelschreiber beschrieben wird, entstehen keine Blasen.

Auch unsere Erinnerungen an die Vergangenheit sind unter hypnotischen Umständen eingeprägt. Die Gedanken, die wir dabei festhalten, sind mächtig. Selbst Illusionen werden in ihrer Wirkung so stark wie die Wahrheit.

Wenn wir uns aus der Angstspirale der Vergangenheit befreien möchten, müssen wir uns über einige Dinge im Klaren sein, und zwar in vollem Umfang. Der Geist ist sehr mächtig und verliert nie seine schöpferische Kraft. Er schläft nie. Er erschafft in jedem Augenblick.

Es ist schwer zu begreifen, dass Denken und Glauben sich zu einer Energiewelle verbinden, die buchstäblich Berge versetzen kann. Es gibt keine untätigen Gedanken. Alles Denken erzeugt auf irgendeiner Ebene Form.

Welche Bedeutung gibst du deinen Gedanken?

Belanglose Dinge kosten Zeit und bringen uns nicht voran. Je mehr Bedeutung wir unseren Gedanken bzw. Dingen geben, desto größer wird unser Konflikt.

Wir haben eine große Macht in uns, die in der Verbindung zur Schöpfung liegt und die wir jederzeit wachrufen können. Sobald wir die Erfahrung machen, dass verletzende Gedanken uns klein machen oder wir uns von irgendetwas bedroht fühlen, können wir innehalten und die kleine Bereitschaft aktivieren, die uns mit der göttlichen Stimme verbindet.

Wir wollen heute dem Wertlosen keinen Wert mehr beimessen und stattdessen das Wunder der Liebe empfangen, das allen Kampf beendet. Sobald wir unsere Gedanken mit den Gedanken der Liebe in Übereinstimmung bringen, bereitet uns das Universum neue Wege in die Zukunft. Die Gesetze von Zeit und Raum werden aufgehoben, denn sie werden durch das Ewige Licht transzendiert. Wir haben ein Anrecht auf weitaus mehr als uns das Ego zu bieten hat.

Stelle deine urteilenden Gedanken ein

Unser Denken kann zahllose Richtungen einschlagen, doch heute soll unser Ziel die Vergebung sein. Die Wildheit unseres Geistes wird hierdurch gezähmt, damit das Chaos in unserem Herzen zur Ruhe gelangt. Der Friede des Ewigen vermag alles in die kosmische Ordnung zurückzuführen, wenn wir es nur wirklich wollen.

Indem wir die negativen, sich wiederholenden und urteilenden Gedanken einstellen, können wir keine weiteren Verletzungen mehr erfahren. Festgefahrene Gedankenformen lagern wie Verkrustungen auf unserem reinen Bewusstsein. Es wird von uns nicht verlangt, all dies selbst zu transzendieren. Ich brauche nur die Vergebung auf allem ruhen zu lassen und die Konflikte werden verschwinden.

Entscheide, was wahr ist

Wenn es dir so geht, dass du dich in Opposition mit den Aussagen des *Kurses in Wundern* befindest, dann wünsche ich dir, dass dich diese Widersprüche in einen produktiven Prozess hineinziehen, um für dich selbst zu klären, was wahr ist. Widerspruch ist gut: denn er bedeutet, dass du bereit bist, eine wache Haltung gegenüber Gedanken einzunehmen und nicht einfach eine Weltanschauung mit einer anderen austauscht, die dir im Augenblick attraktiver erscheint.

In jedem Moment und mit jedem Gedanken sind wir gefordert zu entscheiden, was wahr ist. Und jeder Gedanke kann uns – bis an sein Ende gedacht – die Wahrheit des Seins enthüllen.

Finde die Ursache des Gedankens: wer oder was denkt jetzt?

Gedanken der Kleinheit

Alles, was wir brauchen, wollen oder uns in Beziehungen wünschen ist das, was uns klein hält, basierend auf dem Selbst, welches wir gemacht haben. Kleinheit versucht sich selbst klein zu halten. Selbst unsere größten Träume, die wir hier auf der Erde zu träumen wagen: Tonnen von Geld, das wir machen können und Villen an jedem x-beliebigem Ort, sind immer noch das Zeugnis von Kleinheit.

Es sind Definitionen, die unseren Gedanken entspringen und daher wertlos sind, denn es sind unsere Gedanken, die wertlos sind, weil sie nicht real sind. Die einzige Realität, die existiert, ist in Gott und dort ist unser ganzer Reichtum, der mit nichts in der Welt verglichen werden kann.

Eine Affirmation, die dich aus dem Dschungel des Unbewussten herausführen kann, ist: *„Ich sehe die Schönheit in dir, die uns verbindet."*

Erfahre die Ergebnisse deines Sinneswandels

Jede Erfahrung, die wir zu irgendeinem Zeitpunkt machen, spiegelt unsere Haltung oder unsere Gedanken wahrheitsgetreu wider.

Wenn du Vorstellungen und Ideen über dich hast, wie „Ich bin unwichtig, unwürdig und wertlos", wird deine Welt dir das in vollem Umfang widerspiegeln. So kann es zum Beispiel passieren, dass man dich ignoriert oder unfreundlich behandelt, so als ob deine Gefühle keine Rolle spielen. Es sind deine Gedanken, die sich im Universum widerspiegeln!

Egal wie lange das schon so geht, es wird sich in dem Augenblick ändern, indem du liebevoller und aufgeschlossener wirst. Es dauert nicht Jahre, um einen Unterschied zu erkennen. Die Frequenz deines Energiefeldes wird sich sofort erhöhen, wenn du deine Meinung änderst, und du wirst feststellen, dass die Menschen anders auf dich reagieren, plötzlich neue Gelegenheiten auftauchen, sich Türen öffnen oder du etwas verstehen wirst, was dir vorher sehr kompliziert erschien.

Das ist wirklich eine superspannende Erfahrung, denn so wie nichts das Spiegelbild stört, das ein treuer Diener ist, kann dich nichts daran hindern, die Ergebnisse deines Sinneswandels zu erfahren!

Hinterfrage deine Gedanken

Die Welt, so wie wir sie sehen, ist aus unseren unbewussten Urteilen und Wünschen gemacht. Wir glauben auch, dass wir uns damit abzufinden haben, was wir vorfinden. Jedoch, wenn wir anderen Geistes werden, verändern wir die Welt. Sobald wir damit beginnen unsere Gedanken zu hinterfragen, beginnen unsere Selbstkonzepte zu bröckeln.

Beobachte deine Gedanken und Wahrnehmungen

Wir neigen dazu, Gewohnheiten zu entwickeln und dann kontrollieren uns diese. Deshalb ist es unerlässlich, dass wir wachsam und konsequent sind, wenn es darum geht, unseren Spirit wieder aufzufüllen oder umzuprogrammieren.

Durch wiederholten und konsequenten Gebrauch von Gebet und den Lektionen aktivieren wir ein biologisches Gesetz, das besagt: „Wenn Neuronen zusammen feuern, verdrahten sie sich miteinander". Mit anderen Worten, eine beständige geistige Aktivität schafft tatsächlich neue neuronale Strukturen im Gehirn. Was auch immer durch unser Gehirn und unseren Geist fließt hinterlässt tatsächlich einen Eindruck und beeinflusst unsere zukünftigen Gedanken.

So erstaunlich es auch erscheinen mag, aber man geht davon aus, dass wir ungefähr 70.000 Gedanken pro Tag haben, was über 25 Millionen Gedanken pro Jahr entspricht. 95 Prozent sind dieselben Gedanken, die wir bereits gestern hatten und 80 Prozent davon sind negativ. Darüber hinaus enthält unser Gehirn 100 Billionen Synapsen und über 100 Milliarden Neuronen und wir nutzen nur etw azehn Prozent dieser Neuronen. Diese Neuronen bilden dauerhafte Schaltkreise und verstärken ihre Verbindungen untereinander.

Die meisten Gedanken enthalten also entweder ein Bedauern über die Vergangenheit oder Sorgen über die Zukunft und nicht Gottes Gedanken, wie man sie im liebevollen und ewig gegenwärtigen Moment findet.

Christus lehrt, dass unser Verstand eigentlich leer ist, wenn wir nicht mit der Quelle denken. Wenn wir den Gedanken, die wir ohne Gott haben, die Zahl Null zuschreiben, das heißt dass sie Nichts sind, dann ist das Addieren oder Multiplizieren weiterer Nullen immer noch Nichts (auch wenn es 25 Millionen Nichts gibt). Dieses Nichts hat die Kraft oder die Bedeutung „0".

Unsere „Null"-Gedanken schaffen nichts Reales. Nichtsdestotrotz schafft diese Geistesblindheit immer noch eine Scheinwelt mit Schein- und Täuschungseffekten, die dann Wunder (Bewusstseinsverschiebungen) brauchen, um die Erleichterung durch die Wahrheit oder Realität zu erreichen.

Dies ist ein Grund dafür, dass das, was wir mit unserem Verstand „erschaffen", wie beim „positiven Denken", uns oft nur eine äußere Verschiebung bringt, aber nicht die innere Verschiebung im Bewusstsein, die wir am meisten brauchen.

Deshalb müssen wir wachsam sein und den Inhalt unseres Geistes – die Gedanken und Wahrnehmungen, die wir wählen – beobachten, denn während wir versuchen, uns an unsere wahre Identität zu erinnern, kämpft das Ego um sein illusorisches „Leben".

Unsere Gedanken sind mächtig

Zum Beispiel sagen wir: „Ich bin glücklich", „Ich bin krank", „Ich bin eine Mutter", „Ich bin Ärztin", „Ich habe ein Problem" und so weiter. Dadurch versetzen wir uns an die erste Stelle und glauben autonom in diese Welt schauen zu können.

Leider scheinen wir in uns neben diesem unglaublichen göttlichen ICH BIN auch die Stimme des Egos zu haben: „Ich bin nicht wie Gott mich geschaffen hat". Wir können die Kraft der inneren ICH BIN-Präsenz nutzen, um spirituelle Liebe und wahre Kreativität auszudrücken oder wir können diese Kraft verzerren und sie für den Ausdruck unseres auf Angst basierenden Egos verwenden, was so ist, als würden wir unsere Göttlichkeit verleugnen und sagen: „Ich bin nicht göttlich".

Aus uns selbst heraus sind wir nichts, das heißt wenn wir unser Ego-Selbst sind, sind wir nichts. Indem wir zurücktreten, können wir die mächtigsten Worte erfahren: „ICH BIN". ICH BIN wird in fast jeder Erklärung verwendet, die wir abgeben, wenn wir uns selbst oder unseren Seinszustand beschreiben.

Wenn wir in unserem Göttlichen SEIN ausgerichtet bleiben, dann steigt die Inspiration, die von unserem höheren Wissen ausgeht, in unser Herz, unseren Verstand, unsere Emotionen und unsere materielle Erfahrung hinab. Und wenn sie ungehindert herabsteigt, dann spiegelt sie sich in unserer „rechten Gesinnung" und in unserem Leben als wunderbare Erfahrungen wider. Dies wird als Verschiebung der Wahrnehmung von der Illusion zur Realität bezeichnet. Indem wir zurücktreten und dem inneren Medicus die Führung überlassen, werden wir von unseren selbst gemachten Ideen und Konflikten geheilt.

„Der Heilige Geist und das Ego sind die einzigen Möglichkeiten, die dir offenstehen. Gott hat eines geschaffen, und deshalb kannst du es nicht auslöschen. Das andere hast du geschaffen, und deshalb kannst du es nicht auslöschen." EKIW

Die Welt ist eine Reflexion unseres Geisteszustandes

Wir können diese Aussage als Humbug abtun oder wirklich lernen wollen, was dies in seiner Tiefe bedeutet. Wir sind so krank wie die Geheimnisse, die wir vor Gott bewahren, und deshalb sollten wir keine privaten Gedanken haben, die wir dem Heiligen Geist nicht zur Heilung geben wollen.

Ein Teil von uns glaubt, dass wir bessere Menschen sind, wenn wir unsere Probleme und schuldigen Gedanken verbergen, weil sie dadurch niemand sehen kann. Das ist eine Täuschung, denn zum einen haben wir keine privaten Gedanken und zum anderen ist die Welt unsere Projektion. Deshalb müssen wir jede Kontrolle aufgeben und dem Heiligen Geist Gottes (der göttlichen Mutter) erlauben, unser Führer, Lehrer und Heiler zu sein.

„Wenn du bereit bist, auf die Rolle des Hüters deines Denksystems zu verzichten und es mir zu öffnen, werde ich es sehr sanft korrigieren und dich zurück zu Gott führen." EKIW

Die Anweisungen sind einfach. Die Zeit ist verfügbar. Was fehlt? Der reine Wunsch nach absoluter Wahrheit. Das ist eine notwendige Komponente.

Ich sehe es als meine Aufgabe dich zu befähigen, die Zügel deines eigenen Lebens zu übernehmen, dein größtes Glück zu erreichen, deine Ziele, Träume und Wünsche anzunehmen und das Leben zu leben, das deinem inneren Seelenweg entspricht.

Wir haben ausschließlich ein Denkproblem

Der menschliche Körper spiegelt die Überzeugungen und Funktionen unseres Geisteszustandes wider. Tatsächlich gibt es vieles in unserer Welt, was die universellen Gesetze und Prinzipien widerspiegeln. Das Ego hat die Welt so erschaffen, um den Himmel so weit wie möglich nachzubilden, damit wir den Himmel nicht allzu sehr vermissen. Doch selbst bei den besten Versuchen der Welt den Himmel widerzuspiegeln, gibt es nichts Wirkliches an dem, was wir mit unseren physischen Augen sehen oder wie wir das, was wir sehen, interpretieren.

Wenn das, was wir sehen, eine Illusion ist, wie vernünftig ist es dann Zeit damit zu verbringen, diese zu interpretieren oder unsere Entscheidungen auf der Grundlage dessen zu treffen, was wir mit unseren illusionsbasierten Augen sehen? Wir wissen tatsächlich nicht was wir sehen, denn wir sehen nicht, solange wir unsere physischen Augen benutzen. Wir sind Bildermacher, die an das glauben, was sie gemacht haben. Warum also noch gegen die eigenen Schöpfungen kämpfen, wenn sie doch ganz einfach aufzugeben sind?

Wie kann sich die wahre Schau offenbaren?

Das Denken, das den Verstand für das ununterbrochene Aufrechterhalten des „Ich-leins" in einem unbewussten Monolog gefangen hält, bekommt durch die Praxis des *Kurses* eine völlig andere Funktion. Schicht um Schicht wird der Schleier gehoben, damit sich die wahre Schau offenbaren kann.

Deine Gedanken um dich sind bedeutungslos

Der Versuch, Stabilität im Leben zu finden, indem man sich mit seinen Ego-Gedanken identifiziert, ist wie der Versuch als Huhn wie ein Adler zu fliegen.

Vielleicht gelingt es uns mit viel Übung ein paar Flügelschläge zu machen, aber beim nächsten Hindernis werden wir unsanft landen. Angst, Mangel, Krankheit und jegliche Form von Leid kommen von unseren Ego-Gedanken. Dieses „Ich-lein" benutzt die Gedanken als große Selbsthypnose, um uns davon abzuhalten, uns an unser Einssein zu erinnern. Es kämpft darum, alle möglichen Ablenkungen aufzubringen. Es wird dir zum Beispiel sagen, dass du ganz allein mit deinen Nöten bist.

Es wird auch alles tun, um zu beweisen, dass du auf einen sehr verletzlichen Körper beschränkt bist. Aber wenn wir uns daran erinnern, dass unsere Identität nicht auf einem Körper beruht, wird die Angst vor _____ wegfallen.

Je mehr ich mich mit dem Körper identifiziere, desto mehr denke ich, dass ich allein in dieser Welt bin und je mehr ich mich an diese Welt klammere, desto mehr Angst empfinde ich.

Es ist wichtig zu verstehen, dass all dieser Wahnsinn aus vergangenen Gedanken entspringt. Aber kein Gedanke diesbezüglich ist wahr, es sind Illusionen, die heute ihr Ende finden können.

Du bist der Schöpfer von allem, was du erfährst.

Du musst wählen, dies **wirksam** in die Praxis umzusetzen. Es beginnt mit der Praxis von fünf Minuten am Tag, das ist alles. Und wenn du fühlst, dass du dies für fünf Minuten erfüllen kannst, dann kannst du zehn daraus machen und dann zwölf, fünfzehn und zwanzig Minuten und es klingt nur wie ein kleines Stückchen.

Denken ist Geschichten machen

Denken ist Geschichte. Es ist eine fortlaufende Geschichte, die Illusionen schafft. Wenn uns die Geschichte als Gedanke in den Sinn kommt und wir sie glauben, glauben wir einer Lüge. Einige Dinge mögen in der Handlung wahr sein, aber „wahr" in einer erfundenen Fantasie ist nicht wahr. Wenn wir in der Geschichte nach dem suchen, was in der Geschichte wahr ist, beschäftigen wir uns mit der Unwahrheit.

Die Geschichte ist in Bewegung und die Handlung kommt dir als Gedanke in den Sinn. Du bist jedoch nicht der Story-Charakter. Du bist Bewusstsein. Du kannst Bewusstsein bleiben und die gesamte Geschichte als Nichts sehen. Du hast die Fähigkeit der distanzierte Beobachter zu sein, unabhängig davon, was in der Geschichte vorkommt. Losgelöste Beobachtung führt zur Freiheit von der Geschichte.

Gedanken sind die Ursache des Schmerzes

Du magst versucht sein, die Situation eines anderen zu betrachten und zu glauben, dass sie repariert oder geheilt werden muss. Wenn du das tust, greifst du dich selbst an. Gedanken als real zu betrachten, macht müde. Die Wahrnehmung von Körpern als real zu betrachten ist ein Angriff auf dich selbst.

Wir sind „ganz" in unserer Seele. Zu glauben, dass es außerhalb der Seele Heilung gibt, ist eine Möglichkeit, dich von der Quelle der Heilung zu dissoziieren, damit du keine wirkliche Heilung erreichst. Wirkliche Heilung wird erreicht, indem man Projektionen zurücknimmt und anerkennt, dass du es bist, der geheilt werden muss. Nur du!

Sobald wir unseren Gedanken keinerlei Wirklichkeit mehr zuweisen, wird unser Geist leer und wir erkennen uns wieder als vollkommenes Licht im Geiste Gottes. Nur deshalb sind wir hier und erfahren uns in unterschiedlichen Situationen, die nur einen Sinn ergeben, nämlich deren Realität zu leugnen.

Glaubst du, dass du der Denker deiner Gedanken bist?

Ein Gedanke taucht auf. Hattest du Kontrolle darüber, welcher Gedanke auftaucht? Konntest du wählen, dass überhaupt ein Gedanke auftaucht oder kein Gedanke auftaucht? Wenn du der Denker deiner Gedanken wärest, müsstest du dann nicht entscheiden können, zum Beispiel überhaupt nicht mehr zu denken? Ist das möglich? In uns wohnt niemand. Das was den Eindruck vermittelt, als wäre es so, ist der Verstand, das „Ich-lein", das wiederum auch nur ein Gedanke ist, der immer im Nachhinein von einer Handlung Besitz ergreift und sie zu SEINER erklärt. „ICH habe Tee getrunken" oder „Ich lese diese Zeilen." Aber ist das wirklich passiert? Richtigerweise müsste es eigentlich heißen: „Tee trinken geschieht" oder „Diese Zeilen lesen geschieht".

Wir haben keine privaten Gedanken

Wahrscheinlich bist du wie die meisten Menschen immer davon ausgegangen, dass deine Gedanken deine eigenen privaten Angelegenheiten sind. Außerdem glaubst du, dass das, was du tust, die wichtigen Aspekte des Lebens sind, da sie das sind, was andere sehen können, und kontrolliert werden muss, um die gewünschten Ergebnisse im Leben zu erzielen. Nichts könnte weiter von der Wahrheit entfernt sein!

Unsere „unsichtbaren" Gedanken lenken all diese „äußerlich sichtbaren" Aktivitäten. Die Art und Weise wie du dich selbst und andere siehst und über dich selbst und andere denkst, ist in deinem Energiefeld inhärent, das heißt innewohnend und somit immer für jeden verfügbar, um es aufzunehmen.

Es ist, als ob das, was du denkst, aus dir herausgestrahlt wird, wie bei Fernsehern, die die ganze Zeit irgendwelche Sendungen aussenden! Es ist ziemlich schockierend zu erkennen, dass das, was als verborgen und irrelevant vermutet wird, tatsächlich der wichtigste Aspekt deines Lebens ist.

Zusammenfassend kann man sagen, dass all deine Gedanken, die du für privat und unwichtig hieltest, sowie deine Überzeugungen über alles, deine gesamten äußeren Aktivitäten lenken und für jeden offensichtlich sind. Jetzt kannst du erkennen, warum wir unsere Überzeugungen über uns selbst verändern müssen, um unser Leben zu ändern!

ERMÄCHTIGUNGSIMPULS:
**Die Lektion: „Gott ist das Licht, in dem ich (dich) sehe",
kann dir aus diesen Gründen eine unermessliche Hilfe beim
Erschaffen einer neuen Realität sein.**

Sind wir von unseren Gedanken hypnotisiert?

Jeder, der mit Computern vertraut ist, wird wissen, dass sie nur so funktionieren können, wie sie konzipiert sind. Der menschliche Geist und Computer sind sehr ähnlich. Es wurden Unmengen von Daten in unserem Unterbewusstsein abgelegt, aufgrund derer wir funktionieren.

Ein Kurs in Wundern ist das schnellste und umfassendste Mittel zur Aktualisierung deines Unterbewusstseins. Es handelt sich dabei um eine spirituelle Technologie im Verborgenen, die dich genau dorthin führt, wo die Probleme von Schmerz, Einsamkeit, mangelndem Erfolg und Frieden zusammenhängen. Wenn mit deinem Computer etwas schief geht, lehnst du dich normalerweise nicht zurück und sagst: „Na gut". Du lädst höchstwahrscheinlich sofort Updates herunter oder suchst dir andere Hilfen zur Lösung des Problems. Du tolerierst keine Computer- oder Telefonstörungen. Wir müssen die Fehlprogrammierung in unserem Denken, das auf Angst beruht, auf die gleiche Weise angehen!

Die falsche Logik in unseren prägenden Jahren, die aus vielen Quellen auf uns einströmte, besteht aus angstauslösenden Überzeugungen, die verletzend und offensichtlich falsch sind, wie zum Beispiel.: „Ich bin eine unwürdige, unwichtige Person ohne wirkliche Macht und es gibt so viel mehr, was an mir nicht stimmt."

Diese Gedanken, halten uns in einem hypnotischen Zustand gefangen, der Illusionen über uns in der Welt – und somit die Welt – wahr macht. Wir können dem entrinnen, indem wir uns heute darin üben: „Es gibt nichts zu fürchten!"

Bist du die Gedanken?

Nein, das bist du nicht. Bist du der Denker der Gedanken? Nein, das bist du nicht. Du bist nur diese Stille und Präsenz, die beobachtet, wie die ganze Schöpfung durch ein Feld von Bewusstsein fließt, welches der Geist Christi ist. Du bist für immer unbegrenzt. Vollkommen konstant. Wir sind aus einer Substanz, einem Licht und einer Wahrheit und hier allein:

> befindet sich die Wirklichkeit.
> wird die Wirklichkeit erinnert.
> regiert die Liebe als Höchstes.
> ist, wo du bist.

Und was entdecken wir an diesem Ort, der überall gleichzeitig ist, und in dieser Ewigkeit, die jeden Moment der Zeit umfasst? Was ist es, was wir teilen? Es ist nicht ein Körper, denn Körper sind begrenzt, vorübergehende Ausdrücke der Zusammenballung von Gedanken. Es ist nicht der Körper, den wir teilen können. Schau noch tiefer. Sind es die Gedanken, die immer noch über die Oberfläche weit über dir tanzen? Nein. Was ist es dann, was uns aneinanderbindet als „Eins"? Ist es nicht die Stille und das Bewusstsein des Einen, der das Entstehen und Vergehen aller erschaffenen Dinge beobachtet?

Kommunikation durch das Lesen der Stille

Worte stellen das kleinste Element der Kommunikation dar. Der weitaus größere Teil ist nonverbal. Alles in der Natur kommuniziert tadellos ohne Worte, mit Ausnahme des Menschen. Es ist gesagt worden, dass Menschen Worte erfunden haben, um zu lügen.

Worte können uns zu größerer Wahrheit führen, aber sie können uns auch in Illusionen ablenken. Achte darauf, was hinter den Worten oder anstelle von Worten geschieht. Menschen kommunizieren mehr durch das, was sie nicht sagen. Hier ein Angebot, das deine Kommunikation glanzvoll erweitern kann: *„Lies die Stille."*

Diese Sprache versteht jeder. Versenke dich in die Stille und staune, wie still die Welt in Wahrheit ist. Und höre auf damit, Menschen davon zu überzeugen das zu tun, was deiner Ansicht nach richtig ist. Sei stattdessen still!

Schmerz und Mangel sind ein Denkfehler

Die Ursache von Schmerz und Mangel beruht auf einem Denkfehler, den es zu berichtigen gilt. Der *Kurs* lehrt, dass es keine Fehler gibt außer in unserem Denken, denn zu keiner Zeit können wir die wahrgenommene Trennung von Gott zur Realität machen. Diese Wahrnehmung ist ein Fehler, der korrigiert werden muss. Der *Kurs* schreibt also keinen Lebensstil vor, denn zu keiner Zeit ist die Welt unsere Realität. Was wir in der Welt tun, hat keinen Einfluss auf die Quelle. Er erklärt uns nur, wie die universellen Prinzipien, die auf Wahrheit beruhen, funktionieren.

Offensichtlich denken wir, dass wir in einer Welt sind, und diese ist die Quelle all der Schmerzen und des Mangelgefühls. Der *Kurs* hilft uns dies rückgängig zu machen, indem er uns beibringt, wie wir die Wahrheit aus der Illusion heraussortieren können, indem er uns lehrt, zwischen den Denksystemen des ewigen Geistes und des Egos zu unterscheiden. Unter der Führung des Heiligen Geistes ist die Vergebung der Wahrnehmung, dass wir von Gott getrennt sind, der einzige Zweck, den die Welt hat.

Jeden Moment lehren wir uns selbst, was wir glauben zu sein. Während wir das Gefühl der Trennung von Gott auflösen, werden wir erkennen, dass wir Licht sind.

ERINNERUNG:
Indem wir die Liebe Gottes in unserem Bewusstsein ausdehnen, werden wir zu folgenden Erfahrungen gelangen: Du befreist dich selbst und alles, auf das du schaust.

Der sanfte Geisteswandel

Der persönliche Verstand lässt uns das Gefühl der Trennung vom ewig göttlichen Spirit immer wieder neu erleben, sodass sich nichts wirklich ändert. Dein Seelenplan sieht hingegen vor, dass du den irrigen Glauben, von Gott getrennt zu sein, aufgibst.

Die vollständige Korrektur unserer Wahrnehmung beendet das Bedürfnis nach Zeit. Der Plan der Versöhnung nutzt jede Erfahrung und ersetzt sie durch Wunder, um das Ende der Zeit näher zu bringen. Der einzige Wert der Zeit ist, die sich entfaltende Korrektur in unserem Bewusstsein zu stärken.

Die Korrektur verlangt, dass wir unseren ganzen Verstand dem „Ewigen" übergeben. Solange wir uns jedoch noch mit einem persönlichen Selbst identifizieren, werden wir die totale Verpflichtung zur Korrektur als Verlust empfinden und hinauszögern.

Die Stärke des sanften Geisteswandels liegt darin, dass er nicht angreift, sondern einfach den Fehler rückgängig macht. Die Ausweitung der Liebe Gottes greift nicht an, sie korrigiert. So werden deine Erfahrungen zu einem Wunder der Wahrheit.

Während du dir deiner Identität in Gott immer bewusster wirst, wird dein Bewusstsein für die Einheit deinen ganzen Geist umhüllen und das Gefühl der Sicherheit und Freude garantieren. Dann gelangst du in die sanfte Erfahrung, dass du in Wahrheit kein Körper bist, sondern frei.

Ganzheit und Stärke

Erfasse alle Dimensionen der Liebe

Wir sind aufgefordert das Newtonsche Paradigma hinter uns lassen und uns mutig einer neuen Wahrheit zu stellen, um „Ganzheit", die ohne Zweifel existiert, zu erfassen.

Quantenphysikalische Experimente haben gezeigt, dass die Erwartungen des Beobachters das Ergebnis des Experiments bestimmen. Mit anderen Worten: es gibt keine Trennung zwischen dem Beobachter und dem Beobachteten, dem Subjekt und dem Objekt. Die Welt, die wir betrachten, ist absolut subjektiv, denn es gibt keine objektive Welt außerhalb unseres Geistes. Wir beobachten lediglich was unserer Meinung nach in der Form umgesetzt wird. „Keine zwei Menschen teilen die gleiche Welt".

Es gibt keine Trennung. Alles ist „Eins" und sich dessen bewusst. Auch in dir ist dieses Wissen vorhanden und möchte ans Licht gelangen. Sei bereit alles infrage zu stellen, überwinde die trennende, rein physische Sichtweise, um Ganzheit, das heißt alle Dimensionen der Liebe, zu erfassen.

„Wer über die Quantentheorie nicht entsetzt ist, der hat sie nicht verstanden." Niels Bohr

Ganzheit ist unsere wahre Identität

„Deine Anstrengungen, wie klein sie auch sein mögen, werden kräftig unterstützt. Wenn du bloß wüsstest, wie groß diese Stärke ist, dann würden deine Zweifel schwinden. Heute wollen wir uns dem Versuch widmen, dich diese Stärke spüren zu lassen." EKIW

Wir sind nicht schwach, wir sind stark. Wir sind nicht getrennt, wir sind „Eins" in allem. Stärke rührt von unserer Ganzheit her, die uns von Gott gegeben wurde. Unsere Ganzheit ist unsere Identität, an die wir uns heute wieder erinnern wollen.

Einheit bewirkt Stärke

Einheit bewirkt Stärke. Unser Ego unternimmt alles, um Trennung aufrechtzuerhalten und um Zeit zu machen, die unser Erwachen hinauszögert. Es will verhindern, dass wir dessen Nutzlosigkeit erkennen, und uns weiterhin als selbsterhaltend wahrnehmen. Unsere Ganzheit ist unsere Wirklichkeit und die einzige Ursache, während alles andere Illusion ist.

Gottes Stärke lässt uns in Sicherheit sein

Wir können uns jederzeit auf diese Stärke berufen, indem wir unsere Investition aus der Traumwelt zurückfordern. Wir können uns nur dann in Angst und Sorgen befinden, solange wir glauben, dass wir ein Teil dieser Traumwelt sind, die zu keiner Zeit Bestand hat. Die Welt ist ebenso eine Illusion wie das Ego, welches unser Glaube an Trennung ist.

Sich mit der inneren Stärke verbinden

In bestimmten Lebensbereichen geben wir uns immer wieder der Gewohnheit der Schwäche hin. Wir können uns jedoch mit unserer inneren Stärke verbinden, die mit Gewissheit in uns ist. Wir sind nicht dazu verpflichtet derjenige zu sein, der wir gestern waren. Was wir bisher getan haben, müssen wir jetzt nicht mehr tun. So wie wir bisher gehandelt haben, müssen wir jetzt nicht mehr handeln. Rufe stattdessen den göttlichen Geist an, der die Ketten alter (Denk)Gewohnheit löst.

Kinder brauchen Eltern, die aufhören zu jammern oder sich als Opfer aufgeben. Kinder brauchen geistig wache Eltern, die ihnen Stärke geben.

Licht

Das Licht ist gekommen

Und aller Schmerz, alle Sorgen und Konflikte werden darin geheilt. Wir sind eingeladen durch unsere Gedanken das Licht in unsere Realität zu bringen, damit der Christus durch uns in die dunkelsten Ecken dieser Welt dringen kann und alles Verzagen hinwegleuchtet. So werden wir zu Hütern der Erde, die nach Licht dürstet.

LEUCHTE-LEUCHTE-LEUCHTE

„Das Licht ist gekommen" – diese Worte, mit Gefühl und Hingabe gesprochen, haben große Wirkung. Hierbei musst du nichts mehr vermeiden, sondern alle dunklen Wahrnehmungen werden im Lichte des Ewigen verschwinden.

Ohne Licht ist alles nichts.

Das Licht ist gekommen.

Der Generalschlüssel, der bereits seit Jahrtausenden durch ständige Wiederholung lebendig wird. Dieser Schlüssel hat den direkten Zugriff auf das Ursprungsprogramm und damit allerhöchste Wirkung. Du musst nicht einmal daran glauben - es wirkt immer.

Kommunikation mit dem Licht

Der beste Indikator für die Verbindung zu Gott ist, wie man sich fühlt , weil er nicht von einem bestimmten „Ergebnis" abhängig ist. Je mehr wir in der Lage sind, die Welt mit all ihren Inhalten als erlöst zu sehen, desto glücklicher sind wir. Ein Verstand, der darauf bedacht ist „Ergebnisse zu formen", wird getäuscht und wird keinen dauerhaften Frieden erleben.

Die Überprüfung: „Wie fühle ich mich?", führt zum Erkennen auf welches Denksystem ich ausgerichtet bin: Gott oder Ego.

Geld, Corona oder die Welt sind nichts, aber wenn der Verstand an das Ego glaubt, sind Geld, Corona und die Welt mit einem falschen Wert ausgestattet, und es mangelt uns an fast allem. Der Glaube an Mangel ist der Glaube an Illusionen und das Ego wird zum gewählten Ersatz für die Quelle, für Gott.

Der Grund warum die Welt so wertvoll zu sein scheint, liegt darin, dass wir vieles gegen viele „Dinge" austauschen und unsere illusorischen Bedürfnisse befriedigen können, ob sie nun emotional, physisch oder geistig erscheinen.

Bis Christus aus seinem Schlaf erwacht, nimmt der Verstand äußere Mittel, um die wahrgenommenen Bedürfnisse zu befriedigen. Wie die Medizin, ist die Welt wie ein Zauber, in der scheinbare Probleme für eine Weile verschwinden.

Beginne durch die Kommunikation des Lichtes mit der Welt zu interagieren, indem du den Christus in allem als geboren siehst.

Stärke deine Wahrnehmung zum Licht

Eine der Fragen, die mir am häufigsten gestellt werden, lautet: „Ich arbeite in einem Büro, in dem die Menschen sehr negativ sind. Sie tratschen, kritisieren und streiten. Wie kann ich meinen Tag genießen und meine Arbeit trotzdem gut machen?"

Folgendes Rezept kann ich empfehlen: Bevor du zur Arbeit gehst, nimm dir etwas Zeit, um eine Vorstellung davon zu entwickeln, wie du dich den ganzen Tag über fühlen und handeln möchtest. Setze dich ruhig hin und drehe einen mentalen Film über ein ideales Szenario. Spiele in Gedanken durch, wie gut dein Tag verlaufen wird, bis sich die Erfahrung real anfühlt. Was du gibst, empfängst du.

Umgib dich geistig mit einem Feld aus weißem Licht. Erkläre, dass nur Energien und Aktivitäten, die deinen Interessen entsprechen, zu dir gelangen und dass andere Einflüsse dich nicht beeinträchtigen können. Erneuere während des Tages dein intentionales Feld, wann immer du es brauchst. **Ich ruhe in Gott.**

Definiere den Zweck deines Tages, um in Frieden zu bleiben. Dein Ziel verschiebt sich von „Wie viel muss ich heute noch erledigen?" zu „Wie glücklich kann ich bleiben?" **Ich bin, wie Gott mich schuf.**

Egal, was jemand sagt, oder welche Ereignisse sich ereignen, behalte deine gewählte Haltung bei. Wenn du am Ende des Tages in Frieden bleibst, hast du deine Wahrnehmung zum Licht gestärkt. **Was du glaubst, wirst du wahrnehmen.**

Manchmal, auch das sollte erwähnt werden, macht es durchaus Sinn, die Atmosphäre zu verlassen und sich einer neuen Herausforderung zu stellen. Das entscheidet sich gemäß deinem Skript von selbst.

Teile das Licht mit allem

Nutze täglich die Kraft, die du bereits besitzt, und sie wird sich vermehren. Zeige der Welt, welche Macht wirklich in dir steckt, und du wirst sie erfahren. Teile mit allem das Licht und du wirst dich als dieses erkennen. Die Kraft aus der dynamischen Quelle deines „Seins" wird durch dich fließen, sodass du überall deine Kreativität einfließen lässt.

Entschließe dich, lichtvoll auf die Welt zu schauen

Licht ist die stärkste Kraft, die uns allzeit zur Verfügung steht. Sobald wir uns entschließen, lichtvoll auf die Welt zu schauen, werden wir die Strahlkraft der Liebe sehen können. Setze deine Leuchtkraft in alles ein, damit Ängste ihren Einfluss verlieren und die Kraft des Ewig Göttlichen wirken kann. Es ist wunderschön. Trau dich!

Du bist Licht und kein Körper

Wir haben die ewige Liebe vergessen, aus der wir gemacht sind, weil wir gerade jetzt glauben, in einem Körper zu einer bestimmten Zeit und an einem bestimmten Ort gefangen zu sein. Aber in Wirklichkeit sind wir reine, liebende Seele. Deine liebende Seele existiert unabhängig von deiner Ich-Persönlichkeit und vom „Verstand", der von unserem Gehirn erzeugt wird. Unsere Realität ist abstrakt, nicht physisch.

Du bist nicht dein Körper. Wir scheinen im Moment einen Körper zu haben, genau wie wir Kleidung haben, aber jeder weiß, dass seine Kleidung nicht sein wahres Ich ist. Die Kleidung ist etwas Nützliches, um uns warm und geschützt zu halten und vielleicht auch, um unsere Persönlichkeit auszudrücken. Du bist

Licht und wirst dies früher oder später als deine einzige Realität anerkennen. Die Vorstellung jenseits des eigenen Körpers zu existieren, ist vielleicht anfangs schwer vorstellbar oder zu begreifen, weil wir die meiste Zeit buchstäblich schlafen. Wir haben unsere Existenz in der Ewigkeit vergessen und denken fälschlicherweise, dass die Welt, die wir sehen, unsere Heimat ist.

ERMÄCHTIGUNGSIMPULS:
Setze dich einfach ruhig hin, segne die Welt durch deine Heiligkeit, damit das Licht, das du bist, dich aus dem Dämmerschlaf erweckt.

Licht hat uns als Licht erschaffen

Licht hat uns als Licht erschaffen und infolgedessen sind wir nach wir vor Licht. Deshalb sind wir und die Welt in jedem Augenblick erlöst. Licht kann nicht dunkel werden, sondern nur sich selbst vergessen. Wir können uns wieder an unsere Quelle erinnern, indem wir unsere selbstgemachten Erinnerungen loslassen. Wir müssen dem Leiden nicht mehr den Vorzug geben, sondern können ohne Mühe unseren Geist der Ganzheit zurückerstatten.

Es ist nicht arrogant zu behaupten, dass Christus in uns geboren ist, es ist arrogant, ständig darauf hinzuweisen, dass die Welt mit ihren Inhalten der Korrektur bedarf. Gott möchte, dass wir unseren Platz als das Licht der Welt einnehmen!

Wir sind eine Ausdehnung des Lichts

Egal wie sehr wir darauf bestehen, wir sind kein „Zwei-Sein", keine Dualität und keine Trennung. Wir sind nach wir vor so, wie die Quelle uns schuf: eine Ausdehnung des Lichtes, das nicht getrennt ist. Jeder, mit dem wir in Kontakt kommen, kann uns daran erinnern, dass wir ein Selbst sind, mit unserem Schöpfer in Liebe vereint. Nimm deine Macht wieder zu dir!

Lass deine göttlichen Gaben erstrahlen

Wann immer wir in Angst oder Sorge sind, haben wir uns zu sehr auf uns selbst konzentriert und vergessen, liebevoll an andere zu denken. Es gibt so viele Seelen, die Angst haben und an Mangel leiden. Es gibt so viele Seelen, denen du helfen kannst, wenn du deine göttlichen Gaben wieder erstrahlen lässt.

Öffne heute deinen Geist und dein Herz beginnt deine Leuchtkraft auszudehnen. Das Licht weiß, wo es hilfreich sein kann. Lass du dir vom Licht den Weg weisen, anstatt ängstlich auf die Situation zu schauen.

Lass heute göttliche Liebe dich erfüllen und sei in vollkommenem Frieden.

> **Wer geht mit mir?**

Stelle dir diese Frage immer wieder und du wirst feststellen, es ist das Licht.

Ich bin ein Prozent göttliches Licht. Ich öffne mich diesem einen Prozent göttlichen Lichts und weiß, dass noch 99 Prozent nachfließen werden.

Wende dich dem inneren Licht zu

Frage nicht mehr den Wächter (das Ego) wie du Freiheit erlangst, denn er weiß es nicht. Löse die Fesseln, indem du dich dem inneren Licht zuwendest. Das Licht wird dir zeigen, dass die Fesseln nicht existieren, außer in den eigenen Gedanken. Wenn wir das Licht bitten alles, was uns betrübt, hinwegzuleuchten, dann wird unser Geist von Licht erfüllt und unsere wirren Wünsche und Urteile werden geheilt werden.

Als das Licht der Welt sind wir gekommen, um die Schatten hinwegzuleuchten. Wir bringen das Licht in die Welt, indem wir keine Unterschiede mehr machen, sondern unserer „Heiligen

Sicht" erlauben, alles als erlöst zu sehen. Unsere wahre Identität ist friedenbringend und lichterfüllend und dies können wir erst erfahren, wenn wir diese Gaben geben.

Die Dunkelheit wird aufgelöst, indem man sie ans Licht bringt

Um unser Licht unter all der Dunkelheit unserer unverständlichen Überzeugungen und Selbstkonzepte zu finden, müssen wir die Dunkelheit loslassen. Trennende und Trübsal blasende Gedanken lösen sich auf, wenn wir nicht mehr in sie investieren. Unser Selbst ist unveränderlich, weil wir aus der unveränderlichen Kraft des Lichtes erschaffen sind. Es zu finden heißt, uns selbst und die Welt zu retten, weil unser Licht jede Dunkelheit hinwegleuchtet.

Der Lohn von Schuld und Angst ist die Erfahrung eines getrennten Selbst, das wir suchen, weil es uns das Gefühl gibt etwas Besonderes zu sein und uns ein Leben führen lässt, das scheinbar unabhängig von unserer Quelle ist.

Wenn wir lernen unsere Meinung zu ändern, und die Welt, unsere Schuldgefühle und unsere Angst aus einer anderen Perspektive zu sehen, gewinnen wir ein stärkeres Gefühl für unser Selbst und das Einzige, was wir verlieren, ist Schmerz.

Wir können die Art und Weise wie wir sehen verändern, weil wir eine ständige, sichere und unerschütterliche Verbindung zu unserer Liebenden Quelle haben, selbst inmitten der Alltagswelt.

Zusammenarbeit mit dem Licht

Sobald wir anfangen uns an das Licht zu erinnern, überwinden wir die Angst. Gerade jetzt identifizieren wir uns mit Traumfiguren im schlafenden Teil des Geistes, im Glauben wir seien unsere Ich-Identitäten in diesen Körpern und in dieser Welt.

In Zusammenarbeit mit unserem Licht beginnen wir einen sanften Prozess des Erwachens, in dem Bewusstsein, dass wir unsere Liebende Quelle nie verlassen haben. Wir werden auch erfahren, dass unsere Quelle nicht böse auf uns ist und wir nicht schuldig sind. Wenn wir zu dieser Erkenntnis kommen, fallen alle Sorgen und Zweifel von uns ab. Grenzenlose Freiheit wartet stattdessen auf uns.

„Das Entrinnen aus der Dunkelheit umfasst zwei Stufen:

Erstens die Einsicht, dass die Dunkelheit nicht verbergen kann. Dieser Schritt hat gewöhnlich Angst zur Folge. Zweitens die Einsicht, dass es nichts gibt, was du verbergen möchtest, selbst wenn du es könntest. Dieser Schritt führt zum Entrinnen aus der Angst.

Wenn du bereit sein wirst, nichts zu verbergen, wirst du nicht nur bereit sein, in Kommunion zu treten, sondern auch Frieden und Freude verstehen.

Dunkelheit ist ein Mangel an Licht, so wie die Sünde ein Mangel an Liebe ist." EKIW

Öffne dich deinen höheren lichtvollen Sinnen

Es sind unsere eigenen unerlösten Geschichten, die wir in der Welt durch unsere fünf Sinne wahrnehmen, deshalb verlasse dich nicht mehr auf diese, sondern öffne dich deinen höheren lichtvollen Sinnen. Lasse das, was bedeutungslos ist hinter dir und beginne stattdessen das Licht in deinem Geist wirklich werden zu lassen, damit du es in allen Dingen erkennen kannst.

Das innere Licht beginnt zu leuchten

Sobald wir zu verstehen beginnen, dass wir nach wie vor mit der liebenden Quelle verbunden sind und diese unseren Lebenslauf mühelos steuert, beginnen wir zu vertrauen. Das Bedürfnis zu beurteilen verschwindet. Unsere Sorgen, die uns bisher zu vermitteln versuchten ein Quäntchen Kontrolle zu haben, verschwinden, wobei das, was wir als steinigen Weg beklagten zur bequemen Reise wird. Das innere Licht beginnt zu leuchten und bringt die Veränderung hervor, die wir uns wahrhaft wünschen.

Die Heilkraft des Lichts

Erheben wir uns in Freude und Lachen, denn das Spiel des Irrtums ist vorbei und muss nie wieder ins Bewusstsein gerufen werden. Das Licht des Friedens breitet sich sanft über die Erde aus. Die Dramen und sonderbaren Spiele sind beendet.

Freue dich über die Heilkraft des Lichtes, das du empfängst. Erinnere dich an seine sanfte Stärke und an die Gabe der Vergebung, die dir in jeder Situation angeboten wird. Wir ruhen in einem ruhigen Geist, der unverwundbar bleibt, und die Heilkraft seiner Quelle ruht für immer in der Ewigkeit.

Sei dankbar, dass du heute Erlösung empfangen kannst. Glücklicherweise gibt es nichts, worauf man zurückblicken und was man finden kann, was deinen Deutungen standhält. Die Vergangenheit ist für immer vorbei. Nur dein Segen, den du gibst, bleibt in diesem dankbaren Augenblick erhalten.

Bleibe heute im Vertrauen und erinnere dich häufig daran: Ich bin dankbar, denn ich werde durch die Führung des Heiligen Geistes unterstützt.

Lehren und Lernen

Im Handbuch für Lehrer des *Kurses in Wundern* „Was sind die Eigenschaften der Lehrer Gottes?" beschreibt der *Kurs* den Prozess des Vertrauens in den Heiligen Geist, um ein Lehrer Gottes zu werden und er definiert die Eigenschaften eines Lehrers Gottes. Wie wäre es für dich, ein Lehrer Gottes zu sein?

Wie wäre es, ein fortgeschrittener Lehrer Gottes zu sein?

> Ein fortgeschrittener Lehrer Gottes ist von dieser Welt losgelöst.

> Du wirst nicht von etwas berührt, was passiert, sei es, dass es dir oder anderen zu passieren scheint.

> Du triffst keine Urteile, sodass du nicht an die Ergebnisse gebunden bist.

> Du lebst in der Gegenwart.

> Du fühlst dich frei und bist im Frieden, du bist freudig und bist von der Welt nicht eingenommen.

Schau dir deine physischen Lehrer an

Sei achtsam vor spirituellen Richtungen, die dich mit zu viel spirituellem Wissen vollstopfen wollen. Damit bekommt nur das Ego Nahrung. Vorsicht vor Lehrern, die sich über dich erheben. Schau dir an was sie tun, was und wie sie sich darstellen und nicht nur, was sie von sich geben.

Wie wäre es für dich ein Lehrer Gottes zu sein?

Jeder, der dem Lehrplan der Welt folgt, und jeder hier folgt ihm bis er seine Meinung ändert, lehrt einzig und allein, um sich selbst davon zu überzeugen, dass er ist, was er nicht ist. Hierin liegt der Zweck der Welt.

Was sollte denn sonst ihr Lehrplan sein? In diese hoffnungs-lose und geschlossene Lernsituation, die nichts lehrt als Verzweif-lung und Tod, sendet Gott Seine Lehrer. Und während sie Seine Lektionen der Freude und der Hoffnung lehren, vervollständigt sich schließlich ihr Lernen.

Wahres Lehren und Lernen

Manchmal stehen wir undankbaren Aufgaben gegenüber, die uns eines lehren, nämlich Vergebung. Wer diese im umfassenden Gewahrsein praktiziert, eröffnet für sich immense Gelegenheiten strahlender Freude.

Einige engagierte Studenten und Lehrer von *Ein Kurs in Wun-dern*, die dazu neigen über Theorien und deren Bedeutung zu debattieren, könnte man humorvoll als *„Kurs in Wundern* Debat-tierer" bezeichnen. Solche Studenten/Lehrer des *Kurses* haben aus dem Material eine „Religion" gemacht und damit viele Menschen von dem abgebracht, was ihr Leben verändert haben könnte.

Sie neigen dazu, darüber zu streiten und zu debattieren, wer „richtig" und wer „falsch" liegt in Bezug auf die Interpretation des *Kurses* und verbringen mehr Zeit damit den *Kurs* zu analysieren und zu debattieren, als seine Konzepte zu verstehen und anzuwenden (was laut dem *Kurs* bedeutet, dass sie nichts verstehen). Deshalb müssen wir zum Herzen und zur Seele solcher spirituellen Lehren zurückkehren, ohne die selbst die tiefsten Lehren verloren gehen, bis eine weitere Welle des Lichts als Segen der Hoffnung in die Welt gesandt wird.

Die zwei Ebenen des Lehrens und Lernens

Es ist entscheidend zu verstehen, dass es innerhalb des *Kurses* zwei Ebenen des Lehrens und Lernens gibt. Wenn man den Unterschied zwischen diesen beiden Ebenen nicht versteht, kann dies dazu führen, dass wir Widersprüche in *Ein Kurs in Wundern* (oder anderen spirituellen Themen) wahrnehmen, obwohl es in Wahrheit gar keine gibt.

Deshalb lade immer Christus oder den Heiligen Geist ein, mit dir diesen Text oder den *Kurs in Wundern* zu lesen, damit die scheinbaren Widersprüche verschwinden. Dann kann dich dein Lehrer auf zwei Ebenen lehren: auf der einen, nach der wir streben, und auf der anderen, auf der wir uns gegenwärtig wahrnehmen. Die Verwirrung, die wir mit unserem analytischen Verstand verursachen, weil er die Aussagen des *Kurses* zu ernst oder zu wörtlich nimmt, hören dann auf. Die Essenz spricht zu unserem Herzen und ist flexibel genug, um uns zu inspirieren und unser Bewusstsein zu erweitern, während sie uns auf unserem gegenwärtigen Bedürfnisniveau entgegenkommt.

Bei richtiger Übersetzung des universellen Lehrplans würden wir zum Beispiel lesen: Obwohl wir eigentlich keinen Körper haben, wäre es klug bei Kopfschmerzen ein Aspirin zu nehmen, wohlwissend dass der Tag kommen wird, an dem dies nicht mehr nötig sein wird.

„Wende dich der majestätischen Ruhe in dir zu, wo in heiliger Stille der lebendige Gott wohnt, den du nie verlassen hast und der dich nie verlassen hat. Der Heilige Geist nimmt dich sanft bei der Hand, und führt dich sanft wieder zur Wahrheit und zur Sicherheit in dir." EKIW

Genau jetzt, in genau diesem gelebten Moment, wo auch immer wir sind, was auch immer wir erfahren, ist ...

> alles was wir sehen
> alles was wir fühlen
> alles was wir wissen
> alles was wir zu vermeiden versuchen
> alle Dinge, die wir schätzen und abwerten...

... innerhalb unseres Bewusstseins enthalten. Denn wenn sie nicht dort gefunden würden, würden sie für uns nicht existieren.

Was bedeutet es zu lehren?

Zu lehren bedeutet aufzuzeigen. Es gibt nur zwei Gedankensysteme und wir zeigen die ganze Zeit auf, dass wir entweder das eine oder das andere für wahr halten.

Von dem, was du aufzeigst, lernen andere und ebenso du selbst. Die Frage ist nicht, ob du lehren willst, denn darin gibt es keine Wahl. Man kann sagen, dass der Zweck des *Kurses* ist, dir ein Mittel darzureichen, um dasjenige zu wählen, was du lehren möchtest, auf der Basis dessen, was du lernen willst. Du kannst niemand anderem etwas geben, das du nicht lernen willst. Lehren ist lediglich ein Appell an Zeugen das zu bescheinigen, was du glaubst.

Der *Kurs in Wundern* ist eine Geistesschulung. Diese geschieht nicht allein durch Worte. Jede Situation muss für dich eine Gelegenheit darstellen andere darüber zu unterrichten, was du bist und was sie für dich sein sollen. Nicht mehr als das, aber auch niemals weniger.

Erlösung

Die Angst vor Erlösung

Alle sind berufen, wenige wählen. Die Angst vor Erlösung scheint größer zu sein als im Frieden Gottes aufzuwachen. Doch ist das Ziel sicher, denn es bleibt von der Zeit und den illusorischen Sorgen der Zeit unberührt. Bleibe friedlich in der Tatsache, dass nichts die ewige Liebe ändern kann.

Die Zeit für Spielzeuge und dergleichen Dinge ist vorbei. Der Zweck ist jetzt die einzig sinnvolle Wahl. Nichts anderes ist auch nur im Geringsten von Bedeutung oder hat irgendeinen Wert. Lass alle fiktiven Glaubensbekenntnisse hinter dir. Lass die Rollen und die Eitelkeiten des Persönlichkeitsspiels beiseite. Die Gegenwart ist vor der Zeit gewesen, sie bleibt in der heiligen Vereinigung mit der Ewigkeit unangetastet.

„Diese Welt ist ein Traum." Sei bereit dies zu fühlen, schau dich um und stelle fest, dass nichts hierin echt ist. Die Zeit ist gekommen um zu erwachen. Wir suchen die direkte Erfahrung von Gottes Liebe. Wir legen unsere Techniken, Wiederholungen, Rituale und Treueschwüre ab, damit wir Gott in der Stille unseres Herzens begegnen können. Was wir glaubten von Gott zu wissen war ein Irrtum. Wir kommen diesmal mit leeren Händen und offenen Armen im Bewusstsein, dass wir den Weg zu Gott nicht kennen und doch sicher sind, dass Er ihn uns zeigen wird.

Erlösung als Offenbarung des Ewigen

Letztendlich ist Erlösung eine direkte Offenbarung des Ewigen, es ist ein Wunder, eine Erfahrung der Einheit. Die Praxis ist es, sich auf die tatsächliche Erfahrung der Einheit mit Gott vorzubereiten und zu öffnen. Diese Praxis führt dich in einen glücklichen Traum, in dem dich die Vorboten der Liebe freudig empfangen. Es ist nicht schwierig dies zu verstehen und dennoch scheint es schwierig zu sein, in die Erfahrung zu gelangen. Deine Bereitschaft Liebe zu fühlen ist ein zentraler Schlüssel sich in diesem Gewahrsein auszudehnen.

„Wie fühlt man dies?" Das ist eine Frage, die hierbei immer wieder auftaucht. Schau mal, ob dies für dich funktioniert: „Auch wenn ich nicht weiß, wie sich Liebe anfühlt, bin ich dennoch bereit diese jetzt zu fühlen." Und dann sein einfach still für eine, zwei oder fünf Minuten. Mit einem verrückten Geist, indem du dir wiederum erzählst, dass es nicht funktioniert, kann es auch nicht funktionieren.

ERINNERUNG:
Vertraue, du hast die Liebe angerufen und das Versprechen der Liebe ist, dass sie dir immer antwortet.

Erlösung kommt nur aus uns selbst

Wir haben unser gegenwärtiges Glück in anderen Menschen, Essen, Geld, Sex, Drogen oder anderen Formen körperlichen Vergnügens gesucht. Wir haben es in allen möglichen Dingen und Vorstellungen, die wir wirklich machen wollten, gesucht. Weder unser Glück noch unsere Erlösung können wir in äußeren Dingen finden. Sie kommen nur aus uns selbst, weil wir es sind.

Das Geheimnis der Erlösung

Unsere Gewohnheiten und Überzeugungen vermitteln uns ein verzerrtes Selbstgefühl. Auf der Verhaltensebene: die Sprache, das Essen, die Kleiderordnung, die Dinge, die wir billigen oder nicht, akzeptables Verhalten und akzeptable Reaktionen. Psychologisch: unsere Vorurteile gegenüber Rassen, Glauben, sozialem Status, vorherrschender Religion, guten und schlechten Ideen.

Dann gibt es die generationsbedingten Neurosen und Vorstellungen, Abwehrmechanismen, Überlebensstrategien, Ängste und Schuldgefühle, die bei der Empfängnis durch die DNA erworben wurden. Das ist ein ziemlicher Ballast! Und dann fügen wir noch unseren eigenen Mist hinzu, den wir uns in unseren vorsprachlichen Jahren angeeignet haben, bevor unsere Selbstgespräche oder unser Unterscheidungsvermögen entwickelt wurden.

Und hieraus wollen wir unsere Stärke ziehen oder nach etwas suchen, dem wir vertrauen können? Wie dir inzwischen klar geworden ist, kann das nicht funktionieren und es sollte deutlich erkannt werden, dass du jetzt die Initiative ergreifen musst, diese Dinge, die für dich selbstverständlich sind, zu untersuchen.

„Das Geheimnis der Erlösung ist nur dies: Dass du dir dieses selber antust. Der Form des Angriffs völlig ungeachtet ist dies dennoch wahr. Wer immer auch die Rolle von Feind und von Angreifer übernimmt, dies ist trotzdem die Wahrheit. Was immer auch die Ursache von irgendeinem Schmerz und Leiden, das du verspürst, zu sein scheint, dies ist dennoch wahr. Denn du würdest gar nicht auf Figuren reagieren in einem Traum, von dem du wüsstest, dass du ihn träumst. Lasse sie so hasserfüllt und so bösartig sein, wie sie nur wollen, sie könnten keine Wirkung auf dich haben, es sei denn, du versäumtest zu begreifen, dass es dein Traum ist."
EKIW

Der gegenwärtige Heilige Augenblick – Jetzt

Immer nur JETZT

Ganz gleich wie gut oder aufgeblasen das begrenzte Selbst zu sein scheint, es wird niemals das unveränderliche ewige Selbst sein, das Gott geschaffen hat. Man muss sich der Falle bewusst sein, zu denken, dass Glück, Seelenfrieden und Erlösung irgendwo in der Zukunft liegen.

Das lineare Konzept der Zeit, das Vergangenheits- und Zukunftskonzept, ist Teil des dualistischen Glaubenssystems, das infrage gestellt werden muss. Es liegt große Freude und Zufriedenheit in der Erfahrung des jetzigen Moments.

Das Ewige hält uns nicht hin oder lässt eine Möhre vor uns baumeln und sagt: „Hier ist die Erleuchtung, ... hoppla, schon wieder daneben". Erleuchtung ist genau hier, genau jetzt, für den Geist, der bereit, offen und willens ist, sie zu erkennen.

Das Königreich des Himmels ist nahe, das heißt es ist jetzt. Jetzt ist das Tor zum Ewigen. Denn Zeit und Ewigkeit können nicht nebeneinander existieren. Alles ist „Eins" mit Gott. Sei dankbar für die geliebte Ewigkeit, die real und wahr ist. Jetzt, immer nur JETZT ist die Freiheit des Geistes verfügbar!

Wir sind in diesem Augenblick vollkommen

Die Stimme für das Ewige oder für die Freude könnte man Intuition oder innere Führung nennen. Du kannst dir diese Stimme als „Inneres Wissen" oder „Höhere Macht" vorstellen.

Was wir in diesem Schulungsraum Erde zu erreichen gedenken, ist über die Worte, die Formen sind, hinauszugehen und tiefer zu gehen. Wir wollen uns der Absicht anschließen, die Klarheit des Geistes und Seelenfrieden zu erfahren.

Wir wollen zum gegenwärtigen Augenblick kommen, zu der Erkenntnis, dass man gerade jetzt in diesem Augenblick vollkommen ist. Es geht nicht darum zu versuchen, sein Selbst aufzubauen und zu verbessern. Es geht auch nicht darum ein spirituelles Ego zu werden, das aufgeblasen auf seinem wackeligen Thron sitzt, sich mit scheinbarem Reichtum umgibt und voller Angst lebt.

ERMÄCHTIGUNGSIMPULS:
Es geht darum den inneren Reichtum anzunehmen, um aus der ewigen Quelle der Inspiration Lebendigkeit und Kreativität zu trinken.

Der heilige gegenwärtige Augenblick

Sobald wir unser Leben in die Hände ewiger Gegenwart übergeben, ruhen wir in einer Stille, die so tief und unergründlich ist, dass die Zeit an uns vorbeizieht. Wir hören zu. Wir hören. Wir freuen uns. Es gibt hierbei keine vorgetäuschte Freude. Keine Freude, die man macht. Nur erlauben. Wir erlauben, dass alles genau so ist, wie es ist: das reine Sein. Wir sind zufrieden, lachen viel und erfreuen uns an den Dingen, wie sie sind.

Erwachen ist keine intellektuelle Anstrengung. Es ist ein Ankommen in Gott. Ruhe dich eine Weile aus und sei froh, glücklich und frei – frei – frei. Du wirst nicht gebeten ständig über Erleuchtung zu lesen oder dich damit in Konzepten zu verlieren, du wirst gebeten den gegenwärtigen Moment vollständig zu erleben. Erlebe diesen Moment vollständig und erfahre dich in ganzer Freude.

Die zwanghafte Beschäftigung mit Vergangenheit oder Zukunft

Befreie dich von der zwanghaften Beschäftigung mit der Vergangenheit oder der Zukunft und den Gefühlen des Bedauerns darüber, ob du an irgendeiner Stelle falsch abgebogen bist. Deine Rettung besteht darin, dich in jedem Augenblick entspannt in die Gegenwart Gottes sinken zu lassen und dort die Erkenntnis über dich selbst zu gewinnen.

Das Jetzt ist die höchste Annäherung an die Ewigkeit

Ewige Freude ist immer präsent. Nur eine Sache überdeckt die Erfahrung von Freude, Liebe und Glück: Die Idee, dass die Welt irgendetwas mit unserem Geisteszustand zu tun hätte.

Jede gedachte Verbesserung, bei der der Körper eine zentrale Rolle spielt, ist der unmögliche Versuch Glück von etwas zu erhalten, was uns kein Glück geben kann. Es ist, als ob der Verstand glaubt ein „Recht zu haben, mehr von etwas" zu verlangen. Die Zufriedenheit kehrt in dem Augenblick ins Bewusstsein zurück, in dem der Verstand erkennt, dass die Welt absolut neutral ist und wir entscheiden, was wir hierin erfahren wollen.

Es wird nicht mehr besser als in diesem Moment. Das „Jetzt" ist die höchste Annäherung an die Ewigkeit, die die Welt bietet. Diese Frage kann dein Bewusstsein für diesen Moment öffnen, indem dir alles offenbart wird, was du brauchst: Wozu dient es?

Es gibt nur diesen einen Moment

Die Vergangenheit ist eine Lüge, Grenzen existieren nicht. Es gibt kein Karma, keine früheren Leben, keine Schuld, Sünde oder Bestrafung. Es gibt kein Leben danach oder davor, kein jüngstes Gericht oder Paradies. Es gibt nur diesen einen Moment, heilig, unendlich und allmächtig. Nutze ihn gut, indem du all das ablegst, was du bisher über dich geglaubt hast.

Hingabe

Gib dich deinem geheilten Geist hin

Sage und meine für einen Augenblick:
> Es gibt nichts, was ich tun muss
> Es gibt nichts, was ich will
> Ich erkenne, dass alles bereits gegeben und geheilt ist.

Wenn du nichts von der Welt willst, will die Welt nichts von dir. Dann bist du frei zu geben was wirklich dein ist. Du musst an nichts mehr festhalten, weil du verstehst, dass dir nichts genommen werden kann, denn das was du heute dein Eigen nennst, kann dich morgen schon verlassen.

Gib heute großzügig die Wunder des geheilten Geistes, der über nichts mehr urteilt, sondern klaren und vergebenden Geistes in die Welt schaut. Gib heute das Licht, das dir gegeben wurde, damit du es als dein eigen erkennst.

Erhebe dich heute in der Gegenwart Christi und lache über die Welt, die geschaffen wurde, um das Licht der Wahrheit zu verbergen. Es gibt keinen Grund, über etwas Bestimmtes zu lachen, denn die ganze Welt, die von oben gesehen wird, ist so lächerlich wie der Glaube, der sie erschaffen hat und ihre Existenz für eine Weile aufrechtzuerhalten schien. Sei froh, dass die Furcht ein Ende hat, ersetzt durch die Liebe, die die Welt nie wirklich verbergen konnte. Liebe ist niemals materiell. Sie besitzt niemals. Liebe ist alles was man je erfahren kann, obwohl Liebe nie etwas besonderes oder vergleichbares ist. Liebe hat kein Gegenteil.

Totale Hingabe an das Leben

Totale Hingabe an das Leben bedeutet, dass wir nur noch Liebe sehen und erfahren wollen. Wenn wir nur Liebe wollen, geben wir unsere begrenzte Sicht auf die Dinge auf. Wir tauschen gerne unser Selbstbewusstsein gegen unser SELBST ein, denn wir wissen, dass durch jede Situation eine Gabe wartet, die uns seit Anbeginn der Zeit gegeben wurde. Wir geben allen Angriff auf, weil es das Fundament des Egos ist und wir die Freude finden, die jenseits unserer begrenzten Sicht existiert.

Die Hingabe an die Quelle

Es sind nicht unser Lebenslauf oder unsere Pläne, die uns Glück verheißen, auch nicht unsere vergangenen oder gegenwärtigen Leistungen, sondern die Hingabe an die Quelle. Dort ist unser Ursprung, hier finden wir all das was unsere Zukunft und Vergangenheit ordnet und somit unsere Gegenwart mit Glück erfüllt.

Nicht der Einfluss, den wir auf die Welt haben, ist entscheidend, sondern die Tiefe unserer Hingabe an Gott/die Quelle entscheidet, welchen Einfluss wir auf die Welt haben. Sobald wir den vertikalen Zugang zu den Dingen finden, ist unser Weg in das Herz Gottes ein leichter. Dann verändern wir uns von innen heraus und sind für uns und andere ein großer Wert.

„Ich, der ich Gottes Gastgeber bin, bin seiner würdig. ER, der seine Wohnstatt in mir errichtet hat, hat sie so erschaffen, wie ER sie haben möchte. Es ist nicht nötig, dass ich sie für IHN bereit mache, sondern nur, dass ich SEINEN Plan nicht störe, mein eigenes Gewahrsein meiner ewigen Bereit-

willigkeit bei mir wiederherzustellen. Ich brauche SEINEM *Plan nichts hinzuzufügen. Aber um ihn zu empfangen, muss ich bereit sein ihn nicht durch meinen eigenen zu ersetzen.“* EKIW

Lass den göttlichen Geist durch dich wirken

Sobald wir damit aufhören uns selbst so wichtig zu nehmen, werden wir lockerer und sind bereit den göttlichen Geist durch uns wirken zu lassen. Das ist leichter als der Schlaf und schöner als jeder Urlaub. Gib dich hin und empfange den Segen des Ewigen. Lass dich heilen, indem du dich als das anerkennst, was du in Wahrheit bist: Göttliche Anwesenheit!

*„*ER *führt mich, und* ER *kennt den Weg, den ich nicht kenne. Doch wird* ER *mir nie vorenthalten, was ich nach* SEINEM *Willen erfahren soll. Und so vertraue ich darauf, dass* ER *mir alles mitteilt, was* ER *für mich erkennt.“* EKIW

Erlauben wir Ihm uns beizubringen, was wir noch zu lernen haben, und unser ganzer Film, den wir Leben nennen, wird zu einem Freudenfest der Liebe.

Bist du bereit, die inneren Schritte zu gehen?

Wir haben uns dem göttlichen Geist gegenüber verpflichtet, zum Himmelreich im Inneren zu erwachen und das Selbst zu erkennen. Die alleinige Verantwortung besteht darin, die Korrektur für sich selbst zu akzeptieren, dass wir uns über die Idee ein Mensch zu sein getäuscht haben. Alle anderen scheinbar irdischen Verpflichtungen waren nur Schritte in diese Richtung. Die Verpflichtung zur Korrektur bringt die Vollendung, denn sie ist die letzte Lektion der vollständigen Vergebung: Ich bin umgeben von der

Freude Gottes. Es ist einfach sich für die Erfahrung der bedingungslosen universellen Liebe bereit zu machen, denn unsere göttliche Liebe ist Geist und allumfassend.

Öffne deinen Spirit und dein Herz für die Frage „Wer geht mit mir?", um auf den inneren Aufruf mit nur noch einer Antwort zu antworten: „Ich sehe die Herrlichkeit Gottes in dir und in allem".

Weiter gibt es nichts zu tun und all das, was wirklich zu tun ist, wird folgen. Das Ego fürchtet diese Feststellung, weil es dadurch die Herrschaft über den kleinen Zaun verliert, den es um dich herum errichtet hat. Der heilige ewige Geist hingegen wird dich sicher und konkret leiten. Alles was es braucht, ist die Bereitschaft, die inneren Schritte zu tun.

Gib dich deiner Bestimmung hin

Jeder Augenblick ist neu und die Ewigkeit ist voll von Neuanfängen, deshalb fange jetzt damit an, was dich reich beschenkt. Auf der Erde, wo wir glauben unsere eigenen Wege gehen zu müssen, koppeln wir uns von der Liebe ab und wollen unser eigener Führer sein. Jedoch ändert sich alles, wenn wir „Ja" zu unserer Bestimmung sagen.

> Überlass deine To-do-Liste der göttlichen Anwesenheit.
> Übergib alles deinem Großen Selbst, was für dich zu groß erscheint.
> Frage dich immer wieder, ob du deiner inneren Führung oder deinem Verstand folgst.
> Tue nichts mehr ohne die Liebesintelligenz.
> Trete mit dieser in Kommunikation, sprich mit Gott und danke ihm für deine Bestimmung.
> Erzähle ihm von der Freude, die du durch ihn erfährst, und du wirst sehen wie sich dein Leben verwandelt und Wunder über Wunder dich erfüllen.

Genieße das was ist. Freue dich an der Reise, dehne dich aus und werde weich. Diese Reise ist schließlich deine Wahl!

„David sprach vor vielen Jahren zu mir und sagte, ich solle Star Trek und die Abenteuer im Weltraum vergessen. Dorthin zu gehen, wo noch nie ein Mensch zuvor gewesen ist, bedeutet, eine Reise nach innen zu unternehmen. Ich habe das Gefühl, dass Spiri mir geholfen hat, herauszufinden, was das bedeutet. Jeden Tag ‚Wie fühlen Sie sich?‘ auf der Website zu sehen, half mir, mich an meine Eine Bestimmung zu erinnern. Es war nicht nötig, herausfinden zu müssen, was als nächstes zu tun ist oder wie man die Website perfekt macht. Ich musste nur innehalten und immer wieder fragen: ‚Wie fühle ich mich?‘. Wahre Fürsorge besteht wirklich darin, nur das zu tun, was gegeben ist. Mit Dankbarkeit im Hinterkopf möchte ich diese Erfahrung weitergeben und die gleiche Gelegenheit nutzen." Jason Warwick

Unsere größte Kraft liegt also darin, unserer Bestimmung zu folgen. Es gibt etwas, auf das du dich immer verlassen kannst, und es ist genau dort, wo du jetzt bist. Verabschiede dich von dem Glauben, im Leben ginge es um Prüfungen oder dergleichen mehr, denn wenn du das glaubst, wirst du jede Menge davon erhalten. Werde stattdessen weich und nimm deine Bestimmung an, die dich zielgewiss zu Gott führen wird.

Entspanne dich

Es ist nie zu spät, sich von falschen Überzeugungen zu distanzieren. Durch unseren Irrglauben uns vom Ewigen getrennt zu haben fühlten wir uns leer, ängstlich, getrennt und von der Liebe und dem Licht abgeschnitten. Diese Furcht, die aus dem Glauben an die Trennung entstand, verwandelte sich in Gefühle von Schuld und Scham, die schließlich so überwältigend wurden, dass wir uns gezwungen fühlten, sie auf eine Außenwelt, die erst einmal erträumt werden musste, zu projizieren.

Wir können diesen Prozess wieder umkehren und uns in allem an die Quelle wenden. Gott wieder an die erste Stelle zu setzen ist entspannender als jede Massage oder jeder Urlaub! Wir können hierbei getrost den zweiten Platz einnehmen und uns durch diese allumfassende Liebesintelligenz führen lassen.

Sein

Das Recht zu sein

Das Recht zu sein wurde dir zu Beginn deiner Seele geschenkt. Das Recht zu sein kann dir nicht genommen werden. Es ist nicht abhängig von dem Leben, das du führst, von der Einhaltung von Regeln, von den Diplomen an der Wand, vom Stammbaum deiner Geburt. Es ist nicht davon abhängig, wofür du dich selbst gehalten hast. Das Recht zu sein wird durch den Segen erfahren, den du heute empfängst.

Sein statt tun

Die Liebe Gottes wird uns immer ihre Wahrheit offenbaren, wenn wir uns ihrer Führung nicht widersetzen, weil wir als Erster das Wort ergreifen und gewohnheitsmäßig einen Schritt weiter sein wollen. Wir können stattdessen zurücktreten und allumfassende Liebe jetzt fühlen, anstatt krampfhaft zu versuchen, irgendetwas besser machen zu wollen. SEIN statt tun!

Das dienende Praktizieren der Liebe

Wir können die Erfahrung der Einheit nicht erzwingen, aber indem wir vergebend in die Welt schauen und unsere Aufgabe annehmen, wird die Liebe des Ewigen in unserem Bewusstsein erweitert. Gott und dein Christus-Sein tun den Rest.

Während dem Praktizieren dieser Dinge werden unsere Erfahrungen verbessert, die ein gewisses Maß an Frieden bringen, und wir finden immer mehr Vertrauen in den großen Plan der Schöpfung.

Ohne diese Erfahrung ist es unmöglich den Aufstieg in das Himmelreich zu begehen, weil die Angst vor Verlust noch vorherrscht. Nimm heute deine wahre Funktion an, indem du dich als Diener der Liebe und des Himmels begreifst. Du wirst erkennen, wie all das, was dich besorgt, korrigiert wird und sich aufgelöst.

Der Aufstieg in das Himmelreich geht mit dem dienenden Praktizieren der Liebe einher.

Widme dich deinem Sein. Nur in dir selbst wirst du die Wahrheit erkennen und sie wir dich führen. Deine Füße, Worte und Hände werden zu Werkzeugen der Liebe, der einen Quelle, die nie versiegt und dir absolute Sicherheit vermittelt.

Kannst du einfach nur Sein, ohne etwas zu bewerten?

Einfach nur Dasein und geistig leer in die Leere blicken, die voller Energie und Leben ist? Nichts tun müssen und dadurch einen enormen Beitrag zum Frieden beitragen?

Einfach nur so. Deine Gedanken und dein Sehen haben Wirkung und bringen die Dinge hervor, die du sehen willst, vergiss das nicht.

Seele

Was bedeutet der Begriff Seele?

Ich werde oft gefragt, was ich unter dem Begriff „Seele" verstehe. Die Verwendung des Begriffs „Seele" als Begriffsverwandtschaft für „Geist" ist so lange sinnvoll, wie man versteht, dass die Seele oder der Geist niemals in Materie, Zeit-Raum oder als Fleischklops inkarniert oder „hineinkommt".

Eine Seele, die in einem Glaubenssystem wie der Reinkarnation verwendet wird (z.B. eine individuelle, persönliche Seele), würde ich in den Bereich des Bewusstseins stellen. Der Begriff reines Bewusstsein wäre hierbei widersprüchlich, weil das Reine von Gott ist und Bewusstsein im Bereich des Egos liegt. Gott (Licht) ist real. Bewusstsein (Dunkelheit) ist es nicht. Die Dunkelheit verschwindet in der Gegenwart des Lichts und deshalb existieren sie nicht nebeneinander.

Reines Bewusstsein kann als eine klare unschuldige Welt verstanden werden. Es ist ein wunschloses Sein, das aus dem reinen Geist kommt. Seele ist reines Bewusstsein, das alles umfasst. Das Wichtigste bei all dem ist, dass alle Worte symbolisch sind und man über die Worte hinausgehen muss, um die Bedeutung zu erkennen, auf die sie hinweisen.

ERINNGERUNG:
Seele ist Allbedeutung, wortlose Gemeinschaft, göttliches Schweigen, Stille, Wahrheit.

Der Sog der Seele zu Gott

Wir sind ein Bestandteil des Universums, hineingewoben in den Stoff göttlicher Existenz. In unserer Seele ist ein ständig wachsender natürlicher Sog hin zur Schöpfung eingebaut. In Gott geraten wir niemals in Vergessenheit!

Wir sind auf dieser Erde, um die Macht der Schöpfung zu erweitern und nicht um uns vor ihr zu verstecken. Wir sind auf Erden, um seinen Willen zu erfüllen und zu bestätigen, was wir sind und für immer sein werden.

Gott / Göttliche Gegenwart / Christus / Jesus

Christus als Symbol

Es ist wichtig zu verstehen, dass Jesus nicht der eine und einzige Christus war, wie er im traditionellen Christentum dargestellt wird. Christus ist das Symbol, das der *Kurs* für dich als Teil Gottes verwendet.

Solange wir noch nicht dazu bereit sind, die Gegenwart der Wahrheit in uns selbst zu erfahren, brauchen einige von uns eine konkrete Form, wie eine andere Person (Jesus), um nach Hilfe und Anleitung zu suchen.

Jesus ist nicht der Einzige, der Christus realisiert hat. Es kann genauso ein anderer erwachter Geist mit einem anderen Namen als innere Führung akzeptiert werden.

Wenn du jemand bist, der weder Jesus noch einen anderen wachen Geist braucht, um dich zu lehren, ist das auch in Ordnung. Für mich selbst ist die Geschichte des Lebens Jesu eine Metapher für das geistige Erwachen:

- die Geburt = die Morgendämmerung der Wahrheit im Geist.
- die Kreuzigung = der Wunsch des Egos die Wahrheit zu töten.
- die Auferstehung = die Erkenntnis, dass es keinen Tod gibt, sondern nur „Ewiges LEBEN".

Wenn wir die Gegenwart Christi im Inneren erleben, ist der nächste Schritt dieses Bewusstsein zu erweitern bis dieses Licht zu allem wird, was wir sehen.

„Der Name Jesu ist der Name desjenigen, der ein Mensch war, aber das Antlitz Christi in allen seinen Brüdern sah und sich an Gott erinnerte. So wurde er mit Christus identifiziert, einem, der nicht mehr Mensch war, sondern eins mit Gott ist." EKIW

„Gott ist die Stärke, auf die ich vertraue."

Lektion 47
Wenn du auf deine eigene Stärke vertraust, hast du allen Grund besorgt, ängstlich und furchtsam zu sein.

> Was kannst du vorhersagen oder kontrollieren?
> Was ist in dir, auf das du zählen kannst?
> Was würde dir die Fähigkeit verleihen, alle Seiten eines Problems wahrzunehmen und sie so zu lösen, dass nur Gutes daraus entstehen kann?
> Was ist in dir, was dir die Einsicht in die richtige Lösung gibt und dafür bürgt, dass sie erreicht wird?

Unsere Freundschaft mit Gott

Unsere Freundschaft mit Gott ist eine Freundschaft des Herzens, eine ewige Erfahrung. Sie ist so einfach, dass sie nicht erklärt werden kann und auch nie erklärt werden muss. Sie ist so voller LIEBE, dass sie sich jeder Beschreibung entzieht. Es ist die Erlaubnis den Überblick über die Tage und den Kalender zu verlieren und sich im nährenden Licht zu sonnen. Es ist die Erlaubnis, alle Konflikte in sich heilen zu lassen und die Welt mit segnenden Augen zu sehen.

Welche Lektion dürfen wir von Jesus lernen?

Jesus war eine klare Demonstration bedingungsloser Liebe. Er sah nur den Christus in allen und allem. Dennoch schienen viele Menschen seiner Zeit über ihn verärgert zu sein, bis zu dem Punkt, dass sie ihn anscheinend kreuzigten. Doch was ist die Lektion, die wir von ihm lernen dürfen: Dass Christus Geist IST und nicht gekreuzigt werden kann.

Unschuld ist unfähig einen Angriff zu sehen, denn wie könnte es Unschuld geben, wenn ein Angriff real wäre? Deshalb ist Schuld unwirklich: Ein Angriff ist unmöglich. Dies ist die einzige Lektion, die Jesus gelehrt hat, auch wenn sie vielleicht sehr schwer zu begreifen ist.

Wenn wir die wirkliche Welt erfahren wollen, gehen wir durch folgenden Prozess hindurch: Angriff ist unmöglich.

Alles, was als erschütternd empfunden wird, ist nur ein Spiegel der Schuld, an die man immer noch glaubt. Jede Wahrnehmung von Aufregung bei dir selbst oder bei anderen ist eine Fehlwahrnehmung, die auf Schuldgefühlen beruht. Doch wie könnten Liebe und Schuld nebeneinander existieren? Gott ist real. Gott ist Liebe und Liebe hat kein Gegenteil. Das ist die Bedeutung unkonditionierter Liebe, sie wird dich herrlich glücklich machen!

Wenn du etwas anderes als das höchste Glück erfährst, warst du dir deiner Absicht nicht klar. Sei dir darüber im Klaren, was du willst, und du wirst das Glück der Unschuld fühlen und nicht die Verwirrung der Schuld.

ERINNERUNG:
Die wirkliche Welt ist Liebe. Gott ist Liebe und liebt dich für immer, er ist ein bedingungsloser Verbündeter und nichts kann seine Meinung ändern.

Sind das nicht wunderbare Neuigkeiten?!

Unsere Heiligkeit ist unser wahres Ziel

Unsere Heiligkeit, die wir in Gott finden, ist unser wahres Ziel. Hierin erkennen wir, dass aller Schmerz, den wir in unseren Illusionen aufgebaut haben, verschwindet. Wir können nicht verändern was wir sind, wir können dies jedoch in unserem Unbewussten verbergen. Verändere deine Ziele, damit das zu leuchten beginnt, was wir deine „Christusnatur" nennen.

Die Gaben Gottes

Während das Vertrauen in die Führung des Heiligen Geistes wächst, wird deutlich, dass die einzigen Gaben, die es wert sind, geteilt zu werden, die Seligpreisungen sind, von denen Christus gesprochen hat, und die für immer Bestand haben.

Unser eigenes Wesen ist die Gabe: der Friede, die Liebe und die Freude, die Christus ausstrahlt, sie werden für immer und ewig andauern. Der Schmuck der Welt kann nicht „zum Geben" sein und doch freue ich mich, dass dem zeitlichen Kosmos „vergeben" wurde. Das Nichts des Egos ist freigelegt worden und aller Wert und Sinn bleibt für immer als der Christus.

Jesus erkannte die Einheit in allem

Jesus war eine klare und leuchtende Demonstration bedingungsloser Liebe. Er sah nur das Licht, die Einheit in allen und allem. Er hat die Einheit in sich erkannt, weil er den Namen des Ewigen in sich verwirklichte. Doch was ist die Lektion, die wir von ihm lernen würden? Unschuld ist unfähig an den Dingen dieser Welt festzuhalten und einen Angriff auf ihn zu sehen. Diese Welt ist unmöglich, sie ist ein Traum, gemacht aus vielen Namen und Dingen. Dies ist die einzige Lektion, die Jesus gelehrt hat, auch wenn sie vielleicht sehr schwer zu begreifen scheint.

Jede Wahrnehmung von Aufregung bei dir selbst oder bei anderen, ist eine Fehlwahrnehmung, die auf Schuldgefühlen beruht. Doch wie könnten Liebe und Schuld nebeneinander existieren? Gott ist Liebe und Liebe hat kein Gegenteil. Das ist die Bedeutung der allumfassenden Liebe.

Was willst du daraus lernen und somit lehren wollen?

Wenn du etwas anderes als das höchste Glück erfährst, warst du dir deiner Absicht nicht klar. Werde dir darüber klar was du willst und du wirst das Glück unbegrenzter Liebe erfahren. Sind das gute Neuigkeiten für dich?

Du bist immer von der Liebe Gottes umgeben

Während wir diese Lektionen anwenden, sind wir eingeladen, die von Gott gegebene Kraft zu spüren, um uns und andere zu heilen. Glaube immer daran, dass du von der Liebe Gottes umgeben bist. Es muss ein Gleichgewicht zwischen dir und allem anderen geben. Lass dieses Gleichgewicht wirksam werden und nicht mehr die urteilenden Gedanken. Vertraue den unsichtbaren Fügungen des Ausgleichs und finde hierin deinen Frieden.

Identifiziere dich mit dem Christus in dir

Wir sind keine Körper, wir sind frei! Dies ist die einzige Botschaft, die jemals verstanden und geübt werden muss.

„In seiner völligen Identifikation mit dem Christus - dem vollkommenen Sohn Gottes, seiner Einen Schöpfung und seinem Glück, für immer wie er selbst und eins mit ihm - wurde Jesus zu dem, was ihr alle sein müsst. Er hat dir den Weg gewiesen, ihm zu folgen." EKIW

Dieses Zitat ist so wichtig, weil es die Vorstellung der Welt von dem, was „Christus" ist, auf den Kopf stellt. Die Welt verwechselt Christus mit einem Menschen, der als der einzige Christus gilt. Christusähnlich zu sein bedeutet, sich in einer bestimmten Weise zu verhalten oder bestimmte Befugnisse erhalten zu haben. Für einige war Jesus Gott, der in der Welt wandelte, und wir sollten nicht so arrogant sein und glauben, dass wir selbst Christus sein könnten!

Der *Kurs* lehrt uns, dass Christus eine Identifikation ist, an die wir uns alle erinnern müssen und dass Jesus für uns den Weg gewiesen hat. „Christus-ähnlich" zu sein bedeutet, „Christus - unser Selbst" in jedem zu sehen. Wenn dies vollendet ist, werden wir Christus. Von dort aus betreten wir ein Bewusstsein, in dem es keinen „Christus" und keinen „Gott" gibt, sondern nur Einssein.

Jesus war ein Mensch, der sich von den Zuschauerplätzen löste und auf das Spielfeld trat, um von dort aus die Wahrheit zu lehren und zu erkennen.

Lege deine Blockaden ab, vergiss was du über dich gelernt hast. Es gibt nichts, was dich hierin aufhalten kann, außer du selbst.

Es gibt einen anderen Weg die Welt zu sehen

Gott sei Dank gibt es einen anderen Weg die Welt zu sehen. Wir können hier und jetzt aus dem Albtraum erwachen, indem wir die Perspektive der Non-Dualität einnehmen. In dieser Sichtweise gibt es nur eine Realität und die, die wir um uns herum sehen, ist es nicht.

Nur die Liebe ist wahr: Der Rest ist ein Traum, der nicht von Gott aus Liebe erschaffen wurde, sondern von dem schlafenden Teil unseres Geistes als Versteck vor der Liebe. Das verrückte Denken unseres Egos ist, dass wir, wenn wir uns hier verstecken und vergessen, wer wir sind, vielleicht vermeiden dafür bestraft zu werden, dass wir Gott abgewiesen haben.

Gott sieht dich

Gott sieht dich, du bist ihm wichtig und würdig in seine Obhut zu gelangen. Du gehörst in seine Welt, dort bist du in Sicherheit. Mögest du heute spüren, wie du im Herzen Gottes ruhst. Mögest du erfahren, wie die Engel des Lichtes dich umgeben und dir zurufen, dass du nur Liebe bist und frohen Mutes nach Hause kommst.

Das Gebet ist die Sprache Gottes und der Engel. Es ist auch die Sprache, die uns geschenkt wurde, um die Leiden des Lebens durch Weisheit, Schönheit und Gnade zu heilen.

Verbringe eine stille Zeit in göttlicher Gegenwart

Eine stille Zeit in göttlicher Gegenwart zu verbringen hat einen enormen Wert. Dennoch scheinen einige Menschen mehr daran interessiert zu sein, ihr Leben konfliktreichen besonderen Beziehungen, sozialen Medien und verschiedenen weltlichen Aktivitäten zu widmen, als ihre Beziehung zu Gott zu pflegen. Diese Vernachlässigung des spirituellen Trainings führt zu einem Leben, das eher stressig und unbefriedigend ist.

Anstatt jedoch ein unerfülltes Leben zu führen, können wir uns heute „göttlicher Gegenwart" widmen und wenn wir diese Verbindung mit Gott als gesunde Gewohnheit fortsetzen, wird sie bald zu einem festen Bestandteil unseres neuen Lebens werden.

Wir sind jetzt umgeben von der Liebe Gottes!

Ohne diese Verbindung zu Gott laufen wir jedoch „spirituell auf Reserve" und es ist nur eine Frage der Zeit bis wir ermüden und unsere Motivation infrage stellen. Andererseits können schon fünf Minuten in Gemeinschaft mit Gott Stunden oder Tage der Inspiration hervorbringen.

Wenn wir uns die Zeit nehmen, unsere geistigen Kräfte zu entwickeln, können sie uns durchs Leben tragen. Unsere Praxis der geistigen Verbindung muss jedoch erhalten bleiben. Wenn wir von unserem spirituellen Weg abkommen, brauchen wir dann vielleicht nur Sekunden, um uns zu erholen, aber es kann auch Tage oder sogar Jahre dauern, wenn wir uns selbst vernachlässigen. Die Gemeinschaft mit Gott erlaubt es uns, schneller und leichter wieder auf die Beine zu kommen.

Diejenigen, die in Gemeinschaft mit Gott leben, werden mit inspirierender Kraft leben. Sie werden auf Flügeln wie Adler schweben, sie werden gehen und nicht schwach werden, sie werden aufstehen, wo andere liegen bleiben.

In Gemeinschaft mit Gott leben

Deiner Schönheit kann sich niemand entziehen, wenn du die Welt mit dieser Schönheit berührst. Entfalte dich in deiner Größe, finde hierin Frieden und mache die großartige Erfahrung wie sich deine Situationen neu ordnen.

Je mehr wir geistig erblühen, desto mehr erkennen wir, dass wir nichts mehr wollen, als dass das Ewige uns jeden Tag unseres Lebens führt und dass die Schnelligkeit und Wirksamkeit dieses Ziel zu erreichen nur von der Aufrichtigkeit und Konsequenz unserer Bemühungen abhängt.

Die Ergebnisse werden schon bald für sich selbst sprechen, aber eines ist sicher: Wir werden einen deutlichen Wandel in unserem Herzen und in unserem Leben erkennen – von der Angst zur Liebe und von der Verzweiflung zur Inspiration.

„Diejenigen, die in Gemeinschaft mit Gott leben, werden mit neuer Kraft leben. Sie werden auf Flügeln schweben wie Adler, sie werden laufen und nicht müde werden, sie werden gehen und nicht schwach werden." Jesaja 40:31

Gott ist die wahre Quelle

Gott ist die wahre Quelle und Christus die wahre Wirkung. Es ist nur ein winzig kleiner Teil von 0,00001 Prozent, der diese Welt träumt, 99,9999 Prozent ist sich seiner Ganzheit in Gott noch immer bewusst. Gott ist die einzige Wahrheit und die einzige Ursache!

Das Geheimnis des wahren Gebets besteht darin, die Dinge zu verzeihen, die man zu denken und zu brauchen glaubt, indem man den Glauben an das Zeitliche und Vergängliche zurücknimmt. Was ewig ist, ist wertvoll, da das, was von der Zeit ist, per Definition wertlos ist.

Geben und Empfangen sind eins. In der „Heiligen Beziehung" finden wir die Ganzheit wieder. Dort ist der Tempel der Seele und sobald wir dies beginnen zu begreifen und zu manifestieren, werden wir in diese Erfahrung gelangen.

Man erhält immer exakt das, worum man bittet. Das Problem oder die Verwirrung, die man in der Wahrnehmung zu erfahren scheint, entsteht aus dem Glauben an die Trennung (optische Täuschung), der den Glauben an die Zeit repräsentiert.

Unsere wahre Identität ist im Geist Gottes. Christus kommt nicht als Form wieder, sondern ruft dich „aus der wahren Welt", damit du dein Selbst als „Ewiger Geist" erkennst.

Mit Gott ins Gespräch kommen

Sobald wir unsere gesunde „Abhängigkeit" von Gott erkennen und akzeptieren, werden wir uns als göttliche Anwesenheit erkennen können.

Umgekehrt, während wir immer noch glauben, dass wir von Gott getrennt sind und unser eigenes Leben führen können, mangelt es uns nicht nur an Demut, sondern wir werden auch karmische Lektionen erhalten, die uns diese Demut beibringen werden.

Einer der besten Wege, unsere wahre Demut und Verbindung zum „Ewigen Geist" zu wecken, ist unsere Herzen und Seelen in einem ehrlichen, verletzlichen Dialog des Gebets zu öffnen. Der Dialog braucht keine gesprochenen Worte zu beinhalten (obwohl er es könnte). Wir sollten uns Gott gewiss nicht mit der Erwartung nähern, dass wir buchstäblich hören wie eine Stimme als Antwort darauf spricht. Das zentrale Thema in *Ein Kurs in Wundern* ist jedoch, dass wir in unserem Gespräch mit Gott nichts zurückhalten wollen – wir dürfen keine Geheimnisse bewahren.

„Unser ganzes Heil und Erwachen erfordert nicht, dass wir nach menschlichen Maßstäben perfekt sind. Aber es setzt voraus, dass wir keine geheimen Gedanken haben und nichts, was wir vor Gott verbergen würden."
EKIW

Träume nicht mehr davon von Gott getrennt zu sein

Während wir davon träumen, dass wir von Gott getrennt sind, besteht eine andere höchst wirksame Art und Weise, eine Verbindung mit Gott herzustellen, in der wir lernen, mehr wie Gott – wie unser wahres Selbst – zu sein.

Wir können Konflikte, in denen wir uns befinden, dazu nutzen, um durch die Liebe Gottes sanft über das Geschehnis emporgehoben zu werden und aus dieser Metaebene die „Heilige Sicht" darauf ruhen zu lassen. Diese vergebende Schau ermöglicht es uns als Wunderwirkende alle Situationen in unserem Geist zu heilen. Wir üben die Macht und die Gegenwart Gottes in uns aus, wenn wir uns an einem ruhigen Ort (Metaebene) zentrieren und uns entscheiden, uns mit Gott als Gefühl zu verbinden und dann unser Bestes zu tun, um diese Gegenwart in unserem täglichen Leben oder in konfliktreichen Situationen zu erfahren.

Dehne die Macht und Würde Gottes aus, indem du geistige Erhabenheit praktizierst und alle Widerstände aufgibst.

Erkenne dich als ewig reinen Christus

Uns selbst zu erkennen, wie wir erschaffen wurden, heißt, uns als ewig reinen Christus zu erkennen. Dies bedeutet uns als sicher, klar, geheilt und vollkommen zu erfahren. Immer wenn wir uns für Christus entscheiden, entscheiden wir uns für Heilung, die nur in unserem Geist stattfinden muss. Und sobald wir von diesem Licht umgeben sind, können wir niemals mehr das Gefühl haben allein zu sein und befinden uns immer im NEUANFANG.

Gott ist die Liebe, in der ich mir selbst vergebe

Gott (unsere wahre Natur) ist wie der Raum um dich herum. Gott ist völlig offen. Gott kann nichts anderes als völlig offen sein. Liebe ist die vollkommene Offenheit Gottes.

Betrachte Liebe als vollkommene Offenheit, wenn du diese Sätze liest.

Gott vergibt nicht, weil er nie verurteilt hat. Seine Liebe ist dennoch die Grundlage der Vergebung. Gott ist die Liebe, in der ich mir selbst vergebe. Mir wurde bereits vergeben.

Gott spricht zu dir

> Wenn du auf Mich hörst, erfährst du Frieden.
> Wenn du nur auf Mich hörst, ist der Frieden ununterbrochen.
> Höre in jedem Augenblick auf Mich.
> Frage Mich, was du tun sollst.
> Ich werde dich zurückführen, ganz behutsam, bis zu dem Punkt, an dem du Dein Selbst wiedererkennst.

„Die Wahrnehmung selektiert und macht die Welt, die man sieht. Sie wählt sie buchstäblich aus, wie der Verstand sie lenkt. Die Gesetze von Größe, Form und Helligkeit würden vielleicht gelten, wenn andere Dinge gleich wären. Sie sind nicht gleich. Denn das, was du suchst, wirst du viel eher entdecken als das, was du lieber übersehen willst." EKIW

Eine Möglichkeit zur Unterstützung bei Beziehungsproblemen: „Okay Gott, da ich das wahnsinnige Karma habe, mit dieser Person zusammenzuleben, übernimm Du bitte. Lass mich meinen Teil tun und ich überlasse Dir den Rest für ein Wunder!"

Was ist Gottes Wille?

Nichts, was ich in dieser Welt als wahr annehme, hat irgendeine Bedeutung, sondern verdunkelt unseren Geist. Solange wir unser kleines Selbst mit solchen Märchen nähren, solange können wir unser SELBST nicht finden. Prüfen wir uns stattdessen selbst und fragen uns: Ist dies Gottes Wille? Die Antwort wird uns lehren, was Gottes Wille für uns ist.

Denke mit der Schöpfung

Wenn wir gelernt haben mit der Schöpfung zu denken, werden sich alle Dinge, die wir als Problem erachten, dahinschwinden, unsere Entscheidungen werden leicht sein und wir werden ohne jegliche Anstrengung die Dinge tun, die zu tun sind. Nur unser eigenes Wollen macht die Dinge schwer. Die Schöpfung jedoch zögert keinen Augenblick, uns jede Frage, die wir stellen, zu beantworten und die Lösung herbeizuführen.

Im Christus-Bewusstsein gibt es nur Grenzenlosigkeit

Darin erkennen wir uns und haben nicht mehr den Wunsch über irgendjemanden zu urteilen. Wir haben verstanden und erkannt, dass uns nur die Liebe am Leben teilhaben lässt. Darin finden wir Licht und Stärke. Es ist der Wille des Universums, dass wir erfolgreich sind und das bedeutet, dass wir nicht scheitern können. Es ist nur eine Frage der Zeit unseren Willen dazu zu bringen sich uneingeschränkt im Einklang mit der Schöpfung auszurichten.

Freude

Sag Ja zu Freude und Ja zu Gott

Ich freue mich mit dir über deinen Schritt in die Freude! Manchmal beten wir um Hilfe, um die Angst in einem anderen oder uns selbst zu lindern, doch es ist die Angst und der Schmerz, der in uns erlöst werden muss. Alles was in der Welt wahrgenommen wird, ist ein Spiegelbild dessen, was im Geist geglaubt wird. Die Welt ist ein Spiegel, in dem die Wahrnehmung des eigenen Geisteszustandes gesehen wird, solange die Wahrnehmung noch andauert.

Vergangene Gedanken an schmerzliche Erfahrungen sind ein Versuch des Egos, die Erinnerung an die „Ich-Bin-Gegenwart" zurück- oder aufrechtzuerhalten, denn das Ego hat Angst vor der Liebe.

„Vollkommene Liebe vertreibt die Angst." EKIW

Das bedeutet in Wirklichkeit, dass die vollkommene Liebe keine Angst und keinen Schmerz kennt. Licht vertreibt die Dunkelheit, weil Licht und Dunkelheit nicht nebeneinander existieren. Licht ist die einzige Wahrheit.

Sag Ja zur Freude!

Das Ziel des göttlichen Geistes ist die Befreiung von Sorgen und Schmerz, denn dies sind Hindernisse für das Bewusstsein der Gegenwart der Liebe. Der Heilige Geist vertreibt die Angst, wenn das Ego zum Licht im Inneren gebracht wird. Wenn der Verstand beginnt zur Wahrheit der Liebe zu erwachen, ist es wichtig sich daran zu erinnern, dass man bereit ist, alle zeitbezogenen Überzeugungen, alle Rollen, Selbstkonzepte und gewünschten Ergebnisse dem Licht des Heiligen Geistes zu überlassen. Wer Ja zur Freude sagt, sagt Ja zu Gott!

In der Freude Gottes ist alles möglich und wir sind „Eins" in der Freude. Wir können nur das haben, was zu besitzen wir uns gestatten.

ERMÄCHTIGUNGSIMPULS:
Wir können uns in allem für die Freude entscheiden und es macht durchaus Sinn sich keiner Freude mehr zu entziehen.

Ein unendliches Potenzial an Freude wartet auf uns

Wir tragen ein unendliches Potenzial an Freude in uns. Sobald wir uns von unseren Vorurteilen der Welt lösen und ihr stattdessen ein sanftes Lächeln schenken, widmen wir unser Leben der Anziehungskraft eines höheren Bewusstseins. Auf diese Weise werden wir uns des von Gott gegebenen Potenzials der Freude, Liebe und inneren Schönheit gewahr.

Gebet

Das wahre Gebet

Das Geheimnis des wahren Gebets besteht darin, die Dinge zu vergessen, von denen man glaubt, dass man sie braucht – das ist unsere Gabe an den Heiligen Geist. Dann erscheint alles, was hilfreich ist, mühelos im Bewusstsein. So soll das Gebet im wahrsten Sinne des Wortes funktionieren, bis das Gebet in seinen formlosen Zustand zurückkehrt (ein Lied der Dankbarkeit).

Das wahre Gebet verlangt nichts. Wahres Gebet bedeutet einfach den Geist für Gott zu öffnen. Du musst um nichts bitten, denn alles ist hier. Dir stehen jetzt alle Informationen der Schöpfung zur Verfügung. Solange du die Welt der Formen als real betrachtest, siehst du Mangel und vergisst, dass alles was du jemals brauchst dir jetzt zur Verfügung steht. In Gottes Einssein ist die Wahrnehmung der Trennung geheilt.

Manchmal werden Nicht-Kursteilnehmer dich bitten für sie oder jemand anderen zu beten. Um sie zu trösten sag ihnen, dass du beten wirst, aber in dir selbst weißt du, dass es nichts gibt, wofür du beten kannst.

ERINNERUNG:
In der Schöpfung Gottes sind wir unverändert vollkommen.
Du bist nur dazu eingeladen dich daran zu erinnern.

Das Wundergebet

Christus lehrt, dass eines der mächtigsten Gebete das „Wundergebet" ist. Das Wundergebet, das zu Gott, Jesus oder dem Heiligen Geist gebetet wird, sollte jeden Morgen gesprochen werden und lautet, wie folgt:

„Wenn Du mir sagst, was ich tun soll, werde ich nur das tun. Sage mir auch, dass ich nicht tun soll, was Du nicht willst, dass ich tue." EKIW

Ein Kurs in Wundern erklärt, dass dieses Gebet die offene Tür ist, die uns für immer aus der Wüste der Angst und Unsicherheit herausführt. Der erste Teil beschreibt unseren Zustand der Wunderbereitschaft. Bereitschaft bedeutet hier, unsere Wahrnehmungen immer wieder zu korrigieren, sodass wir immer bereit, willig und fähig sein werden. Dies sind die Grundlagen für „Zuhören, Lernen und Tun". Wir müssen bereit, gewillt und fähig sein. Der zweite Teil öffnet uns in die totale Hingabe alles zu unterlassen, was unsere Erlösung behindert. Sei bereit zu hören, entwickle den Willen zu lernen und sei fähig zu tun.

Ist es in Ordnung für irgendwelche Dinge zu beten?

Wir werden ermutigt zuerst das Bewusstsein des EWIGEN zu suchen und alles andere wird dann automatisch gegeben.

Mit anderen Worten, die Dinge in der materiellen Welt sollten nicht im Mittelpunkt unserer Fragen oder Gebete stehen – zumal sie in Wirklichkeit gar nicht existieren. Stattdessen sollten wir jeden scheinbaren Mangel unserer materiellen Bedürfnisse als ein Symptom eines inneren Glaubens an einen Mangel an Gottes Gegenwart betrachten, ebenso wie den unbewussten Glauben, dass wir es nicht wirklich verdienen, dass unsere Bedürfnisse befriedigt werden.

Wenn wir die Anwesenheit Gottes aufsuchen, werden diese falschen Überzeugungen, die in unserem Geist existieren, heilen. Dann wird sich die Blockade, die wir in der materiellen Manifestation sehen, verschieben bzw. auflösen, was oft dazu führt, dass sich auch unsere Lebensumstände verändern.

„Allein die Tatsache, dass der Heilige Geist um irgendetwas gebeten wurde, wird für eine Antwort sorgen. Doch es ist ebenso sicher, dass keine von ihm gegebene Antwort jemals eine Antwort sein wird, die die Furcht verstärken würde. Es ist möglich, dass seine Antwort nicht gehört wird. Es ist jedoch unmöglich, dass sie verloren geht. Es gibt viele Antworten, die du bereits erhalten, aber noch nicht gehört hast. Ich versichere dir, dass sie auf dich warten." EKIW

Glück

Unsere Lebensaufgabe ist glücklich zu sein

Sobald wir vergessen, wer wir sind, suchen wir danach, weil wir unglücklich sind. Unsere Lebensaufgabe besteht darin, glücklich zu sein und dieses Glück ist jenseits des Körpers in uns zu finden. Sobald wir das wirklich verstanden haben, genügt unsere kleine Bereitschaft (1 %), um unseren Irrtum korrigieren zu lassen. Du bist des Glückes würdig und kannst dich entscheiden, dich dem Willen des Schöpfers für vollkommenes Glück anzuschließen. Frieden findet man in der Entscheidung für die Wahrheit.

Glücklich sein ist ein innerer Job

Glück ist immer ein innerer Job und kommt letztlich weder von einer Person oder einem Ort noch von einer Sache von außen. Da die Art und Weise wie wir uns fühlen von unserem Gehirn bestimmt und von unserem Verstand gelenkt wird, wird uns das Glück nur von uns selbst verweigert. Das mag zunächst verrückt klingen, weil die Welt lehrt, dass andere Menschen, Gesetze, Regierungen, finanzielle Situationen, Körper, Viren und die Umwelt bestimmen, wie wir uns fühlen. Jetzt muss diese Überzeugung verlernt werden.

Der wichtige Schlüssel lautet: „Auslöser und nicht Ursache!" Die Welt, wie du sie wahrnimmst, ist nicht die Ursache. Deine Geschichte, die du dir schon seit vielen Jahren erzählst und erlernt hast, ist die einzige Ursache.

Die beste Nachricht von allen ist, dass das Gehirn diese brillante Fähigkeit namens „Neuroplastizität" besitzt, die eine einfache Neuverkabelung ermöglicht. Egal wie lange wir schon an Dinge geglaubt haben, die nicht wahr sind und die uns so viel Kummer bereiten, können wir uns entscheiden unsere Meinung zu ändern, indem wir automatisch den Prozess der Neuverkabelung in Gang setzen, um aus diesem Gefängnis in unserem Geist herauszugehen.

Das beste Mittel hierzu ist, die Liebe einzuladen, aus der wir erschaffen wurden. Sage dir heute so oft wie möglich: *„Die Liebe hat mich erschaffen wie sich selbst!"*

Eine Glückslektion

Es gibt wahrlich keine „Hindernisse für unser Glück". Glück zu geben bedeutet, die Wertschätzung des Egos loszulassen, was man auch Unglück nennen könnte. Das Ego kümmert sich zuerst um sein eigenes Glück und dies ist sein Versuch, die Wahrheit zu verleugnen. Doch ein solcher Glaube kann die Wahrheit von Gottes Liebe nicht wirklich ändern, denn nichts kann die ewige Liebe ändern.

Während das Ego etwas Wertvolles anzubieten scheint, kann Gottes Antwort nicht vollständig gehört oder akzeptiert werden. Denn das Ego ist der Glaube, dass es einen Ersatz für Gott geben kann. Und der Heilige Geist lehrt, dass es kein selbst gemachtes Glück gibt, sondern nur Gottes allumfassendes Glück.

Die „Anziehungskraft des Unglücks" ist eine Anziehung auf ein erfundenes Identitätsbild und repräsentiert all die Ablenkungen und Abwehrmechanismen, die zu diesem Bild gehören. Diese falsch verstandene Identität versucht mit der Kraft, die der schlafende Christus-Geist ihr verleiht, sich als reale Einheit mit einem Eigenleben zu maskieren. Das Ego kann kein Hindernis für das Glück sein, wenn ihm der Glaube entzogen wird.

Wir können den Kreislauf des Egos unterbrechen, indem wir jedem unser Glück anbieten.

> Ich biete jedem Glück an.
> Ich biete jedem Licht an.
> Ich biete jedem Freiheit an, usw...

Gehe ich recht in der Annahme, dass du glücklich sein willst?

Wahrhaft glücklich, ohne Wenn und Aber, ohne eine Geschichte, die glücklich machen soll, sondern einfach so, weil du die Lust am Leben gefunden hast?

Ich bin mir ziemlich sicher, dass du den Gemütszustand von endlosem Glück kennst, wenn auch nur flüchtig. Ich bin überzeugt davon, dass du weißt, was es bedeutet von überschäumender Energie durchströmt zu sein. Öffne deinen Geist und dein Herz und mache dich bereit für eine neue Erfahrung.

Frieden

Leitfaden für die Erfahrung absoluten Friedens

Diese Gewohnheiten sind ein Leitfaden, der es dem Interessierten erlaubt, absoluten Frieden und somit sein Erwachen zu beschleunigen:

Täglich mit dem „Ewigen" kommunizieren

Du setzt dich am besten morgens hin, wenn du ungestört bist, und schließ die Augen und beruhige deinen Geist. Du lässt alle Gedanken vorübergehen und versinkst in der Stille im Zentrum deines Geistes. Du bittest um nichts, du suchst nichts, du öffnest dich nur ohne Bedingungen dem „Ewigen". Dies ist das Wichtigste, was du jeden Tag tun kannst. Nur dies allein wird erstaunliche Veränderungen in Richtung Frieden bewirken.

Praktiziere den „Ewigen Augenblick" den ganzen Tag über.

Praktiziere dies täglich zu verschiedenen Zeiten. Trete für einen Moment aus der Welt aus und denk daran, dass dein Geist in Gottes Geist ist. Hierzu braucht es keinen starren Zeitplan. Du kannst diese Gewohnheit entwickeln, um aus der Welt auszusteigen und dich an deine Einheit mit dem „Ewigen", inmitten einer verrückten Welt zu erinnern. Wenn dies zu einer Gewohnheit wird, dehnt sich dein Bewusstsein immer weiter in Gott aus.

Dehne die Liebe aus, um die Liebe in deinem Bewusstsein zu halten.

Wenn du eine Beziehung zu Gott aufgebaut hast und du diese Verbindung den ganzen Tag über spürst, fühlst du dich ganz und vollständig. Weil du in der Liebe ruhst, dehnst du die Liebe automatisch aus. Bis du dieses Gefühl der Ganzheit dauerhaft fühlst, musst du dich bewusst dafür entscheiden, deine Projektionen des Egos zu übersehen und stattdessen auf die Liebe Gottes zu schauen.

„Lehre nur Liebe, weil du Liebe bist".

Finde den Frieden in dem, was ist

Erwacht zu sein ist unser natürlicher Zustand, der ohne weiteres in unsere Erfahrung gelangen kann, wenn wir unseren Widerstand gegenüber den Dingen und den Geschehnissen der Welt aufgeben. Was ist, das ist und was nicht ist, das ist nicht. Sobald wir verstanden haben, dass das, was ist, unser Weg zum Frieden ist, werden wir den Frieden erfahren können, nach dem wir suchen.

Unser Zuhause liegt in unserem Herzen, dort wo Frieden und Freude auf uns wartet

Ich bin im Christentum aufgewachsen und das ganze Gerüst hierin bestand aus Anschuldigungen und Fehlverhalten. Die daraus resultierende Schuld und Angst und das Gefühl der Falschheit hatte eine Matrix der Hilflosigkeit erschaffen.

Ich habe inzwischen festgestellt, dass wir, wenn wir uns öffnen und beginnen eine Erfahrung von tiefem Frieden und Unschuld zu machen – auch wenn es nur ein kurzer Blick dahin ist – wir ein starkes Bewusstsein dafür bekommen, nie etwas falsch gemacht zu haben.

Unsere Wahrnehmung verschiebt sich so, dass wir den Frieden und die Freude sehen können. Wir müssen es nicht ausarbeiten oder thematisieren. Es ist wie ein Zustand der Gnade. Diese Gnade war schon immer unsere Natur. Alles was wir tun müssen ist dies zu akzeptieren. Sobald wir das getan haben, sehen wir, dass es nie ein Problem gab.

Das Ewige/Gott hat uns vollkommen erschaffen. Wir waren immer vollkommen in unserer Quelle. Wir wollen heute über die Perspektive des Glaubens hinausgehen, dass es da draußen irgendwo einen Gott gibt. Wir wollen sehen, dass unser Zuhause in unserem Herzen ist und wir es nie verlassen haben.

Verbindung im Frieden

Wir sind dazu bestimmt uns zu verbinden, zusammenzuschließen und mit allen zu freuen und nicht dazu, uns mit überlieferten Überzeugungen auseinanderzusetzen. Wen kümmert es am Ende, ob er an Gott glaubt oder nicht? Ich freue mich einfach über die Liebe.

In diesem Sinne ist dienen dasselbe wie Nicht-Urteilen und wahre völlige Aufgeschlossenheit. So können wir wirklich hilfreich sein und uns mit allen verbinden und uns ohne Hindernisse verbunden fühlen.

„Caravan of Unity" wird von einer starken virtuellen Infrastruktur und engagierten Teilnehmern in vielen Nationen, Städten und Regionen in Europa und darüber hinaus betrieben und zielt darauf ab, zielgerichtete Menschen und Projekte zu verbinden, um ein absichtsbasiertes Bewusstseinsfeld zu schaffen, das die Einheit in der Vielfalt stärkt.

Die Vision basiert auf der Verwirklichung der vorherigen Einheit aller Wesen: der tiefen und zeitlosen Verbindung, die uns als eine menschliche Familie zusammenhält. Die Karawane der Einheit wird sich bemühen, ein gemeinsames Gefühl des inneren und äußeren Friedens zu wecken, Herzensgüte als Leitmotiv für die Zusammenarbeit zu vermitteln und zu integrativen und gerechten Gesellschaften auf lokaler und transnationaler Ebene beizutragen.

Ausdehnung des Friedens

Sobald wir alle Formen der Trennung, die wir sehen und erleben, verzeihen, werden die Puzzleteilchen, die eingefroren waren, um eine begrenzte Realität zu bilden (um unserer früheren Wahrnehmung zu entsprechen oder sie zu reflektieren), in Licht erblühen und wieder zu unbegrenzter Schönheit werden. In diesem Moment wird das verziehene Universum, so wie wir es erleben, ein Universum von gefühlter Einheit darstellen, statt getrennter Teilchen, die man sieht. Dann wird alles Leben zu einer neuen Erfahrung – einer Erfahrung des universellen Friedens und der Einheit.

Universeller Frieden und Einheit beginnen als eine Erfahrung in uns und dehnen sich dann aus, wenn wir uns entscheiden unsere heilige Vision von Christus mit anderen zu teilen. Unsere Christus-Vision dehnt sich dann noch mehr aus, weil es ein Universelles Gesetz ist, dass „alles, was wir anderen geben, sich ausdehnt und dann uns selbst gegeben wird". Dann werden dieses Gefühl und diese Schwingung der Liebe, des Friedens, der Freude und der Freiheit auf alle anderen ausgeweitet, weil sie ein Teil von uns sind.

Der universelle Frieden dehnt sich aus

Es ist ein universelles Gesetz, dass „alles, was wir anderen geben, sich ausdehnt und dann uns selbst gegeben wird". Sobald wir alle Formen der Trennung verzeihen, die wir sehen und erleben, werden die eingefrorenen Emotionen, die uns eine begrenzte Realität vorgaukelten, in Licht aufbrechen und sich wieder zu unbegrenzter Dankbarkeit ausdehnen.

In diesem Moment wird das verziehene Universum, so wie wir es erleben, ein Universum von einem ewigen Wunder sein, statt getrennter Teilchen, die man bisher gesehen hat. Dann wird alles Leben zu einer neuen Erfahrung - einer Erfahrung des kosmischen Friedens und der Einheit.

Dieser universelle Frieden erblüht zu Beginn als eine zarte Erfahrung in uns und dehnt sich immer weiter aus als unsere heilige Vision, die wir mit anderen teilen.

Frieden ist kein Gefühl

Es ist ein Geisteszustand. Wenn der Denker zur Ruhe gebracht wurde, wird sich Weisheit zeigen können. Denken blockiert den Flow. Um Weisheit zu erkennen, muss man aufhören zu denken, oder auf die Lücke zwischen den Gedanken achten.

Wenn man den Gedanken seine Aufmerksamkeit schenkt, ist die Verwirklichung des Friedens weit entfernt.

Du bist in jedem Moment vom Frieden Gottes umgeben

Es kann kein größeres Glück geben, als in jedem Moment vom Frieden Gottes umgeben zu sein. Dieses transzendente Licht durchdringt die Zeit und alles, was wir gemacht haben. Wenn dem Ego dadurch Einhalt geboten wird, wirst du bemerken, dass es in

Wirklichkeit nur göttliche pulsierende Anwesenheit gegeben hat, die in allem wirksam ist.

Diese Liebe ist es, die immer tiefer und weiter in allen Handlungen und Geschehnissen spürbar wird. Sie geht so tief, dass wir zu schwach werden, um zu leiden und das „Ich-lein" seine Dominanz verliert und schließlich ruhig wird. Ab und an wird es sich noch einmischen wollen, dann können wir ihm entgegnen:

„Sei still ... und wisse ... ich bin göttliche Anwesenheit."

Es fühlt sich richtig und so viel besser an, der Welt nicht mehr vorschreiben zu müssen wie sie sein soll, sondern sie frei zu lassen und dadurch frei zu sein! Nicht aus machtloser Resignation, sondern aus Liebe. Unabhängig von Erscheinungen. Frei von Bedingungen. Frei von persönlicher Einmischung.

Empfange heute sanft die Boten der Liebe

Eine faszinierende Wirklichkeit eröffnet sich uns, sobald wir damit aufhören, unsere persönlichen fünf Sinne als Überbringer der Realität zu begreifen, sondern den sogenannten siebten Sinn (göttliche Anwesenheit) durch uns wirken zu lassen. Das geht weit darüber hinaus, was unsere bisherige Seins-Ebene ausmacht. Es beinhaltet die Einsicht, du und ich sind „Eins" im Geiste aus der „Einen Quelle" geboren, in einem stillen vibrierenden Gewahrsein.

Frieden ist kreativ und lebendig

Wir sind daran gewöhnt, Frieden nur als Abwesenheit von Konflikt zu sehen, eher als einen Waffenstillstand. Die Reduzierung des Konflikts ist keine kleine Aufgabe in unserer Welt, in der Gewalt und Aggression verherrlicht und gefördert werden. Es ist der Anfang, damit in unserem Geist wieder etwas Ruhe einkehren kann. Wie alle Süchte hält auch die Sucht nach Konflikt nicht ständig an und wir brauchen mehr. Wenn man unsere Liebesaffären mit dem Konflikt betrachtet, könnte man fälschlicherweise zu dem Schluss kommen, dass Seelenfrieden bedeutet herumzusitzen und nichts zu tun und sich zu langweilen. Nicht einmal annähernd! Frieden ist kreativ und schafft eine Lebendigkeit, weit ab von den bisherigen Konditionierungen.

Bist du dir deines inneren Friedens bewusst?

Jede Erfahrung, die wir haben, wird einem von zwei Zwecken dienen, und wir haben die Wahl welchem:

> Sie kann dir helfen zum Frieden zu erwachen, der bereits in dir ist.
> Sie kann dir helfen, sich dieses Friedens nicht bewusst zu sein.

In dieser Welt sind wir darauf konditioniert, das Letztere zu wählen.

Was bedeutet es in Frieden zu sein?

Es gibt viele Menschen, die der Auffassung sind, dass innerer Frieden langweilig ist. Ich habe folgendes von Menschen jeden Alters gehört: „Ich will nicht im Frieden sein. Das wäre langweilig." Aber Frieden und Langeweile können nicht nebeneinander existieren.

> Frieden ist die Abwesenheit von Konflikten, Langeweile ist Konflikt.
> Frieden ist Ruhe, Langeweile ist Unruhe.
> Frieden ist ein Zustand der Ganzheit, Langeweile ist ein Zustand der Unvollständigkeit.
> Frieden ist in dir zu finden, Langeweile ist eine Form der äußeren Suche.

Diejenigen die denken, dass Friede langweilig ist, verstehen nicht, was und wer Friede ist. Frieden ist unser natürlicher Zustand und die einzige Möglichkeit, Glück zu erfahren.

„Frieden ist ein natürliches Erbe des Geistes. Es steht jedem frei, sich zu weigern, sein Erbe anzunehmen, aber es steht ihm nicht frei, festzustellen, was sein Erbe ist." EKIW

Die Welt in Frieden sehen

In Wahrheit sind wir vollkommener Frieden, ewig und in Freude vereint, gleichermaßen geliebt und liebevoll, wir strahlen für immer. Hört sich ewige Glückseligkeit für dich gut an? Oder klingt es wie kosmischer Haferschleim, fad und langweilig? Ich kann dich verstehen, wenn du denkst: „Ewige Glückseligkeit" klingt schön, aber zu abgefahren. Vielleicht sagst du: Ich fühle mich alles andere als friedlich, glücklich oder liebevoll. Und außerdem bin ich erkältet und habe eine Menge Probleme.

Bevor wir die Welt in einer neuen, friedensfördernden Weise sehen können, müssen wir aus dieser scheinbar realen, pessimistischen, ängstlichen Stimme in unserem Geist herauswachsen.

Finde wahren inneren Frieden

Lernen lösungsorientiert zu leben ist gleichbedeutend mit wahren inneren Frieden in dieser Welt zu finden. Dieser Frieden kommt nicht von irgendwo oder irgendetwas außerhalb von uns. Es ist ein inhärenter Zustand, der uns zuteil wird, wenn wir unsere Aufmerksamkeit danach ausrichten.

Unser Weg zum Frieden

Erwacht zu sein ist unser natürlicher Zustand, der ohne weiteres in unsere Erfahrung gelangen kann, wenn wir unseren Widerstand gegenüber den Dingen und den Geschehnissen der Welt aufgeben. Was ist, das ist und was nicht ist, das ist nicht. Sobald wir verstanden haben, dass das, was ist, unser Weg zum Frieden ist, werden wir den Frieden erfahren können, nach dem wir suchen.

Über den Autor

Gottfried Sumser fand vor ca. 25 Jahren zum „Kurs in Wundern",
dieses Werk hat seine Wirklichkeit auf neue Ebenen gestellt.
Seit vielen Jahren leitet er Seminare und empfindet sich als
Menschenbegleiter. Beziehungen zu heilen ist die Grundlage
für ein erfülltes Leben und der Mittelpunkt seiner Tätigkeit.
Seine Herangehensweise – Klarsicht und liebevolle Präsenz hat
schon viele Menschen in ihrem spirituellen Herz erreicht. Seine
Leichtigkeit – sowie die Fähigkeit, grundlegende Lebensthemen
zu vermitteln, kann der eigenen Seelenreise eine bestärkende
Kraft verleihen. Inzwischen begleitet er Tausende von Menschen
auf den Weg zu ihrer Mitte. Seine täglichen Podcasts können
über iTunes, Spotify oder YouTube gehört werden.

> **www.gottfriedsumser.de**